Contre-histoire de la philosophie VI

LES RADICALITÉS EXISTENTIELLES

Né en 1959, Michel Onfray est docteur en philosophie. Après avoir enseigné dans un lycée technique, il démissionne de l'Éducation nationale en 2002 pour créer l'université populaire de Caen. Auteur d'une trentaine d'ouvrages, il a comme projet la formulation d'une théorie de l'hédonisme à la fois éthique, esthétique, politique et épistémologique. Il se propose ainsi de réconcilier l'homme avec son corps, et envisage la philosophie comme un art de vivre, permettant à l'homme de se débarrasser de ses illusions. Lecteur de Freud, il prône une philosophie liée à la psychanalyse et se définit comme un « freudo-marxiste » ; admirateur de Nietzsche, il souhaite une révolte contre le conformisme et le dogmatisme ; il affiche enfin un athéisme sans concession.

Collection dirigée par Jean-Paul Enthoven

MICHEL ONFRAY

Contre-histoire de la philosophie VI

Les Radicalités existentielles

GRASSET

ISBN : 978-2-253-08470-9 – 1re publication LGF

SOMMAIRE

(Contre-histoire de la philosophie, sixième partie)
LES RADICALITÉS EXISTENTIELLES

rament libertaire. 17) Les combats pour John Brown. 18) « Un monde à la fois ». 19) Transcendance, transcendantal, transcendantalisme. 20) Qu'est-ce qu'un transcendantaliste ? 21) Thoreau, transcendantaliste ? 22) La brouette d'Emerson. 23) Le désir d'une communauté philosophique. 24) La folie transcendantaliste. 25) L'Indien contre Plotin. 26) La sagesse des sauvages. 27) Le ver solitaire du diacre. 28) Conseils donnés aux tortionnaires. 29) A mon Père. L'icône du bûcheron. 30) La sculpture du bâton. 31) Contre la méthode. 32) La connaissance sensuelle. 33) Eloge de l'obscur. 34) Ecologie technophile, écologie technophobe. 35) Constituer une encyclopédie de la Nature. 36) Le philosophe naturaliste. 37) La vie philosophique. 38) Contre la vie mesquine. 39) Une médecine « eupeptique ». 40) La méthode hédoniste. 41) Jubilations de l'incendiaire. 42) Une machine à produire de la jouissance. 43) Les techniques de soi. 44) Ne pas suivre, ne pas guider. 45) Fils de l'antique. 46) Les exercices spirituels. 47) Construire les fondations à la fin. 48) La vie sans pénitence. 49) L'ascèse existentielle. 50) Abstème et végétarien. 51) Travailler le seul jour du Seigneur. 52) L'otium moderne. 53) Etre là où est son corps. 54) Homère contre les journaux. 55) Chasteté, pauvreté, désobéissance. 56) Onan, l'écho sexuel. 57) La vie libertaire. 58) Donner le bras à un orme. 59) L'homme blessé. 60) La conversion du dernier Thoreau. 61) Une pensée politique majeure. 62) La radicalité militante. 63) Thoreau, anarchiste ? 64) Une ultime allégorie.

glaciers. 5) La rude promesse. 6) L'aubaine d'un suicide. 7) Un dandy glacial. 8) Epicure, le Kant de la raison pratique. 9) Philosopher au pistolet. 10) Une philosophie de dentiste. 11) De la mère au goût du néant. 12) Le grand œuvre. 13) Une vie philosophique ? 14) Les « trois salopes ». 15) La mécanique du sage. 16) Les lubies d'un hypocondriaque. 17) Tueur d'insurgés par procuration. 18) Philosophe à succès. 19) Ontologie noire et éthique blanche. 20) L'optimisme d'un pessimiste. 21) La pensée unique. 22) Le monde est représentation. 23) Théorie des motifs. 24) Caractère et tempérament. 25) Le désir est partout. 26) La souffrance, maître mot de tout. 27) Le pire des mondes possibles. 28) Une pensée existentielle. 29) Les fonctionnaires de la philosophie. 30) Chute d'un cheval dans la rue. 31) Sus aux « hégéleries » ! 32) Contre la « colossale mystification ». 33) L'esprit de corps philosophique. 34) Penser par soi-même. 35) Un catéchisme misogyne. 36) Laides et sottes. 37) Volages et monogames. 38) Un noir feu d'artifice. 39) Ne pas aimer son prochain. 40) Sur la mort volontaire. 41) Mourir de son vivant. 42) Contre les contre, mais pas pour. 43) L'optimisme d'un pessimiste. 44) La ficelle métaphysique. 45) La vie comme une œuvre. 46) Du bonheur négatif. 47) Apprendre à mourir. 48) La consolation du sublime. 49) Une éthique de la pitié. 50) Philosophie du caniche. 51) La négation du vouloir-vivre. 52) Moi nouménal, Moi empirique. 53) Un bonheur empirique. 54) Une vieille maîtresse. 55) De l'art d'être heureux. 56) L'épicurisme schopenhauérien. 57) L'hédonisme des philistins. 58) L'eudémonisme philosophique. 59) Des recettes eudémonistes. 60) Une arithmétique des plaisirs. 61) Renoncer à l'avoir… 62) … et au paraître.

SIXIÈME PARTIE

Les Radicalités existentielles

« Jusqu'ici tous ces extraordinaires pionniers de l'humanité qu'on appelle philosophes et qui eux-mêmes ont rarement eu le sentiment d'être des amis de la sagesse, mais plutôt de désagréables fous et de dangereuses énigmes, se sont assigné pour tâche celle, dure, involontaire, inéluctable, mais grandiose, d'être la mauvaise conscience de leur époque. »

NIETZSCHE,
Par-delà le bien et le mal, § 212.

INTRODUCTION

Le siècle des radicalités existentielles

1

Les deux XIXe siècles. Le siècle de la révolution industrielle a été également, on l'a vu, celui des solutions collectives et de l'*eudémonisme social*. Face à la brutalité du monde capitaliste dans sa formule libérale, une ligne de force travaille ce moment de l'Histoire et propose des agencements communautaires pour répondre au problème de la misère. Dès lors, le fond et la forme donnent naissance à des propositions socialistes, communistes, anarchistes. Les mots et les choses avancent ensemble. Les signifiants apparaissent et avec eux les signifiés se précisent.

Après Thermidor, qui consacre le triomphe de la bourgeoisie et marque la fin de l'actualité révolutionnaire, Bentham théorise l'utopie libérale : il énonce que le marché libre régule le réel, mais précise que les déchets et les ratés de cette régulation iront tout droit dans un Panoptique, machine disciplinaire destinée à redresser les victimes du système afin de les réinjecter

dans la production des richesses de la nation. Pour un
libéral, le libéralisme promet le paradis sur terre, pourvu
qu'on veuille bien laisser faire le marché ; pour une
personne épargnée par une pareille croyance, cette
modalité du capitalisme ne tient pas ces promesses utopiques car elle génère inévitablement la paupérisation.

Face à cette utopie qui vaut bien celle du marxisme,
une poignée de penseurs se rebelle et propose des solutions *politiques* pour éradiquer la misère. L'austère protestant William Godwin envisage le paradis sur terre,
dans un futur lointain, et son projet irénique finit par
faire les délices des anarchistes qui transfigurent ce disciple de Luther en maître à penser ; le généreux John
Stuart Mill s'affirme libéral mais récuse l'utopie de Bentham, invitant à créer des instances correctives à cette
machine dangereuse qui sème derrière elle la misère, la
pauvreté, la délinquance, l'alcoolisme, la prostitution, la
maladie, Mill inaugure ainsi un socialisme libéral riche
en potentialités ; le patron de gauche Robert Owen
construit un village idéal autour de son usine pour y
réaliser le projet utilitariste du plus grand bonheur possible pour le plus grand nombre ; quelques-uns de ses
disciples, mais aussi ceux de Cabet ou de Saint-Simon,
franchissent l'Atlantique et construisent des communautés utopiques ; le fantasque Charles Fourier propose
le Phalanstère pour répandre pacifiquement la révolution
de l'Attraction passionnée ; l'ogre Bakounine envisage
des Etats-Unis anarchistes d'Europe. Tous croient à des
solutions mettant en jeu des concepts qui deviennent le
socialisme, le communisme et l'anarchisme.

Une autre ligne de force traverse le siècle, avec un
certain nombre de philosophes qui ne se réjouissent
pas plus du monde comme il va que ces eudémonistes

sociaux. Eux aussi proposent des solutions, mais individuelles. Elles définissent, malgré leur hétérogénéité, un continent que je nommerai celui des *radicalités existentielles*. « Radicalités », car les solutions proposées prennent les choses à la racine et proposent rien de moins qu'une réorganisation du monde à partir de piliers majeurs – la Nature pour Thoreau, le Néant chez Schopenhauer, le Moi pour Stirner ; « existentielles » pour la visée pragmatique d'une vie philosophique.

2

Se changer, changer l'ordre du monde. Descartes a formulé les termes de cette alternative vieille comme le monde. On le sait, le philosophe rapporte les règles utiles pour parvenir à une certitude généalogique. Dans son *Discours de la méthode*, le prudent René Descartes, dont la devise était « *larvatus prodeo* » (« j'avance masqué »), se lance dans la grande aventure du doute méthodique. Le libertin qui travaille le philosophe pointe sous le projet de « morale par provision », dite aussi « morale provisoire », avec laquelle il s'adresse aux autorités politiques et religieuses en les assurant de sa bonne foi, à tous les sens du terme.

Certes, il lance sa machine de guerre méthodologique, et elle peut faire des dégâts, mais il dit haut et clair, première règle, qu'il obéira aux lois et coutumes de son pays. Que les chrétiens et les monarchistes ne s'inquiètent donc pas. Ensuite, il affirme, deuxième règle, qu'il sera ferme et résolu, tenant le cap philosophique fixé : pas question de douter de son projet en cours de route. Troisième règle : « tâcher toujours plutôt à me vaincre que vaincre la fortune, et à changer mes désirs que l'ordre du monde ». Quatrième et dernière règle : examiner l'occupation la plus désirable à même de lui permettre « de vivre le plus heureusement que je pourrais », puis, une fois trouvée, s'y adonner. En l'occurrence : philosopher et chercher la vérité.

Je retiens, dans la troisième règle de ce projet existentiel et politique, l'opposition clairement et distinctivement formulée qui travaille la totalité de la philosophie depuis son origine occidentale. Cette alternative oppose deux projets : *se changer* ou *changer l'ordre du monde*. Autrement dit : priorité à l'éthique, notamment à la construction de soi, à la sculpture de soi, et mise du politique au second plan ; ou l'inverse : primauté du politique, souci de l'intérêt général et du bien public, mais, en même temps, secondarité de l'éthique. Pour aller vite, disons : d'un côté le Socrate du « Connais-toi toi-même » et, de l'autre, le Platon de *La République*. Ou encore : d'une part l'*eudémonisme social* ; d'autre part les *radicalités existentielles*.

3

Egotisme, individualisme, dandysme. Comme la première ligne de force du XIXe siècle supposait une réflexion sur *libéralisme, socialisme, communisme, anarchisme,* des mots et des idées qui datent de cette époque, la seconde ligne de force suppose l'examen de nouveaux concepts, donc de nouvelles tendances, qui traversent cette époque et s'entremêlent, s'entrechoquent même, à savoir : *individualisme, égotisme, égoïsme, dandysme*, autant de variations sur le thème de la radicalité existentielle.

Ce siècle est donc aussi celui de l'*individualisme*. Le terme naît d'ailleurs en 1825 et désigne une vision du monde dans laquelle l'individu représente sinon le souverain bien, du moins la valeur suprême. Dans ce cas de figure, il existe un individualisme socialiste, communiste ou anarchiste : il suffit pour qu'il advienne que la proposition de collectivité ou de communauté ne se fasse pas contre l'individu, mais avec lui, par lui, pour lui. La collectivité devient alors le mécanisme producteur des belles individualités, épanouies, heureuses ou, disons-le autrement, moins malheureuses. L'individu en question procède de la racine étymologique latine *individuum* qui, elle, descend du grec *atomos* qui signifie insécable, impossible à décomposer. L'individu représente donc la plus petite réalité, celle en deçà de laquelle il est impossible de remonter. Quand tout groupe, toute communauté a été déconstruite, on bute sur ce noyau irréductible d'être : un indivisible.

Le terme *égoïsme* présente également un intérêt car il fonctionne en binôme avec *égotisme* qui, lui, date de 1823. Le sens moralisateur et dépréciateur d'égoïsme, Diderot nous le fait connaître dans l'article qu'il lui consacre dans l'*Encyclopédie*. Sa critique procède de la condamnation des jansénistes de Port-Royal qui fustigeaient l'usage du « je » et du « moi », et toute prise de parole à la première personne. Les dévots de Jansénius attaquaient ainsi la vanité et le désir futile de gloire. On n'aura pas l'outrecuidance de faire remarquer que Pascal, leur maître à tous, n'utilise pas moins de cent cinquante-six fois « je » et dix-sept fois « moi » dans le seul manuscrit des *Pensées*...

L'égoïsme suppose la construction du monde autour de soi, à partir de soi, le plus souvent au détriment des autres. La boutade selon laquelle on nomme égoïste celui qui ne pense pas assez à nous mérite qu'on la prenne en considération pour juger correctement de la quantité d'égoïsme chez chacun. L'acception dépréciative des jansénistes est reprise en 1789 par l'abbé Sieyès qui fustige le même travers, mais cette fois au nom de la citoyenneté : l'auteur de *Qu'est-ce que le tiers état ?* nomme égoïste quiconque ne s'abandonne pas assez à la Nation…

On évitera donc de confondre égoïsme et individualisme : l'égoïste croit qu'il n'existe que lui ; l'individualiste, qu'il n'y a que des individus. L'un ramène tout à lui ; l'autre sait que toute réalité sociale n'est qu'une combinaison d'individus, que toute communauté se résume à une somme de subjectivités irréductibles. Le premier relève du jugement moral ; le second d'une appréciation sociologique et ontologique.

4

De l'égotisme philosophique. A mi-chemin de l'égoïsme déprécié par les messieurs de Port-Royal et les citoyens de la Constituante, on trouve le concept d'*égotisme* intéressant à plus d'un titre. Le mot reste intimement associé à la personne, au travail, au style, au caractère et au tempérament de Stendhal. Comme *spleen* et *dandysme*, il arrive d'Angleterre via un journal de 1726. L'auteur d'un livre inspiré par les Idéologues, *De l'amour*, lui donne ses lettres de noblesse à partir de 1823 avec ses *Souvenirs d'égotisme*.

Henri Beyle s'ennuie dans sa fonction de consul de France à Civitavecchia. Il dispose d'assez de temps pour s'engager dans un exercice d'écriture de ce type, mais pas assez pour un gros chantier romanesque. *La Chartreuse de Parme, Le Rouge et le Noir, Lucien Leuwen* n'existent pas encore… Il ouvre donc un cahier dans lequel il consigne des notes, des réflexions, des analyses destinées à approfondir la connaissance de soi, sans complaisance, sans forfanterie, sans amour immodéré de soi, sans vanité ni orgueil, avec la farouche détermination de mieux se connaître afin d'envisager un avenir moins placé sous le signe de l'échec ou du fiasco. Entreprise socratique, donc, du genre « examen de conscience » (l'expression se trouve sous sa plume), pratiquée par les philosophes antiques avant que le christianisme ne la confisque et la détourne dans son dispositif de culpabilisation.

Stendhal rédige fébrilement deux cent soixante-dix feuillets en quatorze jours. (Rappelons qu'il écrivit les cinq cents pages de *La Chartreuse de Parme* en sept semaines.) Dès l'ouverture du texte, il exprime le souhait qu'on ne le publie qu'après sa mort, afin d'éviter de blesser les personnes dont il entretient ici ou là – même s'il confesse qu'un grand nombre des protagonistes de ces *Souvenirs* sont disparus… En 1892, le texte paraît dans une version abrégée.

Le mot « égotisme » entre dans les dictionnaires, mais sous une rubrique dépréciative. Dans les définitions, on retrouve la prévention janséniste, doublée de la condamnation catholique traditionnelle, à laquelle s'ajoute le mépris des vertueux de la Révolution française. Larousse et Littré avalisent le jugement de valeur. Il faut attendre le *Dictionnaire de l'Académie*

française et son édition de 1932 pour que le mot signifie, hors « moraline » : « habitude d'esprit ou doctrine
qui rapporte tout à la préoccupation du moi ».

L'histoire de la philosophie ne manque pas d'une
tradition égotiste et l'on pourrait, juste en passant,
signaler qu'elle a produit des chefs-d'œuvre du genre :
les *Confessions* d'Augustin, les *Essais* de Montaigne,
les *Confessions* de Rousseau, l'*Ecce Homo* de Nietzsche, *Les Mots* de Sartre… N'oublions pas non plus que
le *Discours de la méthode*, originellement sous-titré
Histoire de mes pensées, est un livre écrit à la première
personne, et que le philosophe poitevin devenu universel ne craint pas de nous entretenir de lui, de ses rêves,
de son goût pour le lit matutinal, de ses angoisses
existentielles, de ses pensées les plus personnelles. Il
existe donc une tradition philosophique égotiste qui
approche au plus près la vérité de l'universel en
employant la voie du particulier.

5

Un XIXe siècle égotiste. Le XIXe siècle philosophique
parle beaucoup à la première personne. Le journal offre
une excellente occasion de travail sur soi, ce qui ouvre
d'authentiques carrières philosophiques : quatorze
volumes pour Thoreau, dix pour Emerson, onze pour
Kierkegaard ; Maine de Biran, théoricien du moi, noircit plus de mille pages dans lesquelles la météorologie
se mêle aux considérations politiques, philosophiques
ou anecdotiques ; Schopenhauer rédige au début de sa
vie un *Journal de voyage* lors de son périple européen,
et conseille l'exercice de l'écriture quotidienne pour

soi à des fins philosophiques ; Hegel avait procédé de même avant lui avec *Journal d'un voyage dans les Alpes bernoises.*

La littérature n'est pas en reste. Amiel (1821-1881) remplit de quoi publier quarante volumes de son journal en seulement quarante années d'écriture ; Giacomo Leopardi (1798-1837) évolue entre philosophie et poésie, sagesse pratique et littérature, puis rédige un *Zibaldone* le temps de sa courte vie – trente-neuf ans. Cette œuvre majeure prend aujourd'hui la forme d'un fort volume de plus de deux mille cinq cents pages de papier bible ; à quoi on peut ajouter, en 1850, l'immense projet des *Mémoires d'outre-tombe* de Chateaubriand ; ou les *Souvenirs* (1850-1851) de Tocqueville (1805-1859), avec des centaines d'autres pages autobiographiques, notamment des récits de voyages ; sans oublier, donc, bien sûr, les *Souvenirs d'égotisme* de Stendhal.

Si ce siècle est bien celui de Marx, il est également celui du « moi », du « je », de l'autobiographie, de l'écriture à la première personne, des tentatives de saisir le monde avec précision au travers d'une vie quotidienne scrutée dans ses moindres détails. Individualisme, égoïsme, égotisme ai-je écrit, mais également *dandysme*, une proposition éthique et esthétique qui illustre à merveille la ligne de force égotiste du XIXe siècle. Ce siècle est donc aussi celui de Brummell, prince des dandys, mais aussi, et surtout, celui de Baudelaire auteur d'un bref texte intitulé « Le Dandy », inclus dans *Le Peintre de la vie moderne,* qui théorise le dandysme comme une variation sur le thème individualiste.

6

Vivre devant un miroir. Adorno, Kojève, Sartre enrôlent le dandy dans un théâtre qui n'est pas le sien parce qu'ils négligent l'invitation à vivre sans cesse devant un miroir. Les frasques de Brummell mobilisant trois tailleurs de peaux pour ses paires de gants beurre frais (un pour les ongles, un pour les doigts, un pour le reste…), renvoyant à la blanchisserie pas moins d'une vingtaine de cravates pour n'avoir pas trouvé définitif le nœud du jour lors de la cérémonie de la toilette, classent le dandysme comme une sorte d'extravagance exhibée, alors qu'il propose pourtant une véritable ascèse intérieure. Laissons de côté les bons mots cinglants du dandy britannique, ses bouffonneries tellement snobs, ses méchancetés enracinées dans un terreau qui sent fort le ressentiment du roturier faisant la leçon aux mammifères à sang bleu, et attardons-nous au Baudelaire théorisant une façon anhistorique d'être et de faire.

Car Baudelaire ne se polarise pas sur le seul personnage de Brummell. Il trace une ligne qui part de l'Antiquité avec Alcibiade, César et Catilina et va jusqu'à son temps. Histoires de toujours, géographies de toujours aussi, puisque Chateaubriand affirme avoir trouvé du dandysme dans les forêts et sur les bords des lacs du Nouveau Monde… L'option d'un dandysme qui échappe au seul moment dandy concentré dans la figure du consul d'Angleterre à Caen signifie plus et mieux, au-delà, plus loin, et surtout plus profond que ce seul temps historique ; elle permet de penser le siècle d'après la Révolution française, mais également tous les autres siècles avant ou après lui.

Le dandy selon Baudelaire arrive dans une époque

qui n'est plus, et à la charnière d'une période qui n'est pas encore. Pour Brummell, la chose paraît claire, il vient après la féodalité effondrée avec la nuit du 4 août 1789 et avant le monde inédit de la société industrielle que caractérisent vitesse, progrès, vapeur, technique, démocratie, argent, travail… Autant d'idoles refusées par le dandy, arc-bouté sur les valeurs aristocratiques de la lenteur, du loisir, de l'*otium*, de la distinction, de la tension. Baudelaire ne prétend pas pour rien devoir son éducation au contre-révolutionnaire de Maistre…

L'idéal dandy ? Un genre de sur-stoïcisme. Une réécriture de l'aventure spartiate. Chacun connaît l'histoire de cet enfant de Lacédémone lancé dans la nature, comme ses complices du même âge, afin de subir le rite initiatique du passage à la vie adulte, et qui doit survivre coûte que coûte. Alors qu'il cache sous son manteau un renard qu'il a l'intention de manger, le jeune garçon fait face à un adulte et se laisse manger le foie plutôt que d'avouer son larcin. Célébration de l'impassibilité ! Le dandy sent, souffre, subit la loi de ses émotions, bien sûr, mais il n'en laisse rien paraître.

Cette référence à l'Antiquité se précise avec l'emprunt de l'*otium* aux Romains, autrement dit du loisir doublé d'un mépris des valeurs bourgeoises, dont l'argent bien sûr. Le dandy est un cavalier de l'être, il récuse tout souci de l'avoir. Quand l'homme nouveau cherche l'or, le révolté brummellien veut le temps, la maîtrise du temps, l'empire sur son temps. Dans une nouvelle configuration sociale capitaliste où le temps équivaut à de l'argent, le dandy gaspille ce trésor précieux qu'il a amassé : la pleine, libre et entière disposition de soi.

Accumuler des sommes considérables ? Pour quoi faire ? Un crédit perpétuel suffirait à celui qui veut se lever et se coucher à son heure, vivre selon ses caprices, n'avoir de comptes à rendre à personne et construire sa vie comme une œuvre d'art, ou un chef-d'œuvre sans duplication. Dans un petit texte célèbre intitulé *L'Œuvre d'art à l'époque de la reproductibilité technique*, Walter Benjamin élabore une théorie de la modernité définie par la possibilité de reproduire en un grand nombre d'exemplaires une même œuvre qui, ainsi multipliée à l'infini, subit un amoindrissement de l'aura que lui conférait son unicité irréductible. Le dandy propose de se construire comme une subjectivité sans double dans une époque d'hommes unidimensionnels. Là où tous se ressemblent, le dandy affiche sa dissemblance revendiquée comme une conquête.

7

Des philosophes dandys. En vertu de cette définition, on peut conclure à l'existence d'une constellation de philosophes dandys ou de philosophes dont la démarche existentielle n'est pas étrangère à celle de Baudelaire ou à celle du Barbey d'Aurevilly auquel on doit *Du dandysme ou de George Brummell* (1845). Ces irréductibles, ces forces, ces subjectivités radieuses vivent sans cesse devant un miroir, non pas pour se mirer, se plaire, par affectation narcissique et goût effréné de leur ego, mais parce que cet accessoire permet une éthique nouvelle : devant la surface réfléchissante, le dandy s'affirme juge et partie, créateur et créature, arbitre de ses élégances.

Aux antipodes d'une lecture devenue banale, le dandy n'est pas victime d'une ruse de la raison qui le rend prisonnier du jugement ou du regard d'autrui. Brummell n'est pas la chose de son public ; il est sa chose à lui-même – ce que lui montre son miroir. Dans l'hypothèse d'un monde soudainement débarrassé de l'homo sapiens, à l'exception de l'unique exemplaire d'un dandy, le rescapé continuerait à sténographier sa propre existence, élégant et impassible sur les décombres. Malgré l'absence de public, il jouerait consciencieusement son rôle devant une salle vide.

Le dandy s'arroge le droit de juger seul de sa performance. Par-delà les instances éthiques ou esthétiques légitimantes, il décide ce qui, pour lui, est le Bien et le Mal, le Juste et l'Injuste, le Beau et le Laid, le Bon et le Mauvais. De fait, Brummell et ses descendants vivent dans un monde débarrassé de Dieu – du moins dans lequel cette fiction compte pour rien… – car tout entier fait d'immanence. Le XIXᵉ siècle fournit à cet effet un terrain de jeu ontologique inédit : il annonce deux nouvelles qui enterrent les références judéo-chrétiennes et ouvrent sur les perspectives d'un monde nouveau, le nôtre, encore flou.

Pour ce faire, il aura fallu deux machines de guerre philosophiques, conduites par deux penseurs, avec deux œuvres, et au milieu d'elles deux livres portés par ce siècle auquel revient la tâche de fermer au moins un millénaire : d'un côté, Ludwig Feuerbach (1804-1872), *L'Essence du christianisme* (1841), un livre qui signe *la fondation d'un athéisme philosophique* ; de l'autre : Charles Darwin (1809-1882), *L'Origine des espèces* (1859) (mais plus spécifiquement *La Descendance de l'homme* (1871)), une œuvre qui décide de *la généalogie de l'homme postchrétien*. La mort de Dieu et la naissance de l'Homme, voilà deux moments

considérables pour initier la démarche philosophique
des radicalités existentielles.

8

Un philosophe maudit. Ludwig Feuerbach souffre
d'une vieille captation marxiste poursuivie jusqu'à la
lecture de Louis Althusser. Condamné à être le penseur
qui prépare Marx et le marxisme, son œuvre disparaît
sous l'étroite réputation d'antichambre au grand œuvre
du maître à penser de Lénine... Or Feuerbach va au-
delà de son hégélianisme de jeunesse – même si son
posthégélianisme en paraît souvent teinté ! Son vocabulaire sentira toujours l'amphithéâtre berlinois, certes,
mais au-delà de ce parfum pénible, cette pensée lente
finit par incarner des positions matérialistes, sensua-
listes, athées, hédonistes.

Feuerbach entre en philosophie par la théologie
– comme souvent avec les élèves de Hegel. Habilité
grâce à un travail de facture hégélienne qu'il envoie à
son maître (qui ne répondra pas...), le jeune philosophe
enseigne sa discipline à l'Université. Dès les *Pensées
sur l'immortalité* (1830), parues sans nom d'auteur,
Feuerbach récuse toute possibilité d'immortalité personnelle pour ne l'accorder qu'à la Raison. L'ouvrage
fait scandale. En 1833, l'Université exclut celui qu'elle
tient pour l'auteur du fameux livre.

Le philosophe refusé par l'institution effectue sa
carrière en dehors d'elle. Faisant de nécessité vertu, il
se libère de l'Etat comme il s'était au préalable libéré
de Dieu et de la religion chrétienne. Un mariage avec
l'héritière d'un château dans lequel s'active une fabri-

que de porcelaine transforme le philosophe en un gentleman-farmer qui vit du potager, du verger, des revenus des bois environnants et des bénéfices de la manufacture. La campagne agit sur son esprit en école de sagesse et de philosophie : il s'éloigne du Concept, aride, austère, mutilant, se rapproche de la Nature, puis s'engage dans les sciences naturelles.

Feuerbach rejoint le camp des hégéliens de gauche. Il fréquente Max Stirner, l'auteur de *L'Unique et sa propriété,* mais également Karl Marx. On y trouve aussi Bruno Bauer, le premier à affirmer l'inexistence historique de Jésus dans ses travaux sur les Evangiles synoptiques. Dans la revue de ces jeunes hégéliens, Feuerbach publie sa *Contribution à la critique de la philosophie hégélienne* (1839). En 1841 il signe *L'Essence du christianisme,* un chef-d'œuvre athée dans lequel il annonce que le secret de la théologie, c'est l'anthropologie, ce que résume cette phrase simple : l'homme a créé Dieu à son image.

Stirner attaque violemment Feuerbach. L'homme blessé répond dans *L'Essence du christianisme par rapport à l'unique et sa propriété.* Il abandonne sa position humaniste qui proposait un genre de religion immanente où la philosophie tiendrait le rôle joué par la théologie dans les religions transcendantes. Puis il radicalise sa position naturaliste et matérialiste. D'Henri Arvon à Alexis Philonenko, les historiens officiels de la philosophie voient là le début de la fin d'un philosophe, car l'ultime philosophie de ce penseur – celle par exemple de *L'Eudémonisme* – propose une théorie du bonheur sensualiste ! Un scandale pour les idéalistes qui écrivent l'histoire dominante.

9

« *L'homme est ce qu'il mange.* » Sa mauvaise réputation procède en partie d'une phrase sortie de son contexte. Feuerbach écrit en effet dans *Sciences naturelles et Révolution* (1850) : « L'homme est ce qu'il mange. » Cette formule s'inscrivait dans une logique moniste plus générale qui met en perspective le cerveau qui pense et le reste du corps qui commande la pensée, dans un processus que ne refuseraient pas les philosophes contemporains, pourvu qu'ils aient lu les travaux des neurobiologistes. Feuerbach prévoit la vérité matérialiste qui répond à la question spinoziste « que peut le corps ? », mais il ne fait pas bon avoir un ou deux siècles philosophiques d'avance ! Cette réduction de tout son travail matérialiste à cette phrase devenue scie musicale philosophique, et caricature, a sonné le glas d'un philosophe dont la pensée s'était aventurée en dehors des fumées théologiques, idéalistes et spiritualistes judéo-chrétiennes et hégéliennes.

Son dernier livre, *Théogonie* (1857), n'a aucun succès. Les ennuis matériels s'accumulent. La manufacture qui lui a permis de vivre vingt ans en philosophe libre, jouissant sans entraves de son temps, de sa pensée et de sa plume, fait faillite. Il reçoit quelques lettres de lecteurs modestes et s'en réjouit, car il désirait œuvrer à l'éducation populaire. Quand, âgé de soixante-huit ans, il meurt en 1872, des milliers d'ouvriers, notamment issus du parti social-démocrate auquel il appartenait, suivent le cercueil.

Presque cinquante ans après sa disparition, en 1931, un monument fut érigé en son souvenir. Sur les trois blocs de basalte on lisait : « Fais le Bien pour l'amour

de l'Homme » et : « L'Homme créa Dieu à son image ».
Deux ans plus tard, alors qu'ils accèdent au pouvoir en
Allemagne, les nazis détruisent l'édifice. On a retrouvé
les blocs de pierre enfouis sous les gravats après les
bombardements alliés. Quelques bonnes volontés hédonistes, athées et matérialistes entreprirent de remettre
debout l'édifice commémoratif. Une cabale empêcha la
chose – on reprochait encore et toujours au philosophe
les paroles blasphématoires gravées dans la pierre…

10

L'homme a créé Dieu à son image. La pensée de
Feuerbach n'est pas le chaînon manquant entre Hegel
et Marx. Elle est une philosophie libre, en marge des
doctrines officielles et des modes du temps qui se
vouent à l'hégélianisme. Un certain nombre de textes
de Feuerbach contribuent à la démolition de l'idéalisme
du Maître de Iéna. Ainsi la *Contribution à la critique
de la philosophie de Hegel* (1839), puis les *Thèses provisoires pour la réforme de la philosophie* (1842) et les
Principes de la philosophie de l'avenir (1843). Mais le
chef-d'œuvre est sans conteste *L'Essence du christianisme* (1841), une machine de guerre radicale lancée
contre presque deux millénaires de judéo-christianisme.

L'ouvrage est imposant, il n'évite pas l'abstraction
et le jeu rhétorique qui firent beaucoup pour créditer
l'entreprise de prestidigitation hégélienne. Mais la thèse
est simple et les cinq cents pages du livre se contentent
de l'illustrer : l'homme a fait Dieu à son image. Thèse
qui se trouvera réellement ramassée dans la meilleure
des formulations sur le monument commémoratif du

philosophe. La religion enseigne le contraire, on le sait (Dieu a fait l'Homme à son image), mais Feuerbach inverse le mécanisme et voit dans l'inexistence de la religion chez les animaux la preuve de sa création par les hommes.

Dès lors, le philosophe explique pourquoi et comment se construisent ces fictions. De cette manière, l'athéisme sort de sa préhistoire, car, la plupart du temps, les négateurs de l'existence de Dieu se contentent d'invectiver, de pester, sans pour autant montrer le détail du mécanisme de l'illusion. Avec *L'Essence du christianisme*, le problème n'est plus de dire « Dieu n'existe pas » mais : « Dieu existe, certes, mais comme une fiction, une construction des hommes », puis d'en apporter les preuves.

Dès la préface, Feuerbach livre sa méthode : une « hydrothérapie pneumatique », autrement dit, un traitement par « l'usage de l'eau froide de la raison naturelle » appliquée aux questions théologiques. Précisons en passant que la théologie se trouve définie comme une « pathologie psychique »… De fait, le livre agit comme une douche glacée sur la mythologie chrétienne, considérée comme des « contes de nounou de l'Histoire »… Ambiance !

Feuerbach part d'une idée de Spinoza simple mais redoutable : si le cercle pouvait se faire une idée de Dieu, il se l'imaginerait circulaire… Déduisons que, lorsque l'homme se fabrique un Dieu, il le produit à sa ressemblance, mais après une singulière opération d'inversion. Les hommes adorent en Dieu ce qui leur manque. Car « Dieu est le miroir de l'homme ». Ou encore : « Ce dont l'homme constate l'absence (…) cela est Dieu. » L'au-delà ? Le négatif inversé de ce monde-ci. La religion ? Le rapport entretenu par l'homme avec son essence inversée. Ce que l'homme désire, Dieu l'est. La vérité de toute théologie se trouve donc dans l'anthropologie.

11

Travailler à démystifier. Dès lors, fort de la connaissance de ce processus architectonique, l'hydrothérapeute pneumatique démonte le mécanisme de la divinité et réduit son prétendu mystère à une simple opération de psychologie. Feuerbach parle de « démystification » pour nommer ce travail. En vertu du principe que « moins les hommes sont, plus Dieu est », voyons combien la nourriture des dieux est l'impuissance des hommes. Ce que l'homme ne sait ni ne peut faire, Dieu le sait et le peut absolument, totalement.

Ainsi, les hommes vivent limités dans le *temps* : ils naissent, vivent, croissent, atteignent leur acmé, décroissent, vieillissent et meurent ; Dieu, pour sa part, ignore le temps qui existe avant lui, après lui, et indépendamment de lui. Il est sans naissance, insensible aux effets de l'entropie, inaccessible à la mort. Les hommes viennent du néant, vers lequel ils se dirigent avec une parenthèse brève dans l'être, le temps de leur courte existence, un ridicule séjour sur terre ; Dieu évite cette servitude : il est l'antidote à tout néant. Les hommes sont mortels ? Dieu sera donc immortel et, de la sorte, éternel.

De même, l'homo sapiens se trouve limité dans l'*espace* : s'il est ici, il ne se trouve pas ailleurs, car aucun d'entre nous n'a le don de l'ubiquité ; Dieu, quant à lui, n'est nulle part en particulier, car il est partout.

Ici et ailleurs simultanément. Il ignore autant les contraintes spatiales que les contraintes temporelles car, à sa manière, il est le temps et l'espace tout à la fois… Les hommes sont incapables d'être présents partout ? Dieu sera donc omniprésent.

Sur le principe de l'adoration de ce qui nous manque, de l'hypostase de notre désir devenu divinité, continuons à saisir les mécanismes de la « forgerie » des dieux, puis de Dieu : les hommes sont limités dans leur savoir, ils ne savent pas tout sur tout ? Dieu sera *omniscient*. Les hommes ne peuvent pas tout, contraints par un certain nombre de limites ? Dieu sera *omnipotent*. Chaque impuissance humaine fournit l'occasion de créer une puissance divine devant laquelle on s'agenouille ensuite afin de demander à cette fiction la grâce, le don ou la faveur de ce qui nous manque par l'invocation et la prière.

L'Essence du christianisme ayant déconstruit Dieu, reste à démonter le détail en s'attaquant aux plus petits mécanismes de la machine chrétienne. Feuerbach analyse donc, toujours à l'eau glacée de la Raison, les fictions de cette mythologie qui vit ses dernières heures. D'où des attaques concentrées sur : le Dieu créateur, le Verbe, la Trinité, la Providence, la Prière, la Foi, le Miracle, le Christ, le Ciel, la Résurrection, la Révélation, la Naissance surnaturelle, l'Ame immatérielle et immortelle, la Communion, le Mysticisme – avec lequel « la pathologie est érigée en théologie »…

Après ce travail de déconstruction, de démythologisation, de démystification et de destruction des fictions chrétiennes, Feuerbach annonce un projet nouveau après le travail du négatif, la positivité : la mort de Dieu rend possible la naissance de l'homme. Pour ce faire, mais c'est un autre chantier, le philosophe enseigne un corps nouveau dans lequel la schizophrénie du dualisme chrétien a disparu : le corps et l'âme ne fonctionnent plus en substances opposées mais en variations différentes d'un même thème : la corporéité postchrétienne. La dernière pensée de Feuerbach est matérialiste, sensualiste, hédoniste : il veut une philosophie à même de « tirer de l'homme le trésor qui est enfoui en lui ». D'où *L'Eudémonisme*, un texte qui suffit à l'historiographie dominante pour priver de dignité philosophique cet homme qui fut un philosophe maudit, le demeure, et qui, pourtant, a donné au XIX siècle sa couleur athée : car le XIX siècle a été un siècle feuerbachien.

12

Darwin, une seconde machine de guerre. Il a fallu à ce siècle une seconde machine de guerre pour rendre possible la ligne de force des radicalités existentielles. Feuerbach a tué Dieu, il a rendu l'homme à lui-même, puis l'a invité à se retrouver par-delà l'aliénation avec laquelle il gâche sa substance dans les hypostases d'un Dieu réduit à l'état de fiction loqueteuse ; Darwin ajoute à la mort de Dieu la naissance d'un homme postchrétien dont il brosse le portrait : cet homme n'est plus l'être biblique, mutilé, porteur d'une âme qui, parcelle de divinité en lui, sauve sa chair peccamineuse, mais un mammifère évolué.

Avec Charles Darwin, l'hypothèse de la plupart des philosophes de cette *Contre-histoire de la philosophie* qui récusent la différence de nature entre les hommes et les animaux au nom d'une différence de degré se trouve scientifiquement fondée. Avec *L'Origine des espèces (*1859), les mythes chrétiens d'un premier homme généalogique et du mortel couronnant la Création d'un Dieu tout-puissant s'effondrent dans un fracas philosophique comme il en existe peu dans l'histoire des idées. Le moment déchristianisateur de la Révolution française a quelque peu ébranlé l'édifice chrétien, il l'a fissuré, mais la pensée de Darwin agit comme un immense marteau qui abat la vieille construction métaphysique.

13

La « lutte ardente pour l'existence ». Charles Darwin fut destiné par sa famille aux études de médecine, mais le sang lui répugne, les cris des malades le tétanisent et il s'enfuit lors de l'opération d'un enfant. Entré à seize ans en faculté de médecine, il en sort donc presque aussitôt. Les sciences naturelles l'intéressent, la chimie aussi. Il fait partie d'une société locale, naturalise les animaux et se destine au pastorat anglican. Mais les cours de théologie l'ennuient alors que la botanique ou les animaux l'intéressent au plus haut point.

L'apprenti pasteur collectionne les insectes, lit Humboldt, et aspire à son tour à devenir explorateur scientifique. Loin de l'étude et de l'analyse de la Bible, le voilà embarqué à bord du *Beagle* pour effectuer des relevés topographiques sur les côtes d'Amérique du Sud. Darwin a vingt-deux ans et il traverse la planète : direction les îles du Cap-Vert, puis sur toutes les côtes est puis ouest de l'Amérique du Sud, les Galapagos, la Nouvelle-Zélande, l'Australie, l'océan Indien, le cap de Bonne-Espérance, puis retour vers l'Europe. Parti vaguement théologien, mais réellement amateur de sciences naturelles, Charles Darwin revient cinquante-sept mois plus tard avec des intuitions géniales.

Il apprend qu'Alfred Russel Wallace est parvenu aux mêmes conclusions que lui. Les deux hommes échangent leurs travaux, puis publient. *L'Origine des espèces* paraît en 1859. Il sait que l'Eglise l'attend au coin du bois car elle rend la vie impossible à tous les chercheurs, les intellectuels, les savants qui travaillent à la recherche de la vérité et débouchent sur des certitudes qui contredisent la Bible, notamment la Genèse. Or Darwin dispose d'assez de dynamite pour pulvériser une bonne fois pour toutes le texte fondateur de la mythologie chrétienne.

Son livre majeur énonce une thèse simple contenue dans le titre : *L'Origine des espèces par voie de sélection naturelle ou la Préservation des races favorisées dans la lutte pour la vie*. Autrement dit : les espèces proviennent d'un travail de la nature qui s'apparente à un tri des éléments les plus adaptés, les mieux à même d'assurer leur vie et leur survie dans le cadre d'une « lutte ardente pour l'existence ». Donc : elles ne découlent pas de la création d'un Dieu vétérotestamentaire.

L'ouvrage traite des espèces, rarement de l'homme, ou alors accessoirement. On y trouve des considérations sur la queue des girafes, l'habitude de réunir les œufs chez les autruches, les instincts esclavagistes des fourmis, ou les greffes du cognassier, les touffes de poils sur le poitrail des dindons, la résistance des mollusques à l'eau salée, les intestins des libellules, le produit des croisements entre les loups et les chiens, la fécondation des orchidées par les insectes, les oiseaux qui ne volent pas, les combats de saumons, la cécité des taupes, l'instinct culbutant des pigeons, l'acclimatation du haricot, mais rien sur l'homme...

C'est avec *La Descendance de l'homme et la sélection sexuelle* (1871) que le sujet se trouve abordé franchement. Dans ce livre, Darwin écrit : « L'homme descend d'une forme moins parfaitement organisée que lui. » Et encore : « L'homme n'est pas le produit d'un acte séparé de la création. » Mais aussi : l'homme « descend, ainsi que d'autres mammifères, d'un ancêtre commun ». Donc : l'homme n'a pas été créé par Dieu ; il n'y a jamais eu de couple primitif du genre Adam et Eve ; l'homme n'est pas le sommet de l'œuvre divine, l'accomplissement de son travail en une semaine ; le récit de la Genèse est bien « un conte pour nounou » comme l'écrivait Feuerbach !

14

L'invention d'un homme postchrétien. Pas de créationnisme donc, mais promulgation de l'évolutionnisme. Pas d'homme procédant d'un vouloir divin, mais vérité d'un être découlant d'un processus naturel d'évolution. Pas d'élucubrations théologiques, mais livraison de preuves scientifiques. Pas d'homme pourvu d'une âme immatérielle, au contraire des animaux entendus comme relevant d'un autre monde, mais affirmation d'un homme animal, un être humain partie d'un tout constitué de mammifères, et non un fragment détaché jouissant d'une extraterritorialité ontologique. Pas de Paradis généalogique, ni de péché originel, mais brutalité aveugle d'un univers de lutte pour la survie des espèces et des individus les mieux adaptés. Pas de Dieu transcendant, mais évidence de l'immanence d'une vitalité triomphant à tout prix. Fin d'un vieux monde, avènement d'une ère nouvelle...

Darwin invente l'homme postchrétien. La lecture de ses œuvres est indispensable pour éviter les malentendus associés au mot « darwinisme ». Le scientifique n'a pas dit ce qu'on lui a souvent fait dire, et le renvoi explicite à son corpus montre un philosophe qui témoigne en faveur des « instincts sociaux » chez les animaux, donc chez les humains, et qui, loin de l'image d'Epinal d'un défenseur de la loi de la jungle, établit que l'amour et la sympathie, ces deux instincts naturels, ont joué un rôle majeur dans la construction de l'intelligence contemporaine. En effet, les animaux se plaisent dans la compagnie de leurs semblables, ils s'avertissent du danger, le combattent ensemble, se défendent en s'associant, car ils s'entraident – ce que montre superbement Kropotkine dans *L'Entraide*, alors que la vulgate oppose si souvent le scientifique anglais et le prince russe.

Darwin montre par ailleurs qu'il existe un sens moral inné et naturel en l'homme, et que ce fait majeur permet de le distinguer des autres mammifères. Car l'homme est le seul d'entre les animaux à juger ses actes et les condamner, les blâmer ou les célébrer, les fêter ou les punir en fonction de leur utilité pour la vie et la survie du groupe. La morale agit donc comme un auxiliaire de vie et de survie de l'espèce, et non comme le code hérité de la parole d'un Dieu. L'éthique devient une affaire radicalement immanente.

Dans *La Descendance de l'homme*, en bon philosophe utilitariste et eudémoniste, Darwin écrit : « Le principe du plus grand bonheur sert indirectement de

type assez exact du bien et du mal. » La morale s'enseigne, se transmet. Ainsi, les tendances instinctives à la
sympathie naturelle pourraient devenir par la suite des
caractères acquis, et ce à force d'exercices, d'habitude
et de transmission des valeurs par le groupe qui appren-
drait aux jeunes ce qu'il faut recommencer à faire ou
ce dont il faudrait s'abstenir pour le bien de la communauté.

Ce que la nature enseigne (l'existence d'un instinct
d'amour et de sympathie chez les humains à des fins
de perfectionnement de l'espèce) peut déboucher sur un
volontarisme culturel qui augmenterait l'art d'indexer
le bien sur le bon qui, lui-même, s'identifierait à ce qui
augmente la puissance d'être de l'être (en l'occurrence
l'espèce). Dès lors, le mal coïncide avec ce qui entrave
ou empêche la puissance d'être de l'être. De l'augmentation de cette puissance d'exister surgirait le bonheur
– un réel souci de Darwin…

Le christianisme déconstruit par l'athéisme de
Feuerbach annonce donc la mort de Dieu. A quoi il
faut ajouter la mythologie chrétienne déconstruite par
Darwin, puis la naissance d'un individu postchrétien
placé dans son milieu naturel et immanent : la nature.
Ces deux généalogies surgissent au cœur du XIXe siècle,
elles constituent notre modernité : mort du Dieu chrétien, naissance de l'homme postchrétien, vertige ontologique de l'homme seul dans un univers fonctionnant
par-delà le bien et le mal.

Face à ce défi de civilisation gigantesque, trois radicalités existentielles proposent de nouvelles possibilités d'existence : Thoreau et son panthéisme mystique
et païen de la Nature ; Schopenhauer et sa métaphysique noire doublée d'une éthique eudémoniste blanche ;

Stirner et son ontologie sauvage trouée par la clarté lumineuse de son Unicité ; trois façons d'incarner le dandysme, autrement dit la résistance à la veulerie d'une époque de fer et d'acier, d'argent et de fumées, de vitesse et de superficialité.

I

Henry David Thoreau
et « le bonheur parfait »

1

Le fils de l'eau. Henry David Thoreau naît le 12 juillet 1817, dans la maison de sa grand-mère à Concord, dans l'Etat du Massachusetts, aux Etats-Unis. A l'époque, la petite ville est riche de deux mille habitants. A ses alentours, on trouve des collines, des lacs, des étangs, des rivières, des bois et tout ce qui permet la promenade, la marche, l'herborisation, le canotage, les bains, que Thoreau pratique et théorise… Cette configuration permet à l'enfant de vivre de plain-pied avec la nature, qui deviendra le maître concept de sa pensée.

Au fond du jardin coule un ruisseau qui se jette dans la rivière Luminarck qui, elle-même, nourrit les lacs alentour. La réalité hydrologique du lieu produit chez l'enfant une poétique de l'eau appelée à devenir une pensée de l'hydrologie puis une philosophie et une sagesse de l'hydrologie. L'enfance coule dans la démarche existentielle de Thoreau qui fera de sa vie une œuvre d'art en la vivant comme un enfant : libre, sans attaches, construisant des cabanes, grimpant en haut des arbres, regardant les paysages entre ses jambes, pêchant, canotant, cueillant des fleurs, marchant, obéissant à son caprice, vivant dans son monde, regardant celui des adultes avec suspicion, méfiance, défiance, sinon mépris.

Ses parents déménagent beaucoup. Lors d'un voyage entre Boston et Concord où ils viennent s'installer, Thoreau traverse les bois et les champs qui le conduisent à l'étang de Walden. Dans l'ouvrage éponyme, il confie être alors âgé de quatre ans – en fait les biographes affirment qu'il en a cinq… – et que ce souvenir constitue la première strate de sa mémoire. Il parle du « paysage fabuleux de (ses) rêves d'enfant ». Le philosophe aime l'enfance pour sa naïveté, sa vérité, sa pureté, son caractère indemne de toute perversion de la civilisation, car la culture se construit la plupart du temps en niant la nature et en la méprisant. Toute sa vie il oppose Nature et Culture en pensant que la première guérit de la seconde, qui, si l'on s'y adonne, nous éloigne de l'autre, que seule la nature retrouvée, préservée, comprise, connue, peut servir de culture digne de ce nom.

De l'eau perdue du ruisseau du jardin de la grand-mère à l'eau retrouvée de l'étang de Walden en passant par l'eau ludique du canotage de la rivière, sinon l'eau vive qui structure les réseaux souterrains, secrets et mystérieux, le maillage géologique correspond chez Thoreau à un maillage intellectuel. La forme d'un espace hydrologique génère la forme d'un monde mental dans lequel le philosophe se promène pour trouver le sens du temps perdu et jouir du temps retrouvé.

2

Thoreau, philosophe proustien... On ne s'étonnera pas que, parmi les lecteurs attentifs et emballés de Thoreau, on trouve le nom de Marcel Proust dont le chef-d'œuvre, *A la recherche du temps perdu*, procède de la même démarche mentale et produit un même souci de présence au monde, une même phénoménologie descriptive de la réalité du réel, une pareille envie de saisir le mouvement du temps par l'écriture d'un maître ouvrage. *La Recherche* pour Proust, les quatorze volumes du *Journal* pour Thoreau dont les autres livres procèdent tous.

Par ailleurs, on peut s'étonner du silence de Gaston Bachelard sur la pensée de Thoreau dont il est si proche par ailleurs. Dans son essai de poétique généralisée des éléments, le nom du philosophe américain apparaît peu ou pas. Nulle part, par exemple, dans *L'Eau et les Rêves*, sous-titré *Essai sur l'imagination de la matière,* pas même une vague mention. Guère plus dans *La Terre et les Rêveries du repos, Essai sur les images de l'intimité*, où Thoreau sert d'illustration, en surface, au développement sur la Maison dans le chapitre intitulé « La maison natale et la maison onirique ».

Pourtant, Gaston Bachelard est un philosophe indien, dans l'acception de Thoreau, quand il fouille une même réalité, l'eau par exemple, pour la faire scintiller de tous ses feux en la qualifiant (eau claire, printanière ou courante, eau amoureuse, profonde ou dormante, eau lourde, composée, maternelle, eau féminine, douce ou violente...) afin de tâcher d'en épuiser le sens, tout en sachant que sa poésie ne se laissera pas enfermer dans une analyse. Les Indiens disposent d'une multiplicité de mots pour dire une même chose (l'eau ou la neige par exemple), Bachelard propose une philosophie approchée de cette façon naturelle de faire.

Rôle de l'enfance et de l'eau, du souvenir et de la mémoire, quête du temps perdu et jouissance du temps retrouvé, jubilation des activités, des senteurs et des émotions d'enfant doublées d'une stigmatisation des jeux d'adultes avec leurs machines motorisées, leur argent roi, leurs accoutrements ridicules, leurs pitoyables théâtres mondains, leur esclavage volontaire, leur vie mesquine et sans rêve, leur « calme désespoir » auquel il ne cessera d'opposer une « vie sublime » – autrement dit, une vie philosophique –, voilà le monde dans lequel Thoreau évolue pendant les quarante-quatre années de sa courte existence.

3

Fondre, se fondre. Thoreau, fils de l'eau, change, se modifie, passe une vie à célébrer sa liberté dans la solitude, puis une autre à combattre pour la liberté des autres, notamment des esclaves. Une fois il excelle en fabricant et commerçant de crayons, une autre en campagnard reclus dans une cabane en bois dans la forêt. Un moment, il évolue dans la sphère transcendantaliste, un autre, il se moque d'Emerson, le pape de la secte philosophique. Ici, il invite à la non-violence de la désobéissance civile, là il justifie le recours aux armes – voir son *Plaidoyer pour John Brown*.

Il change, certes, mais demeure : ce qui change relève de la peau des choses, il change comme la surface de l'étang qu'il aime en fonction des saisons.

Bleu, vert, noir, argent, or, violet suivant le moment dans l'année ou l'heure du jour. Mais c'est un seul et même lac, une entité vivante. Et Thoreau ne place rien au-dessus de la vie, pas même la liberté, puisque pour lui, la liberté et la vie nomment une seule et même chose.

Lorsqu'il s'interroge sur la nature de l'homme, il ne s'embarrasse pas de définitions philosophico-philoso-phantes, il préfère les images... Ainsi, l'homme est « une masse d'argile qui fond » et il file la métaphore liquide : le bout des doigts ? Une goutte solidifiée. L'oreille pend, les lèvres aussi. Le nez ? Une stalactite congelée. Le menton ? Une grosse goutte au bout de laquelle converge tout ce qui coule du visage et sur le visage. Les joues montrent que le front coule, que les pommettes séparent ces coulures. Thoreau n'est pas parménidien comme Emerson et les transcendantalistes qui croient à l'existence d'un monde des idées pures, déconnectées de la réalité sensible. En revanche, il est héraclitéen car il sait qu'on ne se baigne jamais deux fois dans le même fleuve, certes, mais qu'il s'agit tout de même du même fleuve.

Autour du cercueil de Thoreau, Emerson prononcera un éloge funèbre plus funèbre qu'éloge, du moins si l'on en juge par les remarques, déplacées ce jour-là dans une pareille circonstance, sur le caractère impos-sible du défunt ! Emerson accomplit son devoir en livrant quelques aphorismes prélevés sur les manus-crits inédits du philosophe. Parmi ceux-ci : « Je demande qu'on me fonde. Tout ce que vous pouvez demander aux métaux c'est d'être tendres pour le feu qui les fond. » Encore et toujours le désir de se liquéfier pour mieux se mélanger à la nature, ne plus faire qu'un avec elle.

Dans un monde où tout passe, coule, se transforme, rien ne se perd, tout se modifie, dans un univers où la même énergie traverse le silex et le hibou, le corps d'un philosophe et le champ de blé, l'eau d'un lac et la chair d'un poisson, il n'existe qu'un point fixe : le Mouvement. Le travail du penseur ? Habiter pleinement chaque instant constitutif de ce mouvement. Se plonger chaque jour dans l'eau du fleuve héraclitéen – ou du lac de Walden… – en le sachant Même et Autre. Le devoir du sage consiste à user jusqu'à la corde l'épicentre de chaque moment. La vie philosophique se propose de créer et collectionner des moments sublimes. Fondre et se fondre pour être enfin. Thoreau veut se vaporiser dans la Nature pour atteindre la jouissance d'une conscience informée que le philosophe et le monde, ainsi que le lac et la lumière, sont une même et unique substance vibrant de Vie.

4

Parents philanthropes, enfant misanthrope. La famille paternelle de Thoreau vient des îles Anglo-Normandes. Non pas Guernesey, comme l'affirme par erreur Emerson lors de son éloge funèbre, mais Jersey, en l'occurrence Saint-Hélier, sa capitale, que l'ancêtre quitte en 1773 pour rejoindre l'Amérique sur un bateau corsaire. Le fils du marchand de vin jersiais devient tonnelier à Boston, il épouse la fille d'un gentilhomme écossais et d'une quakeresse. Dans son œuvre, Thoreau ne parle jamais de ses ancêtres. Une fois, en passant, il revendique son ascendance normande en écrivant dans son *Journal* : « Moi, le descendant de ces Normands qui adoraient Thor, je passe ma journée sans adorer ni Thor ni Christ. » Car son seul Dieu est la Nature, qu'il n'adore pas à genoux, en dévot, mais en mystique désirant la fusion.

Son père sévit dans le commerce, mais n'y fait pas vraiment merveille. Plus tard, en 1824, il ouvre une fabrique de crayons. Lorsque Thoreau porte à la perfection la fabrication de ces objets devenus des références bien au-delà des limites de Concord, il s'arrête, soucieux de ne pas tomber dans la routine, désireux d'inventer à nouveau sa vie sans la répéter. Sa famille l'envoie dans les meilleures écoles où il fait merveille. Excellent en grec et en latin, il contracte un fort goût pour la traduction des auteurs anciens, une passion qui ne le quittera jamais.

A la table des Thoreau, on pratique une réelle hospitalité. Effet de conviction religieuse ? Possible. Mais également effet de générosité politique au sens large et noble du terme. Leur habitation devient un point de rencontre, d'accueil et de discussion, un genre de quartier général pour les militants abolitionnistes. Des esclaves fugitifs y trouvent un havre de paix et la tranquillité. La cuisine ne désemplit pas. Le philosophe passera sa vie à fustiger l'hospitalité et à prétendre aspirer au moins de visites et de visiteurs possible. Les parents ouvrent leur maison, Thoreau ferme la sienne, qu'il a construite la plus petite possible... Parents philanthropes, enfant misanthrope.

5

L'école buissonnière. Thoreau et son frère John sèchent les cours, souvent, et partent dans la campagne pour profiter de la nature. Observation des fleurs et des animaux, canotage, natation, pur plaisir d'exister, loin des gens, loin du monde, loin des enseignants, loin des parents. A la maison, bavardages et conversations, dans la campagne, silence et bruissements de la nature. Déjà, à cette époque de son existence, la nature lui semble un remède à la civilisation, la campagne, une thérapie au mal des villes, la solitude, une panacée pour soigner la douleur des mondanités de Concord.

Lorsqu'il termine ses quatre années à Harvard, il prononce un discours de fin d'études dans lequel se trouve déjà toute sa thématique future : haine de l'esprit commercial, critique de l'argent roi, célébration d'un mode de vie résistant à ces divinités modernes. En 1837, il a juste vingt ans, il ouvre la première page du premier cahier de son *Journal* qui se terminera avec sa mort quatorze volumes plus tard, vingt ans après. Il accumule un matériau qui nourrit ses livres autonomes ; il prend des notes et consigne brièvement ses observations effectuées dans la nature, mais également ses états d'âme ou ses réflexions.

Cette même année, le philosophe inscrit pour l'état civil sous le prénom *David Henry* devient *Henry David* sans raison apparente. Ordre nouveau, volontariste, procédant de son seul désir, pour affirmer sa personnalité et son autonomie, son indépendance à l'endroit de ses géniteurs ? Il était un nom subi, il devient un nom choisi : effet de son vouloir intégral, de son désir de tout maîtriser, de tout contenir et retenir ? Probablement. Thoreau ne supporte aucune contrainte, on peut imaginer qu'un prénom de baptême le gêne parce qu'il ne procède pas de lui et ne lui convienne qu'une fois inversé par son vouloir…

6

Professeur démissionnaire. Cette même année, il devient professeur à l'école publique de Concord. L'époque est aux châtiments corporels, pédagogie disciplinaire oblige… Thoreau s'y refuse, évidemment. Un membre du conseil d'administration de l'école lui enjoint de se plier au règlement et de s'exécuter. Si l'on en croit l'un de ses biographes – G. Landré-Augier préfaçant *Walden* –, il désigne six élèves au hasard, les frappe et présente sur-le-champ sa démission…

L'année suivante, avec son frère, il ouvre une école pour y pratiquer une pédagogie libertaire : sorties d'éveil dans la nature, herborisation dans la campagne, bannissement des coups, mais aussi, révolution notable, association des enfants au processus disciplinaire. Où l'on pressent le futur auteur de *La Désobéissance civile* qui affirme neuf ans plus tard, en 1849, qu'une autorité n'est légitime que si ceux sur lesquels elle s'exprime y consentent…

En 1839, John et Henry David partent ensemble une semaine sur les rivières Concord et Merrimack. Ils naviguent entre le ruisseau de l'enfance dans la maison du jardin de la grand-mère et le lac, futur personnage conceptuel du philosophe. Pendant l'expédition sur l'hydrologie réelle et imaginaire des frères Thoreau, le philosophe remplit son journal. Plus tard, ces notes serviront à la rédaction de *Une semaine sur les rivières Concord et Merrimack* (1849), publié à compte d'auteur après la mort de son frère.

Dans *Walden*, Thoreau raconte comment, quatre ans plus tard, l'imprimeur lui retournera les invendus, soit sept cent six exemplaires : vingt-cinq ont été donnés, deux cent vingt-cinq vendus... Avec l'humour pince-sans-rire qui le caractérise souvent, Thoreau précise qu'après l'arrivage des paquets, sa bibliothèque comprenait près de neuf cents volumes, dont plus de sept cents écrits par lui-même...

7

L'amour des génisses. Si Thoreau se distingue radicalement de la corporation philosophique, il est en revanche un domaine dans lequel il s'en montre emblématique : celui des femmes. Car tout laisse croire qu'il fut probablement ému par telle ou telle, mais rien ne permet de savoir qu'il soit passé du platonisme à la sensualité. Il n'eut vraisemblablement aucune occasion d'accéder aux joies du corps en dehors des traques à la marmotte sous un clair de lune.

Lui qui fit sans cesse l'apologie de la liberté, la célébration de l'autonomie, lui qui eut au plus haut point la religion de l'indépendance, gageons qu'il a très vite et très tôt compris qu'une femme et des enfants empêchent de dormir en solitaire dans sa cabane, de canoter sur les rivières, de s'habiller et de vivre en trappeur, de sentir le rat musqué, d'inventer sa vie et d'improviser son existence pour jouir du spectacle de la Nature, qui fut probablement sa seule et unique maîtresse.

On peut également imaginer que ce prude qui faisait l'éloge de la chasteté et de la continence pour mieux réussir son rapport sensuel avec la nature eut, dans le secret de ses treize mètres carrés de hutte en bois, des rapports sexuels avec lui-même, ce qui lui permettait de réduire les afféteries au minimum et de ne pas craindre les conséquences d'une imprudente intempérance ! Un étrange passage de son *Journal* s'attarde sur le plaisir à entendre son propre écho, car le retour de soi vaut mieux que la jouissance de l'autre. L'onanisme, c'est la métaphore de l'écho en matière de sexualité !

Arrêtons-nous toutefois sur les traces de femmes dans la vie de Thoreau. Rien sur la mère, absente dans l'œuvre. Peu sur ses sœurs. Beaucoup sur son frère John, avec lequel il eut nombre d'expériences complices de jouissances sensuelles partagées dans la nature. Sa semaine sur la rivière, par exemple. Rien non plus sur les autres figures féminines qui traversent son existence. Pas de troubles, d'émotions dues à des créatures humaines…

En revanche, des milliers de pages sur la marmotte, la chouette, les perches, les grillons, les fourmis, et une page d'anthologie sur l'émotion suscitée par une génisse à l'odeur si suave (« Ô crème de toutes les laiteries qui furent et qui seront ! », *Journal*, sept. 1850), si sensuelle, si douce, si belle (« visage d'innocence »…), si troublante quand elle accepte du philosophe le cadeau d'une pomme, puis s'en va (« Belle génisse, adieu ! Bien que tu m'aies oublié, fasse le ciel que tu ne t'oublies pas toi-même »), mais rien sur la chair qui frissonne à cause d'une dame… Rien d'anormal pour un Thoreau d'aimer les génisses, dirait un lacanien !

Thoreau a remarqué une femme – Lucy Jackson Brown – pour laquelle il ressent quelque attirance. Excellent dans le registre platonique, il écrit un poème accompagné d'un bouquet de violettes, symbole d'espérance, et lance le tout par la fenêtre. Le geste fut fort romantique, mais sans conséquences. Il y eut encore quelques lettres échangées, des discussions savantes, peut-être aussi une ou deux sorties dans les bois, mais on sait que Thoreau n'est pas du genre à herboriser en faisant du surplace au bras d'une dame ralentie par les volants de ses jupes... De plus, les témoins rapportent qu'il marchait comme s'il était toujours en passe de manquer un rendez-vous, laissant plusieurs pas derrière lui tous les malheureux sortis en sa compagnie.

En 1839, John tombe amoureux d'Ellen Sewall – Henry aussi... Le frère de cette jeune femme a fréquenté l'école fondée par les deux frères. Il lui propose le mariage. Le père de la prétendante refuse, il voit d'un mauvais œil cette famille de transcendantalistes qui flirte avec l'extrémisme en politique, puisqu'ils affirment leur compagnonnage avec les abolitionnistes. Les deux frères canotent sur la rivière à bord du *Musketaquid*, le bateau à voile qu'ils ont construit de leurs mains. Ils rentrent, elle est partie, puis revient, et rapporte la nouvelle paternelle. John éconduit, Henry fait sa demande à son tour... Evidemment sans plus de succès. Et puis, fort probablement, il y eut aussi Mme Emerson...

8

Emerson et Thoreau. La dame aux violettes, la fameuse Mrs Brown, a remarqué que nombre de pages du journal de Thoreau entretiennent une intime parenté avec la pensée d'Emerson, le père du transcendantalisme, qui, lui aussi, vit à Concord. En 1837, elle arrange un rendez-vous entre le philosophe reconnu et le jeune homme : le premier a trente-quatre ans, le second vingt. Emerson a publié *La Nature*, le manifeste de cette nouvelle philosophie américaine, et il vient de donner une conférence appelée à devenir fameuse : *L'Intellectuel américain*. Il a du succès, Thoreau n'a rien publié.

A cette époque, Emerson organise des soirées dans sa maison qui devient *le* foyer transcendantaliste américain. Des poètes, des pasteurs en rupture de ban avec leur Eglise, des intellectuels, des féministes, des abolitionnistes, des gens de culture, tous se retrouvent et commentent des lectures, fourbissent leurs idées, fonctionnent comme les salons européens du XVIIIe siècle. Pour se fédérer, ils se dotent d'une revue, *Dial – Le Cadran –*, dont Emerson est le rédacteur en chef avec la féministe Margaret Fuller. Dès 1840, Thoreau y publie son premier texte, un poème intitulé *Sympathie*. Puis un essai, *Augus Persius Flaccus*. Il donnera régulièrement des textes à la revue jusqu'à son arrêt quatre ans plus tard. Il aidera également son aîné dans sa tâche de direction de la revue.

A cause des problèmes de santé de John, les deux frères ferment leur école. Thoreau va vivre chez Emerson où il est nourri, logé, en échange de travaux dans la maison, bricolage, jardinage, entretien de la petite

propriété. Thoreau joue également avec Waldo, le fils
du philosophe. Il s'en occupe, l'emmène en balade
dans la campagne environnante, lui raconte des histoires, lui construit un sifflet, un bateau, une flûte. Le
12 janvier 1842, John meurt du tétanos. Le 27 du même
mois, Emerson, veuf et remarié, perd son fils âgé de
six ans de la fièvre scarlatine. Dans les deux années
qui suivirent, Emerson sera deux fois père…

Afin qu'il change d'air, Emerson propose à Thoreau
de devenir le précepteur de son neveu à New York.
L'ancien invite le cadet à profiter de son séjour pour
faire connaissance avec les gens utiles dans le milieu
des lettres. Il l'engage à contacter des journalistes afin
de placer dans tel ou tel journal un texte à même de
lui constituer une réputation dans le monde des lettres,
dans la perspective de vivre un jour de sa plume…

Thoreau n'excelle pas dans ce genre d'exercice
mondain. Il ne convainc pas grand monde, mais publie
tout de même quelques articles dans des revues. Il écrit
à Emerson et le tient au courant de sa vie new-
yorkaise : il regrette Concord qui est pour lui, sinon le
centre du monde, du moins *le* monde. L'expérience
dure huit mois, pénibles pour le philosophe en mal de
campagne, d'herborisation et de balades dans la nature.
Il expérimente la Ville et tiendra plus tard des propos
violents sur l'urbain, qu'il oppose au rural comme le
Mal au Bien : New York contre Concord, la Civilisation contre la Nature, l'illusion contre la vérité, le faux-
semblant contre l'authentique, la religion du progrès
technologique contre la sagesse de la vie philosophique
naturelle, le banquier, le commerçant, le journaliste
contre l'Indien, le bûcheron, le paysan…

Le voilà bien vite rentré à Concord. Pour l'instant,

à la manière d'Emerson et de quelques autres, il donne des conférences dans sa ville. Plus tard, dans son *Journal* (oct. 1858), il tient des propos sévères sur l'inanité des conférences et des conférenciers, mais également sur celle de leur public… Il parle de « fantoches », sur scène comme dans la salle. Ce qui ne l'empêchera jamais de porter sa bonne parole sur les estrades jusqu'à la fin de son existence. En 1860, deux ans avant sa mort, il prononce l'une d'entre elles connue sous le titre *Pommes sauvages*…

A cette même époque, il entreprend la lecture du *Bhagavad-Gita*, qui comptera au nombre de ses sources majeures. Pendant ce temps, il met au point un procédé qui lui permet d'augmenter la qualité des crayons fabriqués par l'entreprise familiale ; enfin, il aide son père à construire une nouvelle maison. Est-ce sous cette double influence (la construction d'une maison de famille qui le conduit à marquer son autonomie par une habitation en propre, en même temps qu'une invitation au dépouillement hindouiste) qu'il envisage l'expérience existentielle de Walden ? Possible…

9

L'Orient transatlantique… En 1845, Thoreau s'engage dans un modeste projet qui va pourtant lui valoir plus tard sa place dans l'histoire mondiale de la philosophie. Mettons de côté l'influence de cette aspiration à posséder un lieu à soi après avoir donné un coup de main à la maison de ses parents… Et retenons l'hypothèse, parmi d'autres évidemment, d'une source

orientale à ce désir de vivre une vie ascétique et philosophique dans une cabane près de l'étang de Walden.

Thoreau découvre très tôt la littérature ancienne hors
d'Europe. Parce qu'il ne vit pas sur le Vieux Continent,
il lui est plus facile d'échapper à l'antique préjugé des
philosophes pour qui la Grèce invente la philosophie
au VIIe siècle avant l'ère commune, dans un pays qui,
comme par hasard, relève de la zone géographique
spécifique de son ère mentale… Lorsque Thoreau célèbre la philosophie antique, il ne commet pas l'erreur
de la réduire au monde gréco-romain : il prend soin de
mettre à égalité « le plus ancien philosophe égyptien
ou hindou » et Homère, sinon Anacréon ou un philosophe dit présocratique. Lui l'Américain sait que la
sagesse ignore les frontières, qu'elle n'est pas l'apanage d'un continent, mais le fait d'individus de génie,
indépendamment du lieu de leur méditation…

A l'heure où, en Europe, Arthur Schopenhauer
découvre la richesse de la pensée bouddhiste indienne,
Thoreau évolue dans le même désir d'un nouveau
continent mental. Dès 1841, il accède aux textes de la
littérature védique que possède Emerson dans sa
bibliothèque. Les *Lois de Manou* constituent son premier contact avec ce type de littérature qu'il va lire
avec attention, traduire aussi du français ou de l'allemand. Pour *Dial*, la revue transcendantaliste, Thoreau
effectue en 1843 un choix de textes de ce code de
Manou. L'année suivante, après avoir épuisé le stock
d'Emerson, il commande à la bibliothèque de Harvard
des ouvrages traduits du sanskrit en français, il les
traduit en anglais.

En 1855, après *Walden* donc, lorsque son ami
Thomas Cholmondeley souhaite lui faire plaisir, il lui

offre quarante-quatre livres orientaux de premier ordre, ainsi qu'un grand nombre de volumes critiques sur ce sujet. Thoreau fit une petite bibliothèque de ses mains pour abriter ces « trésors » – selon le mot de sa lettre de remerciements à son ami. A d'autres correspondants, il commente cette nouvelle bibliothèque comme un moment majeur qu'il va jusqu'à comparer à la naissance d'un enfant... Cette collection privée de livres orientaux est à l'époque l'une des plus belles, sinon la plus belle, des Etats-Unis.

Thoreau ne donne pas de sources philosophiques européennes à son expérience existentielle. Dans *Walden*, il cite en passant Socrate (éloge du « Connais-toi toi-même ») ; on voit également apparaître dans le *Journal* le nom de Diogène (célébration de la simplification de la vie, du modèle pris sur la nature, du renoncement au luxe, au confort, à la société des hommes, à la vie philosophique, du philosophe au tonneau), ou celui de Montaigne (excellence du mode d'écriture de l'auteur des *Essais*), mais nullement les auteurs canoniques du corpus occidental. En revanche, la référence orientale entrelarde régulièrement le texte, dans lequel le brahmane passe pour un modèle de sagesse et de vie philosophique.

10

Walden, un personnage conceptuel... En 1845, Thoreau commence la construction de sa cabane auprès de l'étang de Walden, sur une parcelle mise à sa disposition par Emerson – encore et toujours lui. Walden est donc un lieu réel, repérable sur une carte, mais c'est

en même temps un lieu magique, mystérieux, proustien, car chargé d'une mémoire affective d'enfance.
L'étang de Walden recueille les eaux du ruisseau de
la grand-mère, les eaux de la rivière parcourue avec le
frère disparu sont en contact profond avec lui, et
l'esprit du petit garçon âgé de cinq ans flotte sur la
surface en miroir de cette étendue d'eau qu'il imagine
sans fond…

Lac clair, vert et sombre, il semble sans entrée en
eau et sans sortie visible, sinon la pluie ou l'évapora-
tion. Des collines boisées le bordent. La couleur
change : bleu avec le ciel d'été, par temps clair ;
ardoise foncée en cas d'orage ; vert clair quand la berge
s'y reflète, vert sombre au milieu, dans la masse, vert
vif vu des hauteurs environnantes ; jaune à cause du
sable sur la rive ; bleu clair des soies moirées ailleurs,
sinon des lames d'épée ; bleu de verre lors du coucher
du soleil.

Thoreau se dit « en bons termes » avec la plupart
des lacs alentour, mais décerne la palme de la pureté
à Walden dans lequel, eau lustrale magnifique – dix
degrés en moyenne… –, il se baigne chaque jour,
quelle que soit la saison. Seule la glace l'arrête, mais,
même dans ce cas, il ne renonce pas au contact avec
sa matière d'eau solide et s'allonge de tout son long
sur elle… Peut-être, avance-t-il, le lac existait-il déjà
ce matin de printemps où Adam et Eve furent chassés
du paradis. Ferait-on dès lors endroit plus pur et eau
plus appropriée pour effacer les souillures ? A sept ans,
en 1824, Thoreau aidait (ses parents probablement,
mais il ne le précise pas dans le texte…) à faire bouillir
une marmite de soupe de poissons sur l'un des bancs
de sable recouverts depuis. Le philosophe disserte sur

l'élévation et la baisse des niveaux, sa description laisse croire que le lac respire et que les variations procèdent d'une vie magique...

Que signifie Walden ? On entend le prénom de Waldo dans la musique de ce mot. Le fameux Waldo mort – le petit Vaudois –, mais également le second prénom de Ralph Waldo Emerson, décidément présent partout... Ce prénom se trouve dans la famille depuis qu'une ancêtre, Rebecca, l'y a installé pour honorer Pierre Valdo, ou de Vaux, fondateur des Vaudois, sectaires provençaux du XIIe siècle, remarquables, dit-on, par l'austérité et la pureté de leurs mœurs.

Thoreau donne une étymologie à la mesure de son désir. Lui qui aime les Indiens autant que les brahmanes, sinon les bûcherons et les paysans, rapporte une tradition orale selon laquelle un campement indien installé sur une colline qui dominait le lac a disparu corps et âme un jour de tremblement de terre à l'issue duquel une seule femme a survécu : elle s'appelait Walden et a donné son nom au lac. Les pierres du haut de la colline avaient dévalé la pente pour finir dans le creux où elles constituent aujourd'hui la rive visible par tout un chacun.

Va pour la légende indienne. Mais Thoreau trouve en même temps que cette belle histoire ne contredit pas pour autant celle d'un ancien colon qui raconte celle d'un sourcier venu avec sa baguette de coudrier et qui, trouvant un mince filet de vapeur s'élevant du gazon, se mit à creuser un puits dans cet endroit où, auparavant, il n'existait aucun lac... L'inconvénient de cette version, c'est qu'au contraire de la précédente, elle n'explique pas la présence des pierres de la rive ! A moins que les glaciers...

11

Un exercice spirituel. Thoreau y construit de ses mains une petite cabane en bois de trois mètres sur quatre et demi, la meublera avec des ustensiles fabriqués par lui-même, y installe une cheminée, puis l'entoure d'un potager. Il vit dans ces treize mètres carrés deux ans et deux mois, soit du 4 juillet 1845, jour de la Déclaration d'indépendance aux Etats-Unis, au 6 septembre 1847, date à laquelle il met brutalement fin à son expérience.

Ces vingt-six mois d'ascèse existentielle et de frugalité naturelle ne seront pas vingt-six mois loin du monde, vécus en ermite forcené et radical. D'abord, Thoreau se rend à Concord au moins tous les deux jours, il oublie de raconter dans *Walden* qu'il rapportait parfois des victuailles familiales... Il assiste aux réunions transcendantalistes chez Emerson et rentre la nuit, à pied, dans l'obscurité des bois qu'il aime, pour rejoindre sa hutte. Parfois, donc, avec les paniers de mangeailles préparés par maman...

Ensuite, il n'est pas seul, car il reçoit du monde dans sa cabane : bûcherons, voyageurs, passants, curieux, amis, philosophes, marcheurs, naturalistes ; il y accueille également le comité des abolitionnistes de Concord – malgré les trois seules chaises revendiquées... Thoreau ne vise pas la réclusion loin du monde, sur le mode des athlètes du désert, mais l'expérimentation d'une vie philosophique, la mise en conformité de son existence avec sa pensée, de sa théorie et de sa pratique. Sur le mode antique, il lie intimement le discours et les actes, les mots et les choses, la doctrine et la vie.

Des biographes moquent cet homme qui se propose presque de faire un feu avec des silex tout en ayant un briquet dans sa poche. D'autres ont récupéré sur place une quantité incroyable de clous tordus à cause de son mauvais coup de marteau, alors que Thoreau raconte sa dextérité avec l'outil… Dans quels buts ? Ce genre d'enquête policière qui traque le détail n'invalide aucunement l'expérience existentielle et l'exercice spirituel sur le mode antique d'un philosophe qui vit sa pensée et pense sa vie…

On ignore les raisons qui conduisent Thoreau à mettre fin à cette expérience sans explications sinon une phrase laconique : « C'est ainsi que finit ma première année passée dans les bois, la seconde fut semblable à la première. Je quittai définitivement Walden le 6 septembre 1847. » Probablement pour éviter d'avoir à écrire : la troisième fut une copie de la seconde qui copiait déjà la première. Ou : la quatrième, etc. La routine fait mauvais ménage avec le sublime, or Thoreau se proposait « une vie sublime » (*Journal*, juillet 1851).

12

Mme Emerson et Thoreau. Thoreau arrête soudainement son expérience, donc, et les biographes se demandent pour quelles raisons. L'une d'entre elles, moins prosaïque que le désir de ne pas tomber dans la routine, est qu'Emerson envisage de partir pour une tournée de conférences en Angleterre, ce qui signifie qu'à nouveau la maison sera désertée par le mari, qui y laisse l'épouse et ses deux enfants. Mettons en perspective les deux dates : Thoreau quitte Walden le 6 septembre 1847, Emerson s'embarque pour le continent anglais le 5 octobre 1847...

Pendant les dix mois du voyage, Thoreau et Emerson échangent des lettres dans lesquelles le premier donne des nouvelles au second sur le quotidien de la maison. Thoreau vit en effet dans le domicile du philosophe, avec sa femme et ses enfants dont il s'occupe. L'homme des bois solitaire et l'épouse loin de son mari échangent avec complicité, ils se confient mutuellement leurs états d'âme.

Lorsque Emerson lira l'éloge funèbre, parfois sévère mais probablement juste, de son ami mort, il insistera sur sa rudesse et son manque de diplomatie recouvert par une volonté affichée de dire la vérité quoi qu'il en coûte. Dans une lettre à Emerson, Thoreau précise que tout se passe bien dans sa maison en son absence, qu'il s'occupe bien de ses enfants et que le garçon lui a demandé s'il voulait bien être son père... Ajoutant à l'indélicatesse, Thoreau stipule que si Emerson devait ne jamais rentrer, il serait bien vite remplacé ! Emerson rentre, évidemment, en juillet 1848. Thoreau retourne vivre chez ses parents, comme il le fera toute son existence...

13

La prison, second personnage conceptuel. Dans l'histoire des idées, Thoreau est connu pour deux moments de sa biographie devenus emblématiques de sa pensée : *la vie dans les bois* et *le séjour en prison.* Ces deux moments furent brefs : vingt-six mois pour

Walden, avec des visites tous les deux jours au moins aux amis et parents de Concord, et une nuit en cellule, mais les deux événements cristallisent prioritairement la pensée du philosophe en deux lignes de force lisibles. Walden, ou l'éloge de la vie sauvage ; la prison, ou la désobéissance civile.

Si la réputation de Thoreau définit bien la somme des malentendus accumulés sur son compte, elle se construit bien sur ces deux expériences existentielles intégrées dans la pratique d'une vie philosophique. Le philosophe vit sa pensée et pense sa vie : la prison le montre citoyen contre les pouvoirs, individu cabré contre tout ce qui menace son autonomie ou met en péril sa liberté, mais aussi, en relation de cohérence avec sa vie sauvage sans entraves, en *inventeur du comportement libertaire.*

La scène se passe en 1846, pendant l'expérimentation de la vie au bord du lac. Thoreau se rend chez son cordonnier pour récupérer une chaussure. Sur le chemin, la police l'interpelle et le conduit en prison. Ce qu'il laisse faire de bonne grâce et, probablement, avec une certaine satisfaction. Car il cherche l'affrontement depuis des années en ne payant pas ses impôts, du moins la taxe qui correspond à l'entretien de la situation esclavagiste et au financement de la guerre contre le Mexique, car, par ailleurs, il acquitte correctement la taxe sur les chemins, affirmant qu'il se veut bon citoyen, bon voisin aussi…

Il connaît le gardien de la prison qui propose de payer pour lui la taxe en question. Thoreau refuse tout net : il *veut* cet emprisonnement, théorisé dans *La Désobéissance civile* paru en revue en 1849. L'amende est payée par un inconnu – ou une, peut-être sa tante –, il se retrouve dès lors élargi le lendemain matin. Simplement, naturellement, Thoreau récupère sa chaussure et retourne à la cueillette des airelles. Le bref texte écrit à cette occasion entre par la grande porte dans l'histoire de la philosophie politique, au même titre que le *Discours de la servitude volontaire* de La Boétie auquel il fait songer par plus d'un point.

14

Théoricien et praticien de la misanthropie. Une fois l'expérience de Walden terminée et passée cette nuit mythique en prison, Thoreau marche dans les bois, herborise. Il traverse Concord avec une vieille boîte à musique à la main, il y serre les plantes rapportées de sa sortie. Parfois, regardant le sol et suivant sa route à grands pas, on le croise ne se décoiffant pas, car il porte sous son chapeau d'autres herbes qui, sinon, déborderaient. De temps en temps, il emporte un microscope. Le soir, il consigne ses impressions dans son journal, des cahiers pour lesquels il a construit un petit meuble ad hoc.

Thoreau vit de petits métiers. Une fois il repeint une maison, une autre il s'occupe d'un jardin, c'est également l'époque où il vit d'arpentage. Il a trente et un ans, habite chez ses parents, et change de domicile dans Concord en même temps qu'eux. Il aide son père à la manufacture de crayons. Toujours pas de femme. Peu d'amis. Son caractère revêche rend difficile une relation complice. Thoreau revendique la solitude qu'il aime plus que tout, et théorise une critique de la phi-

lanthropie – comme Emerson – qui confine à la misanthropie, qu'il pratique assidûment.

Ainsi avec Margaret Fuller. Margaret Fuller appartient au groupe des transcendantalistes de Concord.
Elle assiste aux réunions, aux conférences, elle aide
Emerson à la confection de leur revue. Cette blonde
aux yeux gris-bleu fut une enfant douée. Sous la férule
d'un père puritain qui l'avait mise au latin dès l'âge
de six ans, elle lisait Shakespeare quand ses contemporaines s'occupaient encore de leurs poupées. Elle
dévorait tous les livres qui lui tombaient sous la main,
dont Helvétius, elle aimait Rousseau et Novalis, Fichte
et Jacobi, elle écrivait des lettres imaginaires à Bee-
thoven. Habitée au plus haut point par la religion de
l'art, elle frémissait à la musique, collectionnait les
transports, les émotions et les abattements. Elle écrivait
des poèmes, s'exerçait à la critique d'art, charmait dans
des conférences auxquelles se pressaient des jeunes
femmes en pâmoison.

Emerson fit sa connaissance en 1835, elle avait
vingt-cinq ans, lui, trente-deux. Un tiers avait fait passer sa traduction du *Tasse* de Goethe au philosophe,
qui l'avait invitée à passer quinze jours sous le toit
familial. Elle est immédiatement fascinée. Ils se voient
régulièrement, s'écrivent, sortent pour des balades
dans les bois. Elle lui apprend l'allemand, l'initie aux
beaux-arts, il lui fait découvrir les maîtres anglais.

Margaret Fuller déborde de vitalité, elle se fait entre-
prenante. Le journal d'Emerson contient, cryptées, de
probables allusions à cette période : il connaît la ten-
tation, le désir, l'envie, il est marié, puritain, croyant,
père de deux enfants que lui a donnés sa femme, Ellen,
après la mort du petit Waldo. Il écrit sur l'amour démo-

niaque et l'amour céleste, rédige une *Ode à la beauté*, ou un poème d'action de grâces dans lequel il remercie Dieu de l'avoir empêché de commettre l'irréparable… On a beau célébrer dans son œuvre un Dieu des philosophes n'ayant pas grand-chose à voir avec le Dieu de la morale moralisatrice, pour Emerson, le transcendantalisme n'est décidément pas un athéisme !

Margaret Fuller semble une femme complexe : elle se croit sous la dépendance d'un démon. Emerson voit bien son côté nocturne, qui le tétanise – tout en le fascinant ? Elle croit aux jours fastes et néfastes, à la numérologie, aux présages. Enfant déjà, elle eut une crise d'hystérie parce que toutes les jeunes filles de son pensionnat s'étaient maquillées comme elle le faisait, pour se moquer d'elle. Rentrée dans sa chambre, elle fit des convulsions, puis se jeta la tête la première contre les chenets de la cheminée, se faisant ainsi une blessure au visage qui passa ensuite pour un perpétuel rictus…

En 1846, elle part pour l'Europe. A Paris, elle visite Sand, Chopin, Lamennais. Elle publie dans une revue un article sur la littérature américaine. A la Chambre des députés, elle consulte les manuscrits de Rousseau qu'elle tient pour un maître. En Italie, en 1847, elle rencontre le marquis Ossolini qui lui donne un enfant. Elle l'épouse et rentre aux Etats-Unis en 1850. Le bateau fait naufrage à cause d'une erreur de navigation. Elle reste sur le bâtiment qui coule et trouve la mort avec les siens.

Thoreau ira sur le rivage récupérer ce qu'il pourra de cette femme qui, pour le moins, fut la muse d'Emerson, la compagne féministe des transcendantalistes du cercle de Concord, la directrice de leur revue, celle qui publia les premiers textes de Thoreau, donc une connaissance proche, sinon une amie. Sur la plage, il trouve un bouton de l'habit du marquis – disent les biographes. Mais qu'est-ce qui prouve que ce bouton provient bien de l'habit d'un individu que personne n'a jamais vu en Nouvelle-Angleterre ? Retenons de cette histoire que, dans cette circonstance particulière, le philosophe affiche une totale impassibilité. La philanthropie fustigée dans ses textes n'encombre pas non plus son existence. Du moins en apparence…

15

Les effets du succès. L'expérience de Walden a été consignée au jour le jour dans son *Journal*. Thoreau se sert de ces fragments pour donner des conférences, toujours dans son périmètre affectif : Concord. Il construit *Walden* et finit par remettre à son éditeur une version qui se tient, la septième. Nous sommes en 1854. Le livre paraît, tiré à deux mille exemplaires. Des articles élogieux lui valent une reconnaissance qui adoucit les angles du rugueux personnage. Thoreau a trente-sept ans, le voilà enfin un peu plus sûr de lui, *donc* un peu moins misanthrope.

Au même moment, il s'éloigne d'Emerson. Le journal contient à cette époque des remarques acerbes sur le philosophe. Même si, parfois, le lecteur est réduit à des conjectures parce que le nom propre n'y figure pas explicitement, on lit sous les lignes l'histoire de leur aventure lorsque Thoreau parle de la perte d'un ami. Le philosophe croit que plus on pénètre l'intimité de la nature, plus on s'éloigne des hommes, car moins on a besoin d'eux. En mai 1853, il confie à son *Journal* qu'il perd son temps, sinon sa personnalité, à essayer d'échanger avec Emerson. Thoreau lui reproche de prendre sans raison valable la position du contradicteur, de développer des points sur lesquels il n'existe pas de réelle divergence, professant ce qu'il savait déjà, lui gâchant son temps en faisant de lui un autre homme que celui qu'il est vraiment.

Février 1857, après le succès de *Walden* : « Encore une amitié qui finit. » Toute rupture a ses raisons, on les ignore parfois, mais elles n'en existent pas moins. Il avoue en ressentir des douleurs physiques mais ne cherche pas de responsabilités particulières : un effet du sort et de la fatalité, rien d'autre... Dans d'autres passages consacrés à l'amitié, le misanthrope écrivait : « Si mon ami se dit : "Je ne le reverrai jamais", je traduis *jamais* par *toujours*. » Preuve qu'en matière d'amitié, à défaut de pouvoir la vivre, Thoreau savait la dire.

Voilà donc le jeune émancipé de l'ancien, qui a joué un rôle constant dans son existence depuis des années : l'introduction dans le cercle transcendantaliste ; le travail de précepteur à New York ; l'aide pour entrer dans le monde des lettres ; les premières publications ; les emplois de factotum dans sa maison moyennant gîte et couvert ; le préceptorat de son propre fils ; le prêt du terrain de Walden ; la confiance manifestée dans la proposition d'habiter sous son toit pendant son voyage en Europe... Emerson a pu effectivement exercer sans frein sa lucidité sur la rugosité de son ami dans cette aventure, où l'on cherche ce que Thoreau aurait donné en échange de ces preuves constantes de générosité.

16

Inventer le tempérament libertaire. Thoreau passe l'essentiel de son existence à se construire une vie autonome. Lui plus qu'un autre prend au mot cette invitation faite par Nietzsche dans *Ainsi parlait Zarathoustra* : « Se créer liberté ». Jusqu'à l'âge de trente-six ans (il lui reste huit années à vivre), tout fut fait par lui pour préserver sa liberté : pas de travail fixe ; la réduction de sa consommation quotidienne à l'essentiel ; l'élimination du superflu en tout ; l'ascèse existentielle ; pas de femme, d'enfants, pas de famille ou d'amis envahissants ; pas d'engagements qui lient, quel que soit le temps du contrat, un jour, cent, encore moins pour la vie. Par ailleurs, sa famille recevait les abolitionnistes, lui-même a aidé des esclaves fugitifs à passer la frontière vers le Canada, y compris pendant la période où il fanfaronne théoriquement en fustigeant la philanthropie... Il a été emprisonné pour avoir refusé de payer ses impôts afin de protester contre la politique esclavagiste et belliciste de son pays.

Dans *L'Esclavage au Massachusetts* (1854), Thoreau affirme qu'il a vécu une expérience qui modifie radicalement son rapport au monde – donc à soi, donc aux autres. Il s'agit de l'affaire Anthony Burns, un esclave fugitif détenu à Boston que des militants anti-esclavagistes avaient essayé de libérer en prenant d'assaut le tribunal. L'opération commando ayant échoué, un employé fédéral y a trouvé la mort. Anthony Burns a été renvoyé à sa situation d'esclave. Soudain, le misanthrope veillant jalousement sur sa liberté trouve que l'Etat la lui restreint en lui demandant de dénoncer les esclaves fugitifs qu'il pourrait rencontrer et en le sommant d'accepter l'injustice de l'esclavage. Le philosophe se voit donc obligé de défendre la cause politique majeure de l'abolition de l'esclavagisme afin de recouvrer sa sérénité et de jouir pleinement de sa liberté.

Si l'on en croit ses confidences, ce fait divers autour d'Anthony Burns discrédite toute sa démarche antérieure : sa vie philosophique en amont lui semble soudain « dénuée d'intérêt » et dépourvue de « valeur ». En quelques phrases claires et nettes, la confession du penseur est radicale. Walden ? L'herborisation ? La marche ? Les balades ? La méditation par empathie avec la nature ? L'encyclopédie des oiseaux, des plantes, des arbres, du lac ? La construction de soi par l'ascèse ? La réforme spirituelle ? Voilà qui, d'un seul coup, s'effondre, privé de raison d'être.

Les choses n'ont pas changé d'un seul coup. Le monde n'est pas soudainement devenu plus inique, plus cynique. L'esclavage existait à l'époque de la vie dans les bois de Walden. Quand Thoreau prend le temps de démonter les raisons des philanthropes pour les discréditer, on vend, exploite, maltraite *déjà* des esclaves... A la table de ses parents, plus de trente années en amont, les choses existaient déjà sous cette forme.

C'est donc Thoreau qui change, et tant mieux. Plus humain, moins sauvage, récusant le manichéisme avec lequel il oppose l'amour de la nature et la passion pour les hommes en affirmant que ce que l'on donne à l'un, on ne peut l'offrir à l'autre, Thoreau montre qu'on peut aimer la nature avec une fougue intacte, mais, en même temps, en complément, accorder aux humains un intérêt, une énergie qui n'empêche pas la passion pour

l'orage et l'arc-en-ciel, le lac et la marmotte, le canotage et l'herborisation. Précisons que cette révolution
copernicienne coïncide aussi avec le début de la tuberculose qui va le détruire à petit feu et le conduire huit
ans plus tard à la mort…

17

Les combats pour John Brown. Le Capitaine John
Brown, un Blanc qui lutte les armes à la main pour
abolir l'esclavage avec un groupe d'une douzaine de
combattants déterminés, donne une conférence à
Concord en 1857. Thoreau et Emerson sont dans la
salle. Le premier aide régulièrement des esclaves à se
rendre au Canada ; le second s'illustre lui aussi dans
la défense de la cause abolitionniste. Les transcendantalistes s'activent à leurs côtés.

John Brown s'empare un peu plus tard d'un arsenal
en Virginie. Il est capturé, emprisonné et risque la
mort. Le 30 octobre 1859, Thoreau prononce un
vibrant éloge de la cause et de l'homme sous le titre :
Plaidoyer pour John Brown. Il en appelle à la Justice
et à la Vérité. Ces deux instances rejoignent la Liberté
dans un nouvel équilibre où le philosophe gagne en
grandeur par le dépassement de lui-même et de son
souci égotiste d'assurer son salut ici-bas, sans souci de
la misère du monde. Thoreau s'humanise, sa philosophie se grandit, son personnage accède alors à une
réelle dimension universelle.

Lorsque John Brown est pendu, il lit son *Plaidoyer*
sur la place publique, puis rédige *Le Martyre de John
Brown,* à quoi il ajoutera l'année suivante, pour com-

mémorer la date anniversaire, *Les Derniers Jours de John Brown*. Cette même année, 1860, son état de santé se dégrade. Au fil des mois, malgré quelques essais de sorties en campagne pour tâcher de refaire ses forces, Thoreau constate un net déclin de son état. Il travaille alors à l'établissement de ses manuscrits et prépare des éditions de textes futurs. La guerre de Sécession fait rage.

18

« *Un monde à la fois.* » Désormais, il attend la mort avec sérénité. Lui qui a voulu faire de sa vie une œuvre d'art, sait plus qu'un autre que la sortie compte pour beaucoup dans le succès de l'entreprise. Il refuse les calmants et les anesthésiants afin de pouvoir vivre pleinement les moments de sa fin. Toute son existence il a plaidé pour la création de moments denses, et récusé les frayeurs entretenues sur l'au-delà. Il ne croit pas à l'enfer, au paradis, à la damnation. Son Dieu, la Nature, l'attend, car il va retrouver la terre et s'y fondre enfin, couler comme l'argile destinée à devenir humus.

Son souhait philosophique consistait à magnifier la présence au monde, à exacerber le contact avec la matière de ce monde : humer, renifler, goûter, toucher, regarder, écouter, entendre, respirer, ressentir, contempler, observer, guetter, épier. Il affirmait : « Aime ta vie » et en faisait un impératif total. Le voilà mourant. A l'heure du trépas, il pense plus que jamais la même chose. Dès lors, il veut voir venir sa mort, la renifler, la regarder approcher, la sentir, la toucher, observer son allure, respirer encore les parfums de la vie et jouir de ce qu'il en reste. Mourir, ça n'est pas encore être mort, c'est même précisément être encore vivant, pour peu de temps, d'où la préciosité de ces moments-là.

Sa tante se trouve à son chevet. La même qui, pro-bablement, a payé l'amende pour le faire sortir de la prison. Elle lui demande s'il n'est pas temps de faire la paix avec Dieu. Flegmatique et ironique, Thoreau répond : « Nous ne nous sommes jamais querellés, que je sache… » De fait… Un autre l'interroge sur ce qu'il pense de l'au-delà. Mot d'auteur, le moribond rétorque : « Un monde à la fois. » Et meurt le 6 mai 1862.

Pour ce monde-ci, il aura fait mieux que quiconque pour s'en incorporer la magie, le mystère, la vérité, la raison. Pour en décrypter les codes et les offrir en poète aux lecteurs de la planète. Pour en jouir aussi, pleine-ment, totalement, en ogre. Et pour l'autre ? Au cime-tière de Concord, sur une éminence plantée d'arbres, Thoreau repose en terre, sous un simple caillou, non loin d'Emerson et de sa famille, qui, elle, est réunie dans un carré de propriétaires balisé par des chaînes. Le philosophe célibataire gît donc au plus proche de Mme Emerson, enfin confondus dans une même éter-nité.

19

Transcendance, transcendantal, transcendanta-lisme. Le groupe de Concord réuni autour d'Emerson apparaît dans l'histoire de la philosophie sous la rubri-que « transcendantaliste ». L'historiographie domi-nante, quand elle n'ignore pas purement et simplement Thoreau, l'associe à ce courant. Thoreau est-il un philosophe transcendantaliste ? Et d'abord, que signifie ce mot ? Il renvoie explicitement au « transcendantal » kantien, à ne pas confondre avec la « transcendance » classique, chacun de ces concepts signifiant une chose à part, même si les trois mots procèdent du vocabulaire de l'idéalisme vécu comme une philosophie de combat contre le matérialisme qui progresse au XIXe siècle, période de la révolution industrielle et de la toute-puissance des sciences, de la technologie, des machines, des découvertes…

La *transcendance* est la fille chérie de la philosophie, qui se sort de plus d'un mauvais pas avec ce concept commode. Littré donne pour premier sens : « qui monte, s'élève au-delà du reste » – de *trans*, au-delà, et *scandere*, monter. Pour utiliser ce concept à dessein, il faut s'inscrire dans une configuration philosophique particulière : l'idéalisme, le dualisme et une lecture verticale du monde. Un haut, un bas. Un monde sensible, perceptible par les sens, et un monde intelligible, concevable par l'entendement. Un registre terrestre, un autre céleste. La matière du monde, et le ciel des idées.

Dans cet ordre d'idées, est transcendant tout ce qui monte vers cet éther invisible, sinon concevable par la seule intellection. Dans la philosophie idéaliste, Dieu, les idées pures (Vérité, Justice, Bonté, Beauté…) sont transcendants. Littré ajoute : on nomme « quantités transcendantes, celles dont la génération théorique implique l'infini, et dont on ne peut obtenir la valeur théorique que par approximation ». Tout philosophe digne de ce nom n'entretient de commerce qu'avec cet univers-là et bricole éternellement dans cette approximation…

Pour un matérialiste qui réduit le réel, le monde et tout ce qui surgit en lui à une pure et simple causalité mécanique, matérielle, immanente, il n'existe pas de véritable transcendance, sinon par métaphore ou métonymie. Elle nomme alors quelque chose qui transporte, certes, mais pas dans un autre monde : une émotion esthétique, une sensation empathique, une perception du sublime peuvent conduire un matérialiste à user du terme, mais sans présupposer l'existence d'un arrière-monde rempli d'idées pures disposant de leur vie propre. Il existe donc, pour un matérialiste, une transcendance immanente.

Le *transcendantal* dispose d'une vie avant Kant, mais le philosophe allemand lui donne son acception classique. Dans la philosophie médiévale, et chez les scolastiques en particulier, le transcendantal nomme certains attributs qui débordent les dix catégories d'Aristote et conviennent à tous les êtres – l 'Un, le Vrai, le Bien. Thomas d'Aquin, par exemple, disserte sur les transcendantaux à longueur de *Somme théologique*.

Kant donne donc à ce terme son sens moderne. Littré le définit ainsi : « Qui s'appuie ou a la prétention de s'appuyer sur des données supérieures aux impressions sensibles et à l'observation. » Autrement dit : le transcendantal s'oppose à l'empirique, le premier supposant une connaissance a priori, le second une connaissance a posteriori. Dans la *Critique de la raison pure*, Kant écrit : « J'appelle *transcendantale* toute connaissance qui s'occupe en général non pas tant des objets que de notre mode de connaissance des objets en tant que celui-ci doit être possible *a priori*. » Autrement dit, dissociable de l'empirique et de toute expérimentation possible. Toutefois, avec le transcendantal il ne s'agit pas d'un rapport de notre connaissance aux choses, mais de la faculté de connaître.

Enfin, le *transcendantalisme*, s'il qualifie spécifiquement la philosophie d'Emerson et des siens, signifie aussi plus largement : « tous les systèmes dont le point de départ n'est pas l'observation et l'analyse ». Littré donne comme exemple… « le transcendantalisme de Kant ». On ajoutera, pour faire bonne mesure, que Littré fait entrer dans son Dictionnaire un mot qu'on n'y trouve plus mais qui devrait pourtant revenir sur le devant de la scène, tant il qualifie un tic chez les philosophes : le *transcendantisme*, qui signifie « goût, recherche des idées transcendantes »…

20

Qu'est-ce qu'un transcendantaliste ? Retenons que *transcendant*, *transcendantal* et *transcendantalisme* relèvent des symptômes de la maladie du *transcendantisme*, qui affecte prioritairement les idéalistes plus soucieux de chercher la vérité du monde *hors* du monde que de la trouver *dans* le monde. Mais allons voir plus précisément en quoi consiste le transcendantalisme d'Emerson, avant de nous demander si celui de Thoreau existe bien et, s'il existe, ce qui le distingue des idéalistes forcenés de Concord.

Le bref texte intitulé *La Nature*, publié en 1836, passe habituellement pour le manifeste transcendantaliste. A quoi on ajoute parfois deux autres textes courts, *La Confiance en soi* et *L'Intellectuel américain*. Première thèse : *le transcendantalisme croit à l'existence d'un Esprit universel nommé la Surâme*. Il revendique clairement une option idéaliste et affirme l'existence d'un Dieu dans lequel le monde s'exprime : la vérité du monde ne se réduit pas à sa réalité, à sa visibilité. Le matérialisme ne suffit pas pour épuiser la question du sens du monde. Dans un texte intitulé *Les Forces éternelles* (1877), Emerson célèbre les forces qui constituent l'être de la Nature et en rendent possible l'homéostasie.

Certes, Emerson consent au fait que le mystère du monde recule en même temps que progresse la connaissance des lois matérielles, mais sans pour autant conclure que la science épuisera un jour toutes les questions au point de faire disparaître toute possibilité même de mystère. Car, quoi qu'il en soit, l'âme de Dieu se répand dans le monde et assure son être et sa permanence. Voilà pourquoi les forces sont solidaires et les énergies conjuguées pour constituer le réel dans sa configuration propre.

Les transcendantalistes croient en Dieu, certes, mais sûrement pas comme une figure anthropomorphe, à la manière du Dieu jaloux, vindicatif, vengeur, prescriptif et moralisateur des monothéistes. Leur Dieu s'identifie à l'Esprit du Monde, à l'Energie de la Nature, à la Force cosmique qui rend possible l'avènement du réel et assure l'être, la durée et la permanence malgré le perpétuel changement. Dans le monde transcendantaliste, il n'y a pas de perte, mais du transfert d'énergie, tout se transforme. Dieu nomme l'énergie, les transformations, le résultat… Dans *La Méthode dans la nature* (1841), Emerson écrit : « Adorons l'âme toute-puissante et transcendante. »

Deuxième thèse : la connaissance n'est pas affaire

de déduction, d'analyse, de réflexion menée sur le principe mathématique. *Les transcendantalistes célèbrent l'intuition, la sympathie, l'empathie.* Emerson vante les mérites des occasions de parvenir en biais à la vérité. L'inexplicable et le mystère ont plus à voir avec le sommeil, le rêve, la folie, les bêtes, les enfants, le sexe, ajoute-t-il, qu'avec un raisonnement bien conduit selon l'ordre des raisons. L'intuition offre de meilleures voies d'accès au monde que la pure observation analytique sur le mode cartésien. Au rationalisme européen, Emerson préfère la mystique concordienne.

Troisième thèse : *le transcendantaliste se tient à l'écart des foules*, des masses ou du peuple, qu'il méprise pour leur médiocrité, leur incapacité à entrer en contact avec le mystère du monde et les hautes sphères de l'Idée. Le peuple ne communie pas avec l'Infini. Aristocratique, Emerson vante les mérites du grand homme, entendu comme un réceptacle des forces et de l'énergie du monde. L'individualité d'exception quintessencie les fameuses forces éternelles. L'histoire d'un peuple et d'une nation se résume à celle de quelques-unes de ses individualités. Le génie procède d'une focalisation du meilleur : il s'abandonne avec délectation et exaltation à sa destinée transcendante, autrement dit à ce que la Nature veut, exige et commande.

D'où, quatrième thèse : *l'enseignement de la confiance en soi.* Car ce qui provient de l'épicentre de l'Esprit du Monde, autrement dit de Dieu, ne peut être mauvais. En bon protestant souscrivant à la prédestination, Emerson invite chacun à croire en son étoile et à s'abandonner avec foi à son destin, sans préjuger une seule seconde qu'il pourrait en aller du destin d'un Ange comme de celui d'un Diable... La conviction profonde, si elle est sincère, devient une vérité universelle. La Providence divine place en chacun ce dont il est porteur et qui doit donc se dire. Est bon ce qui permet l'expansion de soi ; mauvais, ce qui l'entrave.

On n'échappe pas à son destin. Dès lors, rien ne doit nous retenir, et toute individualité digne de ce nom méprisera ce qu'on pense d'elle. Le jugement d'autrui compte pour rien.

Cinquième thèse : *un homme véritable est avant tout un non-conformiste.* La solution ? Avoir confiance en soi, obéir aux forces et à l'énergie qui nous constituent. Laisser parler l'Etre suprême qui s'exprime via la Nature. On ne doit pas craindre la contradiction, peu importe qu'une chose soit dite un jour et son contraire le lendemain : seule importe la manifestation de sa puissance – qui coïncide avec la puissance de Dieu.

Sixième thèse : *la contemplation de la nature conduit à la vérité* et à la jouissance, sinon à la jouissance de la vérité qui est vérité de la jouissance. La matière du monde n'est pas une substance, mais une représentation : disons-le en termes platoniciens, le sensible participe de l'intelligible, le sensible est une illusion, la vérité se trouve dans l'intelligible. La contemplation nous rend conscient du fait que nous faisons partie intégrante de la nature, donc de Dieu. Le monde est une projection de Dieu dans l'inconscient.

La jubilation découle de la relation originale que nous saurons entretenir avec l'univers. Tournant le dos au dolorisme du monothéisme chrétien, Emerson invite à une sorte de panthéisme mystique qui donne à la contemplation le rôle de véhicule pour des extases permettant, sur le mode plotinien, d'expérimenter le bonheur de se savoir partie de Dieu. A la théologie chrétienne, Emerson oppose une mystique païenne qui transforme la nature en voie d'accès à Dieu. Loin de son ancienne fonction pastorale protestante, Emerson écrit dans *La Confiance en soi* : « Je ne souhaite pas expier, mais vivre. »

Septième thèse : les sociétés trompent et se trompent ; la politique n'est pas une solution, elle ne change rien à l'ordre du monde ; n'attendez rien des gouvernements ; le progrès social n'existe pas ; la philanthropie est une impasse ; ne faites pas confiance aux institutions ; soyez vous-même ; seule importe la réforme individuelle et personnelle. Dans cette perspective, chacun doit se mettre à l'écoute de lui-même, ce qui correspond à : se mettre à l'écoute du Monde, donc de la Nature, donc de Dieu. *Le transcendantalisme propose un souci de soi, une sculpture de soi, une construction de soi.*

21

Thoreau, transcendantaliste ? Au regard de ces sept thèses qui, schématiquement, permettent de circonscrire une philosophie changeante, revendiquant le droit de se contredire, et dont l'évolution suivait souvent les propres tergiversations intellectuelles de son noyau dur, Emerson (il suffit, pour s'en rendre compte, de lire l'intégralité de son *Journal...*), peut-on dire, comme l'affirme l'historiographie dominante, que Henry Thoreau est un philosophe transcendantaliste ?

A première vue, oui, car : il croit à l'existence d'un Dieu assimilable à une Surâme, à l'Esprit du Monde ;

il préfère connaître par empathie et sympathie à la connaissance que par raison déductive ; il exècre les masses, les groupes, les communautés et ne voit de salut que dans, par et pour l'individu ; il invite à une réelle confiance en soi ; il prône le non-conformisme, et son existence tout entière, bien plus que celle d'Emerson, illustre la possibilité d'une vie dans les marges ; il conçoit la contemplation comme une occasion de jouissance d'un type mystique ; il veut la philosophie telle une construction de sa biographie et enseigne l'ascèse de la vie philosophique. Sur tous ces points, Thoreau paraît donc un disciple orthodoxe.

Mais, à y regarder de plus près, la différence entre les deux hommes se creuse au regard du rôle joué par la Nature dans l'économie de leurs systèmes respectifs – ce qui est architectonique. Certes, Emerson et Thoreau croient à un Dieu impersonnel identifiable aux forces éternelles qui constituent la nature et l'animent. Mais Emerson pense que la nature offre une occasion, *en passant*, d'aller vers plus qu'elle, alors que Thoreau affirme qu'elle vaut *en soi*, totalement, absolument, qu'elle n'est pas un moyen vers une fin transcendante, mais une fin se suffisant à elle-même. Le premier vise l'union avec le principe du monde afin de jouir de la fusion avec la Surâme, le second jouit du monde et de sa matérialité. Autrement dit, le transcendantalisme d'Emerson vit de transcendance ; celui de Thoreau, de pure immanence.

Disons-le en termes ressortissant à l'histoire de la philosophie occidentale, Emerson est un platonicien américain qui considère le sensible au regard de sa participation à l'intelligible, Thoreau un spinoziste qui trouve la béatitude dans un commerce avec une nature naturante identifiable à la nature naturée, puisque l'une est l'autre, mais vue sous deux angles différents parmi de multiples possibilités. L'auteur de *Walden* propose une mystique immanente, celui de *Nature*, une mystique transcendante.

22

La brouette d'Emerson. Certes, Thoreau croit à un Dieu identifiable à la Vérité du monde, à sa Nature, à sa Consistance ; il affirme l'existence d'un Esprit visible et manifeste dans toute réalité, et surtout dans ses modalités naturelles ; il voit cette magie à l'œuvre dans le cristal d'un minéral, le vol d'un oiseau, les mouvements d'un banc de poissons, la croissance d'une plante, la course des astres, la luminosité de la lune, les combats de fourmis, la vie des feuilles – voir *Couleurs d'automne* –, mais ces beautés constituent pour lui des beautés en tant que telles, et non des occasions de parvenir à la Beauté en soi, qui semble le cadet de ses soucis…

Thoreau sort *physiquement* dans la campagne. Habillé des vêtements rudes de l'homme des bois, le philosophe transporte avec lui un microscope ou une lunette, soit pour détailler la texture et le grain d'une chose, soit pour se rapprocher du spectacle d'une nidification ou d'un mouvement de mammifère. L'infiniment petit l'intéresse autant que l'infiniment grand, certes, mais nullement pour jouir de l'infini, ce qui le passionne ce sont bien plutôt les modalités précises et précieuses de la finitude de ce qu'il observe. Pendant ce temps, Emerson vagabonde *intellectuellement* dans la campagne, à l'abri de son bureau, dans la pénombre de sa bibliothèque.

Emerson et les autres transcendantalistes excellent en théoriciens de la nature ; Thoreau, en praticien. Le premier la parle, la raconte, l'utilise, l'instrumentalise, la verbalise, l'endoctrine, la soumet à son système autour d'un feu de cheminée, lors de conversations avec des connaisseurs de Platon, Plotin et Kant, jamais très loin des livres qui constituent son horizon ; le second la vit, la touche, la parcourt, la sent, la goûte, la respire, en canot sur la rivière, nu dans l'eau du lac, dans la cime des arbres auxquels il grimpe, embourbé dans un marais obscur, habillé de couleurs naturelles pour ne pas perturber le mouvement de la nature, vivant dans une cabane en bois construite de ses mains, mangeant le poisson pêché par ses soins ou les légumes cultivés dans son potager.

Emerson le philosophe, y compris dans la caricature qui veut que, à la manière de Thalès, le penseur tombe dans le puits qu'il ne voit pas à cause de la contemplation des étoiles qui l'absorbent tout entier ; Thoreau le sage. Ou bien, et plus justement, Emerson le professeur de philosophie, jamais très loin du pasteur en mal de divinité à adorer, et Thoreau le philosophe qui, sur le principe des philosophes antiques, vivent leur pensée et pensent leur vie. Soit le théoricien, roi du verbe philosophique, et le praticien, empereur de soi et de sa vie philosophique.

Voilà pour quelles raisons une phrase du *Journal* qui pourrait passer pour une anecdote, sinon une méchanceté gratuite, vaut son pesant philosophique : Thoreau affirme qu'il ne voit pas comment Emerson pourrait traverser Concord en poussant une brouette.

Sous la causticité du trait, retenons la leçon : la théorie d'un penseur suppose, pour être validée, son incarnation dans une vie philosophique. Les déclarations lyriques faites par Emerson sur la Nature obligent à une pratique conséquente. Sinon, il ne s'agit que d'une philosophie de salon, donc d'une affaire de professeur de philosophie, mais nullement d'une philosophie ou d'une sagesse.

23

Le désir d'une communauté philosophique. Les emersoniens ont eu le souci d'incarner la philosophie du Maître. Emerson manifestait régulièrement son désir de laisser une plus grande place aux activités manuelles dans son existence. L'idée d'une communauté est récurrente dans le groupe des transcendantalistes de Concord. En 1840, Emerson imagine une « université transcendantaliste » ouverte à tous, gratuite pour les pauvres et les gens sans formation, payante pour les riches. Dans le salon du philosophe, Margaret Fuller, Sophia Ripley et Bronson Alcott échangent sur un projet communautaire. Thoreau assiste probablement à quelques-unes de ces conversations. Emerson dit son désir d'être convaincu, « dégelé » même – selon son expression –, mais les trois convives n'y parviennent pas…

Sophia Ripley écrit une lettre à Emerson et lui donne les détails : cette communauté se propose de réunir intimement travail manuel et travail intellectuel afin de fondre le penseur et le travailleur dans une seule et même personne. Chacun travaillera selon ses goûts et ses talents, récupérant le fruit de son travail. Les emplois serviles n'y auront pas droit de cité. L'effort portera sur l'éducation, à laquelle on accordera un grand soin dans un souci d'activer une pédagogie nouvelle.

Le but de cette communauté ? Aller dans la direction d'une société à venir dans laquelle les êtres seraient cultivés, intelligents, libéraux. La vie serait alors plus libre, plus saine, plus simple. L'ensemble, écrit Sophia Ripley, se propose d'offrir une alternative aux « pressions d'un système compétitif ». Chacun fixerait la dose de socialisme à injecter dans cette aventure. Rien n'y serait obligatoire, tout procéderait du contractuel. Emerson moque alors vaguement l'optimisme qui anime les transcendantalistes.

La maison des Alcott sert d'abord de lieu pour rassembler cette communauté. Emerson la visite, mais s'en tient fermement à l'écart. Il avance un désir de cohérence avec ses propos anciens – lui qui, par ailleurs, revendique pourtant le droit de changer d'idées… Comment le philosophe qui fait l'éloge du grand homme et vante les mérites de l'énergie d'un seul en affirmant qu'elle suffit à faire l'Histoire pourrait-il s'acoquiner avec un groupe qui souhaite travailler à la révolution morale qu'Emerson et Thoreau appellent de leurs vœux ?

Dans le jardin de la maison des Alcott, les transcendantalistes construisent un bâtiment en planches pour accueillir leurs séminaires ouverts à tous chaque été. On se presse de partout, certains viennent d'Europe pour assister aux interventions philosophiques menées sous la houlette de Bronson Alcott. Le public s'y rassemble pour environ cinq semaines. On y donne des concerts, des pièces de théâtre, on y fait des lectures et des débats. Concord fonctionne comme un centre philosophique notoire pendant six années (1841-1847).

De la philosophie en campagne, donc ; Concord, une petite ville du Massachusetts, transformée en lieu de pensée international ; une expérience de philosophie incarnée ; une variation sur le thème de la vie philosophique ; une tentative pour relier théorie et pratique ; voilà de quoi réjouir. Mais l'ouverture d'un projet philosophique au plus grand nombre se monnaie aussi d'un prix à payer : l'écume mondaine... Louisa May Alcott, l'épouse de l'hôte, raconte ironiquement « toutes les Margaret Fuller en mousseline blanche et les Hegel en canotier »...

24

La folie transcendantaliste. Le succès contribue à faire du transcendantalisme tout et n'importe quoi, et bien évidemment, on commença à délirer – comme avec l'existentialisme plus tard. Emerson précise qu'un interlocuteur fit savoir un jour que le transcendantalisme avait à voir avec une maladie des dents. Certains s'en réclament pour entrer nus dans une église le jour de l'office ; pour abandonner leur travail et parcourir la campagne avec un panneau accroché autour du cou sur lequel était inscrit « Ne donnez ni ne recevez jamais d'argent » ; d'autres quittent tout pour s'installer en forêt en plein hiver ; les uns refusent de payer l'impôt au nom de la doctrine ; d'autres de passer des contrats devant les notaires ; à Boston, Margaret Fuller donne des thés transcendantaux...

Sous l'impulsion de George Ripley, une autre com-

munauté s'ouvre sous la double enseigne transcendantaliste et fouriériste, Fruitland : réveil au son de la
trompette ; strict végétarisme : on ne mange que les
légumes qui poussent à la lumière, on refuse les tuber-
cules ; travaux des champs pour tous ; traite des vaches
pour les poètes, qui ne savent comment s'y prendre ;
enfants en tenue affectés aux tâches ; refus de la laine :
on n'exploite pas les bêtes ; tabou du coton : on
n'entretient pas l'esclavage ; tout est transcendantal...

Au nom de Platon et du platonisme de Plotin et
Jamblique, on y refuse la propriété, la viande, les excitants, le tabac, l'Etat, le riz, l'école, le vin, le commerce, la médecine, les engrais, les arts, les œufs, la
science, la famille, les épices... La décroissance avant
l'heure ! Ce qui suppose des cultures qui ne poussent
pas, des accidents du travail avec le moindre outil, des
vaches mal traitées, des légumes arrachés, des herbes
folles cultivées. En mars 1846, Fruitland brûle pendant
que la communauté danse dans la salle de bal...
Quelques transcendantalistes furent ruinés. Le poète
Hawthorne n'en revint pas d'avoir été de cette folie...

Après des faillites diverses, chacun est retourné à ses
activités. La revue *Dial* cessa, Emerson avait pris soin
de tenir tout ce monde-là à distance, refusant de donner
sa caution, et faisant même clairement connaître ses
réserves dans des lettres qui lui valaient la réprobation
des éconduits. Mais le mal était fait : le transcendantalisme, loin de la complexité de la doctrine, fut vite
l'occasion de n'importe quoi chez n'importe qui,
pourvu que l'extravagance triomphe, soit qu'on fasse le
procès du vieux monde, soit qu'on aspire à une autre
époque.

Finalement, le transcendantalisme fut la forme prise

par le vieil Idéalisme dans une ambiance américaine, protestante, sur un décor de révolution industrielle. Contre la tyrannie de l'Argent, du Progrès, du Commerce, de la Banque, des Affaires, des idéalistes, au sens trivial pour les uns et philosophique pour d'autres, se rebellent contre l'état de fait et aspirent à de nouveaux repères qui ne soient pas réactionnaires, au sens étymologique, mais contemporains et ontologiquement révolutionnaires.

Faut-il s'étonner que, dans cette vitalité américaine, Nietzsche ait pu trouver son compte et Baudelaire également ? Car le *Surhumain* de l'auteur d'*Ainsi parlait Zarathoustra* (qui tint Emerson en grande estime, au point, entre autres signes, de lui emprunter une phrase pour l'exergue du *Gai Savoir*) et le *Dandysme* de l'auteur des *Fleurs du mal* se proposent l'un et l'autre en occasions de résister à la veulerie marchande de la civilisation moderne naissante...

25

L'Indien contre Plotin. Thoreau n'a donc pas manqué d'être marqué par l'ambiance transcendantaliste, comment aurait-il pu en être autrement ? Il connaît tous les protagonistes de cette aventure, Emerson plus qu'un autre ; il contribue à leurs aventures, à leurs débats ; il écrit dans la revue du groupe le temps qu'elle dure ; il a probablement visité Brook Farm, Fruitland et assisté aux séminaires de la maison Alcott. Il a lu les ouvrages tels *La Nature*, ou *La Confiance en soi*, et assisté aux conférences à l'origine de ces livres. Mais Thoreau n'est pas homme à s'agréger.

A vingt ans, déjà, il avait manifesté tout son tempérament en refusant de payer la taxe ecclésiastique de la paroisse de Concord, arguant qu'il ne soutenait pas cette religion et que, par conséquent, il ne voyait pas pour quelles raisons il acquitterait l'impôt chrétien. Il écrit : « Que tout le monde sache par les présentes que moi, Henry Thoreau, je ne désire pas être considéré comme membre d'une corporation, quelle qu'elle soit, à laquelle je n'ai pas donné mon adhésion. » Quand, où et comment Thoreau aurait-il pu donner son adhésion à l'école transcendantaliste ?

Parfois même, il fait un usage ironique du mot. Ainsi, en mars 1853, se moquant d'une lettre circulaire envoyée par le secrétaire de l'Association pour l'Avancement des Sciences qui l'interroge sur la science qui l'intéresse le plus, Thoreau écrit : « J'aurais dû leur dire tout de suite que j'étais un transcendantaliste, ça aurait été la manière la plus rapide de leur signifier qu'ils ne comprendraient rien à mes explications. » Car le philosophe immanent de la nature immanente n'entretient qu'une relation décidément bien lointaine avec la partie haute du transcendantalisme – la philosophie platonicienne et kantienne –, autant qu'avec sa partie basse – les extravagances commises en son nom...

En effet, on chercherait en vain sous sa plume des considérations de philosophie traditionnelle technique. Lui qui lisait, outre le grec et le latin, le français et l'allemand, n'a jamais fait son miel de Descartes ou de Kant, deux philosophes qui représentent ses antipodes par leur méthode – l'intuition contre la raison ou la sympathie avec les objets contre le criticisme. Thoreau lit les naturalistes, les botanistes, les minéralogistes, ou bien les penseurs orientaux, mais pas le corpus classique de la philosophie européenne.

L'amoureux de la nature n'a que faire du *Discours de la méthode* ou de la *Critique de la faculté de juger* : il propose une anti-méthode et une pratique de l'extase matérielle qui lui font revendiquer des ancêtres inédits pour un philosophe, à savoir le Bûcheron, le Chemineau, le Marcheur, l'Indigent, le Paysan, le Pêcheur, le Brahmane aussi, l'ensemble de ces figures magiques à ses yeux se trouvant quintessencié par l'Indien. Si, dans sa bibliothèque, Emerson se pâme à la lecture des *Ennéades* de Plotin, Thoreau connaît le même type de transport, certes, mais au-dehors, dans la nature, avec des pointes de flèches indiennes. D'où son transcendantalisme immanent, une nouvelle occasion d'anticonformisme, qui ressemble bien plus, par l'immanence, à un naturalisme que la philosophie occidentale classerait sous la rubrique des Réalismes – autrement dit des adversaires du transcendantalisme...

Dans son *Journal*, Thoreau n'y va pas par quatre chemins et, provocateur à l'endroit de l'Europe à laquelle il tourne ostensiblement le dos – ce à quoi il invite explicitement et sur le mode militant... –, il affirme qu'il n'y a aucune raison de faire grand cas des Grecs et des Romains, qui sont gens d'une terre ancienne, lointaine et séparée du sol natal. Il invite à « marcher vers l'ouest », autrement dit à regarder vers le présent et l'avenir de l'Amérique en visant les contrées inédites, les territoires inconnus, les géographies originales.

Pour quelles raisons prendre modèle sur Athènes et Rome, chercher ses mythes du côté du forum ou de l'agora, alors que les habitants de Concord disposent

d'un passé tout aussi glorieux, celui des Indiens ?
L'Acropole, le Parthénon, le Colisée, voilà de bonnes
et belles choses, mais pour un Européen. L'Américain
doit prendre des leçons de cette « race éteinte » (*Journal*, oct. 1857) à cause d'une certaine Amérique à
laquelle il faut également tourner le dos. La sagesse
des sauvages se révèle plus sage qu'on ne le pense et
moins sauvage qu'on ne le croit.

26

La sagesse des sauvages. Les Indiens, donc, ne sont
pas les sauvages annoncés par les prétendus civilisés
qui, au nom de leurs valeurs blanches et colonisatrices,
ont détruit une culture, un peuple, des savoirs. Thoreau
ne détaille pas, mais prend acte de cet ethnocide. Plus
tard, lorsqu'il écrira son *Plaidoyer pour John Brown*,
il s'engagera aux côtés des esclaves et parlera d'un
« crime contre l'humanité » pour caractériser le comportement des Blancs à l'endroit des gens de couleur
entretenus sous le joug.

Thoreau a eu très tôt le désir de consacrer un livre
aux Indiens, mais il n'en fera rien. Dans l'ensemble de
son œuvre, on trouve des références qui constituent
autant de révérences faites à la civilisation, à la culture
des Indiens. Ainsi, l'étendue et *la précision de leur
vocabulaire*. Le lexique d'un Indien en matière de
nature, de navigation, de climats, dépasse de très loin
le dictionnaire blanc. Chaque chose, chaque manière
de s'en servir dispose d'un signifiant précis. Thoreau
donne l'exemple du canoë et des multiples parties qui
le constituent, à chacune desquelles correspond un mot.

Le philosophe naturaliste prend des leçons auprès des praticiens de la nature qui en connaissent les moindres détails et les moindres variations.

Hommage également à *leur façon de se nourrir*. Aux antipodes des civilisés des villes qui s'intoxiquent avec des aliments frelatés, les Indiens mangent des produits naturels et symboliques. Ainsi quand ils se nourrissent de la moelle crue des animaux pour, d'une part, disposer de l'apport nécessaire en nutriments, et, d'autre part, incorporer une nourriture symbolique en même temps qu'une matière alimentaire : la moelle crue concentre en effet la force, l'énergie, la puissance et la vitalité des animaux ainsi recyclés.

Mêmes remarques avec les pointes fraîches et tendres des bois des cervidés, qui constituent un mets de choix pour les Indiens. Dans *Marcher*, Thoreau ironise même en affirmant que les prétendus sauvages ont « devancé les chefs cuisiniers de Paris »… Manger n'est pas affaire de gloutonnerie, comme dans les villes où l'on se remplit de bœuf engraissé à l'étable ou de cochon trucidé à l'abattoir, mais de constitution et de réparation des forces. Avec au menu la moelle ou les pointes de bois des cerfs arctiques, du koudou, des antilopes, les facéties végétariennes transcendantalistes de Fruitland apparaissent bien lointaines !

L'histoire de Romulus et Rémus élevés au lait d'une louve fait évidemment sens : on ne réalise pas de grandes choses sans entretenir une relation privilégiée avec l'énergie de la nature. Thoreau fait l'éloge des « toniques et des écorces qui revigorent l'humanité ». Il invite à allonger le thé américain d'infusion de sapin-ciguë ou d'arbre-de-vie afin de tonifier l'âme des civilisés, trop saturée d'Europe. Le philosophe, à la manière de Diogène, veut ensauvager son peuple…

L'homme des bois aime également chez les Indiens *leur sens de l'orientation.* Dans la nature, aucun d'eux n'est jamais perdu : quelle que soit l'heure, nuit et jour, été comme hiver, le sauvage sait lire les informations qu'elle lui donne. Il dispose d'un magnétisme infaillible qui l'empêche de s'égarer. Car aucun Indien n'a coupé le cordon ombilical avec la nature, ou ne se pense à côté ou supérieur à elle, mais dedans, tel un de ses éléments constitutifs. Un Indien compose la nature au même titre qu'un arc-en-ciel ou une marmotte, une grenouille ou des fourmis, ni plus, ni moins.

Une ombre, une trace, un branchage cassé, la présence d'une mousse particulière et son orientation, la densité du feuillage d'un arbre, les étoiles, le soleil et la lune bien sûr, un parfum, une odeur, une déjection animale, sa texture, sa couleur, une plume, une touffe de poils, une fleur particulière, la couleur d'un ciel, la température d'une eau, sa transparence, et mille autres choses constituent autant de hiéroglyphes énigmatiques et insignifiants, voire invisibles pour le civilisé, le marcheur urbain, mais à l'aide desquels la tribu vit, survit, se déplace et s'harmonise avec les saisons.

Le christianisme a séparé les hommes de la nature, il a fait de l'homme le sommet de la création et lui a donné droit d'en user sans modération et de façon déraisonnable. Les animaux, dépourvus d'âme, autant que le reste de la création d'ailleurs, les végétaux pareils aux minéraux, existent ontologiquement au-dessous des humains qui, en fonction de cette fausse hiérarchie, se voient accorder tous les droits *sur* la nature, donc *contre* elle. L'homo sapiens exploite la nature, vit en face d'elle, en ennemi. Les Indiens pensent et agissent à rebours, en amis, en complices, en partenaires.

27

Le ver solitaire du diacre. Thoreau trouve que *leur mythologie mérite le respect*. Il lui oppose la passion sinistre des Blancs, des chrétiens, à aimer les objets, à les accumuler, à en jouir, à s'embarrasser d'un mobilier abondant autant qu'inutile. Lorsque l'un d'entre eux meurt, on partage cet héritage qui encombre à nouveau une famille, ses greniers plutôt, avant qu'une nouvelle disparition augmente encore la prolifération de ces choses inutiles. Dans *Walden*, il prend l'exemple d'un diacre chez qui on a retrouvé un nombre incroyable de nids à poussière dont... un ver solitaire desséché.

En revanche, les Indiens pratiquent une mythologie nettement plus intéressante que les usages des Blancs, obnubilés par l'avoir, la possession, la propriété, les objets, les richesses et la collection de vers solitaires. Chaque année ils pratiquent la « Fête des Prémices », qui leur permet symboliquement de changer de peau en mettant dehors tous leurs anciens objets, vieux vêtements, ustensiles de cuisine usagés, meubles défraîchis. Ils balaient et nettoient leur habitat. Et dans un immense brasier allumé au milieu du village ils consument tout ce qui témoigne de l'année passée, jusqu'aux graines et autres provisions.

La communauté jeûne trois jours. Abstinence de tout. Elle éteint ensuite les feux. Une amnistie générale est prononcée. Les malfaiteurs peuvent rentrer chez eux. Le quatrième jour, le grand prêtre allume un feu nouveau, et la population vient chercher à cette flamme purifiée de quoi faire son feu pour l'année à venir. Nouveaux vêtements, nouvelles poteries, nouveaux meubles, nouvelles vies. Aux yeux de Thoreau, cette coutume semble bien supérieure à l'accumulation de vieilleries matérielles et existentielles.

28

Conseils donnés aux tortionnaires. Outre la précision du vocabulaire, la diététique symbolique et frugale, la participation de plain-pied avec la nature, la mythologie du renouveau, Thoreau apprécie *leur rapport à la souffrance.* Loin de se plaindre, d'être toujours souffreteux, de gémir pour un rien, d'accumuler les maladies et d'y prendre goût, les Indiens supportent une dose beaucoup plus grande de douleur que les gens des villes, les Blancs, les chrétiens. Dans *Walden*, Thoreau rapporte l'anecdote de Sauvages qui, grillant sur le bûcher où les avaient placés des missionnaires jésuites – probablement pour accélérer leur mouvement vers le Paradis du Dieu d'amour des chrétiens… –, donnaient à leurs tortionnaires des conseils pour bien réussir et raffiner leurs supplices… A-t-on jamais vu meilleure illustration de l'amour du prochain ?

Pour éviter les pathologies, donc les douleurs, les Indiens s'activent dans la prévention des maladies, contrairement aux Blancs, dont les pratiques sont pathogènes – des nourritures toxiques, des modes de vie stressants, des envies qui génèrent frustration et mélancolie – et qui se contentent de réparer le mal qu'ils ont eux-mêmes commis. Par la botanique, l'usage savant et ancestral des herbes, des décoctions, leur sapience des magnétismes, leur connaissance des ressources de la nature – qui contient toujours un antidote à tout toxique –, les Indiens évitent la maladie en fortifiant leur corps et leur âme par un étroit contact avec elle, ils s'épargnent ainsi les mauvais traitements infligés aux corps par les prétendus civilisés.

Enfin, Thoreau, qui peste depuis la fin de ses études à Harvard contre le mauvais usage fait du temps, contre le culte moderne qui le lie à l'argent, voit chez les Indiens un nouveau motif de modèle philosophique car *ils pensent le temps en relation avec sa flèche naturelle* : avant, c'est hier ; aujourd'hui, c'est ici ; demain, c'est là-bas. Leur spatialisation du temps évite une lecture mercantile. Pour signifier le passé, ils montrent derrière eux ; le futur, ils désignent devant ; le présent, ils accomplissent un geste au-dessus de leur tête. Les Indiens lisent donc le temps comme une flèche qui effectue son mouvement naturellement. Loin des machines à mesurer le temps, à le compter, pour mieux pouvoir hacher les activités des hommes en les encageant dans des emplois du temps, les Sauvages célèbrent l'instant pur, l'immédiat, le présent dans lequel ils se trouvent.

29

A mon Père.

L'icône du bûcheron. Voilà les grands hommes selon Thoreau : les Indiens. Lorsque Emerson écrit *Les Hommes représentatifs*, sous-titré *Les Surhumains,* il célèbre des artistes planétaires, des poètes de renom mondial, des chefs de guerre constructeurs d'empires, il entretient de Platon et de Swedenborg, de Goethe et de Napoléon, de Montaigne et de Shakespeare. Avec Margaret Fuller, il découvrait Michel-Ange et Léonard de Vinci. Conversant avec son cher ami Carlyle en Angleterre, il a communié dans « le culte des héros et l'héroïque dans l'Histoire », sous-titre de l'ouvrage *Les Héros*, parmi lesquels la palme revient à Odin, Mahomet, Dante, Cromwell, Napoléon, et d'autres.

Or ces grands hommes-là n'impressionnent pas Thoreau. Ils n'existent tout simplement pas dans son univers. Les héros de *Walden* sont des souris et des marmottes, des oiseaux et des poissons, des fourmis et des nénuphars... Là où Emerson s'excite sur les « hommes de l'univers », Thoreau se réjouit des hommes de la nature. L'un se soucie de la transcendance cosmique incarnée dans de notables figures de chair et d'os ; l'autre apprécie par-dessus tout l'immanence naturelle d'inconnus restés simples, au contact direct de la nature, sans la médiation ou le concours de quelques artifices culturels.

Emerson tourne autour de Napoléon comme un phalène attiré par la lumière d'une lampe ? Thoreau décrit par le menu son plaisir à rencontrer un bûcheron de vingt-huit ans, une variation sur le thème du sauvage.

Cet homme lui semble un véritable personnage d'Homère : il a lâché son chien sur une marmotte et s'en fait un repas ; il porte sous le bras l'écorce d'un chêne blanc pour soigner un malade ; il a un corps solide, une âme simple mais vraie, des vêtements sobres mais utiles ; il travaille seulement pour vivre, sans plus, et pratique son art avec intelligence et saga-cité, en coupant bien, comme il faut, ce qu'il faut ; Thoreau dit aimer son calme, sa simplicité, son goût de la solitude, son rire, sa façon de mâchonner le copeau d'une écorce de pin ; il aime que les oiseaux viennent se poser sur lui ou à ses pieds quand il mange son repas du midi ; il écrit de lui : « Sa gaieté était pure. »

Thoreau aime le développement de son côté animal, sa vigueur physique. Le Bûcheron ignore la fatigue, même après une journée pleine de travail à l'abattage. Son développement spirituel est quasi nul. Sa formation n'excède pas le formatage chrétien de l'enfance. La nature lui a donné confiance en lui, force, rudesse, robustesse. Il ne jouait aucun rôle. Son humilité ne pro-cédait pas d'une volonté, d'un désir, d'une construction, mais d'une nature, d'un naturel. A ses yeux, les hommes sages étaient des demi-dieux. L'écrivain et le prédica-teur l'impressionnaient. Il affirmait que, bien que sachant écrire, il n'aurait jamais pu coucher sur le papier une seule de ses pensées. Parfois il écrivait le nom de sa paroisse sur le sable ou sur la neige. A un homme qui lui demandait s'il ne désirait pas voir le monde changer, il répondait : « Non, ça va bien comme ça. »

Ses livres ? Un almanach utilisé comme une ency-clopédie, et un ouvrage d'arithmétique. Chacune des questions posées par le philosophe lui vaut des réponses simples, sages, réfléchies, pratiques, de bon sens. Quand il sarcle, il sarcle, et se trouve tout à son ouvrage, il n'encombre pas son esprit d'idées inutiles ou de diva-gations mentales. Si Thoreau lui suggère d'apporter des changements d'ordre spirituel à sa vie, il répond que c'est trop tard. Il a foi en l'honnêteté. Il prouve qu'il existe probablement dans les classes pauvres, défavo-risées, des génies méconnus, des talents négligés parce qu'ils pensent par eux-mêmes, chose rare – voire ils ne pensent rien. Un habitant de Concord qui le voit un jour passer dans la rue avec sa casquette vissée sur la tête confie à Thoreau que cet homme « lui donnait l'impres-sion d'un prince déguisé ». A quoi Thoreau ajoute : « Un philosophe aurait pu apprendre beaucoup de choses par son commerce. »

30

La sculpture du bâton. A ses grands hommes, l'Indien et le Bûcheron, Thoreau ajoute le Brahmane. On sait qu'il fut un lecteur attentif de la littérature védique, un bon connaisseur des textes hindouistes, et à plusieurs reprises, mais sur le mode impressionniste, il dit son goût pour ces philosophes les plus anciens que sont les brahmanes, ces sages hindous qui prati-quent l'ascèse la plus austère, incarnent leur théorie dans une pratique et mènent une vie philosophique. Dans un passage de *Walden* concernant son mode d'alimentation, Thoreau fait savoir au lecteur que, lui qui aime tant la philosophie hindoue, aurait dû manger plus de riz…

La présence au monde sur le mode du détachement à l'endroit de ce qui n'est pas essentiel, voilà ce qui plaît à Thoreau dans la pensée orientale. Le matin, il lit le *Bhagavad-Gita* et se dit stupéfait de la vérité ancienne contenue dans ce texte qui fait pâlir toute la littérature de son temps, soudainement devenue chétive et négligeable. Il imagine poser son livre, aller chercher l'eau au puits, rencontrer les héros de la mythologie hindouiste et infuser son monde avec la sagesse védique. Il écrit : « L'eau pure de Walden se mêle à l'eau sacrée du Gange. »

Et puis, cette histoire qui mêle la sagesse des Indiens, le talent pour le travail de sculpture du bois du Bûcheron et la patience de celui qui travaille l'absolu du Brahmane : à Kouroo, un artiste s'était proposé d'arriver à la perfection. Il décida de faire un bâton… « Ayant réfléchi que, pour une œuvre imparfaite, le temps entre en ligne de compte, tandis que pour une œuvre parfaite le temps est quantité négligeable, il se dit : ce sera parfait à tout point de vue, même si je dois ne rien faire d'autre dans ma vie. » Dès lors, il se met en quête du bon matériau et parcourt sans fin les bois. Le temps ne comptant pas, il prend son temps…

Mais ses amis perdent patience, l'abandonnent et chacun vieillit dans son coin, puis meurt. Lui, pour sa part, ne vieillit pas. Sa jeunesse éternelle procède « de son but unique, de sa résolution et de sa haute piété ». Sa détermination à ne pas composer avec le temps a raison du temps, qui finit par disparaître de sa vie. Le temps soupirait de ne pas avoir de prise sur lui. L'artiste continue à chercher le bois qui convient. Le temps l'épargne, mais produit toujours ses effets sur le reste du monde : la ville de Kouroo n'existe plus depuis longtemps, il s'assied sur des ruines pour entamer son ouvrage ; la dynastie la plus puissante a disparu, il commence à tailler son bois ; il écrit avec la pointe de son bâton le nom du dernier représentant de cette race ; il reprend son ouvrage ; il finit de gratter et de polir son bâton, l'étoile polaire n'existe plus ; il pose la férule et la poignée ornée de pierres précieuses, pendant ce temps Brahma s'est endormi et réveillé bien des fois – sachant qu'une de ses journées est longue de deux billions cent soixante millions d'années ; l'objet fini devint la plus belle des créations de ce dieu indien tandis que de nouvelles villes et de nouvelles dynasties s'étaient succédé ; en regardant les copeaux tombés à ses pieds, il vit que l'écoulement du temps avait été une illusion : le matériau était pur, son art aussi, le résultat devait être merveilleux. Thoreau conclut : « Il avait fait naître un nouveau système en faisant du bâton un monde aux proportions belles et pleines. »

L'histoire, énigmatique à souhait – comme plusieurs passages de l'œuvre du philosophe, lecteur et amateur de littérature védique –, a donné lieu à de multiples interprétations. Le bâton compte pour peu dans cette aventure, le projet en revanche est l'essentiel : arriver à la perfection. La résolution suspend le temps, la construction de soi donne accès à l'éternité. Dans cette aventure, la solitude est grande. Les événements autour ne pèsent rien. Seule existe la volonté du projet qui suspend le temps et donne l'immortalité. Se vouloir, se construire, c'est s'assurer de ne jamais mourir. Vérité védique…

31

Contre la méthode. Thoreau manifeste à plusieurs reprises ce goût pour des paraboles sur lesquelles les universitaires transpirent depuis plus d'un siècle... L'une d'elles ressemble également à un genre d'énigme et les herméneutes s'en donnent à cœur joie, sans succès me semble-t-il. La voici dans ses termes : « J'ai perdu, il y a longtemps, un chien, un cheval bai et une tourterelle, et je les cherche encore. J'ai demandé à de nombreux voyageurs s'ils les avaient vus, décrivant le chemin qu'ils avaient pris, et à quels noms ils répondaient. J'en ai rencontré un ou deux qui avaient entendu le chien, et le pas du cheval, et certains même qui avaient vu la tourterelle disparaître derrière un nuage, et ils semblaient aussi désireux de les retrouver que s'ils les avaient perdus eux-mêmes. »

Un chien ? Un cheval ? Une tourterelle ? Les spécialistes en symbolique peuvent se lâcher. Les plus malins iront voir du côté du bestiaire oriental, traqueront ces animaux dans les textes védiques, mais Thoreau n'est pas du genre à créer des énigmes pour intellectuels, à crypter ses textes pour jouir de la cérébralité nécessaire au déchiffrement. Rien ne lui ressemble moins que la citation dissimulée, la signification cachée à destination des initiés. En revanche, le sens de ces histoires extra-ordinaires est donné par le philosophe à plusieurs autres endroits de son œuvre, en l'occurrence quand il affirme préférer de loin le poème au raisonnement, l'image à la démonstration, la sensation à la dialectique.

Dès lors, nul besoin de fournir un canevas logique, une proposition philosophique claire et distincte, là où une parabole, une histoire, un mythe, une fable, une allégorie suffisent. L'artiste de la ville de Kouroo et son bâton ne servent pas à remplacer un discours sur le temps, l'éternité et la puissance de l'homme sur ces instances à partir du moment où il dispose d'une volonté et d'un projet, mais à produire une fiction génératrice d'images et de sensations chez le lecteur. Le bestiaire des animaux perdus également. Thoreau communique par impulsions d'émotions, de perceptions, il ne choisit pas entre la philosophie, la littérature et la poésie, comme si l'un des champs interdisait l'autre, mais il passe alternativement d'un registre à l'autre, quand il ne les confond pas selon son caprice.

Et l'on ne demande pas au poète d'être clair, pourvu qu'il soit efficace et que ses images génèrent chez le lecteur d'autres images. Si un auteur veut communiquer avec son lecteur, il peut choisir l'argumentation classique et respecter les règles habituelles de la rhétorique et du mode éloquent d'exposition des idées. On échange ainsi d'une certaine manière. Mais il en existe une autre, qui vise à puiser dans l'inconscient du personnage à qui l'on s'adresse un matériau qui entrera en relation avec l'inconscient du poète. Connaissance par empathie, par sympathie, par impulsions d'énergies qui débordent la raison raisonnable et raisonnante.

La méthode de Thoreau tourne le dos à celle de l'Occident. Le *Discours de la méthode* de Descartes a valeur de bible chez les philosophes européens. Les règles de la méthode exposées par le penseur français sont nulles et non avenues chez le philosophe américain qui entend aussi, en passant, cultiver sa spécificité de métaphysicien du Nouveau Continent. Pratiquer le doute méthodique ? Considérer comme faux tout ce dont on peut douter ? Douter du monde sensible ? Des

démonstrations mathématiques ? Mais épargner la
morale et la religion dominantes ? Viser le clair et le
distinct qui définissent le vrai ? Qu'il faille dénombrer
les difficultés ? Qu'il faille supprimer les préjugés de
l'enfance ? Que nous sommes et que notre nature est
de penser ?

32

La connaissance sensuelle. Thoreau ne voit pas
l'utilité de tout cela : le doute ne sert à rien, l'observation seule permet d'accéder à des connaissances
véritables ; le vrai et le faux ne sont que des mots ; le
sensible constitue bien la seule chose dont nous soyons
sûrs, pas besoin pour s'en persuader d'en appeler à des
démonstrations sophistiques : la preuve du pudding,
c'est qu'on le mange ; la morale et la religion sont
affaire de convention, la justice leur est supérieure ; le
clair et le distinct n'ont pas que des vertus, on peut
leur préférer l'obscur et l'indistinct, les ténèbres et le
flou ; l'enfant ne doit pas être dépassé, mais conservé,
sinon retrouvé en nous ; enfin, notre nature n'est pas
de penser, mais de contempler la nature, d'apprendre
à la connaître et de lui demander des leçons – à elle
plutôt qu'à Dieu… – pour bien vivre, mieux vivre…

En quelques lignes, juste avant la fin de son *Histoire
naturelle du Massachusetts,* Thoreau livre son *Discours de la méthode* : l'expérimentation du réel n'est
pas une affaire de philosophe dans son cabinet, mais
l'immersion d'un observateur dans la matérialité du
monde – va pour Emerson qui pense en robe de chambre, mais Thoreau, lui, entre tout habillé dans l'eau des

marécages pour traquer les variations de couleur des ailes d'une libellule. La connaissance est une affaire physique, sensuelle, matérialiste, immanente, empirique. En disciple qui s'ignore de Locke ou de Condillac, il sait que la connaissance ne saurait s'effectuer sans les informations données par les sens.

Les cinq sens ne sont pas performants à égalité chez chacun, on doit les éduquer, les solliciter, les travailler afin de pouvoir disposer d'excellents instruments de précision. L'examen des choses ne suffit pas, il faut les contempler. Regarder longtemps, longuement, en suspendant le temps, permet de parvenir à voir. Le réel s'apprivoise, il faut montrer sa patience pour accéder à la vérité des choses.

Autrement dit, le philosophe doit agir à la manière d'un phénoménologue qui détaille, découpe le réel, l'appréhende sous toutes ses facettes, l'investit avec la totalité des sens. La conscience du regardeur, de l'écouteur, du toucheur, du senteur, du goûteur immergé dans la nature, pénètre l'objet à examiner et parvient à en toucher l'essence. La phénoménologie du sensualiste fonde une philosophie naturaliste.

Ce que confirme cette phrase de *Walden* : « Ce n'est pas par l'induction, la déduction ou l'application des mathématiques à la philosophie que nous apprenons, mais par une relation directe et une sympathie avec l'objet à étudier. » Malgré sa démarche expérimentale, non pas Bacon – ou Emerson… –, mais le Poète et ses vers, ses images, ses fulgurances et ses obscurités. Ou l'Indien avec ses mythes, ses allégories, ses fables.

Homère, Dante ou Shakespeare en lieu et place de Platon, Descartes ou Leibniz. L'*Odyssée* contre *La République*, *La Divine Comédie* contre *Les Principes de la philosophie, Le Songe d'une nuit d'été* contre *La Monadologie.* Voilà un philosophe fait pour déplaire à la corporation des professeurs de philosophie… *Walden* contre la *Science de la logique* ou la *Philosophie de la nature* de Hegel…

La connaissance ne procède donc pas d'un philosophe objectif, mais d'un penseur subjectif. Il n'existe que de l'expérience humaine et seul l'expérimentateur – dont la philosophie officielle se méfie, quand elle ne prétend pas même en faire l'économie… – produit un résultat. Pour s'assurer d'une excellente connaissance, Thoreau ne renvoie évidemment pas aux diplômes, à la formation universitaire, au formatage classique, mais à un arbitraire total : pour bien connaître, il faut être un grand vivant !

La raison en est bien simple : la vie qui habite un être en plus ou moins grande quantité entre en relation, par capillarité, avec la vie qui se trouve dans l'objet examiné. Plus l'individu porte de vie en lui, plus sa faculté d'entrer en contact avec la vie qui se trouve dans les choses est développée et étendue. Toute connaissance s'effectue par empathie vitaliste et non par déduction intellectuelle, elle suppose la sympathie existentielle et non l'analyse scientifique. L'Indien contre le chercheur en laboratoire. Un grand savant, c'est un grand vivant.

33

Eloge de l'obscur. Le clair et le distinct ne constituent pas l'horizon indépassable de sa philosophie. Le Poète a le souci de l'image, pas du vrai. De l'efficacité empathique, pas de la persuasion laborieuse. Thoreau n'aspire pas à démontrer, il entend suggérer. Plutôt une belle rime – il écrit des poèmes aussi –, une belle image, un bel effet, une belle allégorie, une belle fable qu'une démonstration irréprochable. La corporation des professeurs dirait que Thoreau pratique l'assertorique en sauvage et refuse l'apodictique des civilisés. (Et que pour cette raison il n'aura pas son diplôme…)

La tradition philosophique revendique les Lumières. Depuis Platon, le philosophe s'éclaire au feu des idées intelligibles et l'obscurité est le lot du monde de la caverne, des non-initiés, du grand nombre, de la populace. Un travail philosophique propose donc toujours de porter la torche de la connaissance et du savoir dans le gourbi du monde des ténèbres. Même les penseurs apologétiques du christianisme associent la lumière à la vérité révélée et l'obscurité au monde démoniaque…

C'est dire si Thoreau met un coup de pied dans la fourmilière du milieu en faisant explicitement la critique des lumières et en prenant ostensiblement le parti de l'obscurité… Le penseur américain a beau se croire indemne de son temps, l'époque est tout de même aux « orages désirés » de l'auteur d'*Atala* ou des *Aventures du dernier Abencérage* – lui aussi grand amateur d'Indiens et auteur d'un *Voyage en Amérique* (1827). L'orage, la tempête, les éléments déchaînés, le sublime de la nature, voilà qui, autant qu'à Chateaubriand, ne déplaît pas à Thoreau…

Le théoricien qui célèbre l'excellence d'une bonne image et sa prévalence sur un raisonnement en matière de connaissance offre pour illustrer son propos une petite histoire empruntée à Niepce qui a découvert « le principe d'actinide ». L'inventeur de la photographie

a en effet constaté que les rayons du soleil endomma-
gent la texture du granit. Si la lumière existait seule,
sans son double et son complément, l'obscurité, la
pierre se déliterait bien vite et tomberait en poussière.
Mais il existe un contre-pouvoir à cet effet : la nuit,
les corps abîmés recouvrent leur intégrité d'origine
grâce à l'effet de l'obscurité. Dès lors, pas de lumière
sans ombre pour que la vie soit et dure.

Ce qui est vrai pour la géologie fonctionne au-delà
de ce petit monde, car la nature est animée d'un principe qui, actif dans un point infime, l'est autant sur un
espace infini : la force, la vie, l'énergie qui rendent
possible la magie d'une fourmi expliquent également
l'ordonnancement des planètes, leurs courses, leurs
mouvements... La loi qui vaut pour le granit vaut également pour la connaissance : la lumière existe en
abondance, cultivons donc l'obscurité...

Ainsi, dans l'écriture, on visera l'effet à produire
sur le lecteur. Dans cet ordre d'idées, on ne s'exprimera
ni trop complètement, ni avec trop de détails. Nul
besoin de s'évertuer à proposer un compte rendu trop
fidèle des choses. En revanche, suggérer, évoquer et
solliciter chez le lecteur une émotion à même de permettre la transmission et la communication véritable,
voilà la bonne voie. D'où l'intérêt des phrases denses,
énigmatiques, synthétiques, dans lesquelles se trouvent
condensées des bibliothèques entières – « des phrases
telles que, pour les construire, un homme vendrait ses
châteaux et ses terres » (*Journal*, août 1851).

Voilà donc le discours de la méthode du philosophe
Henry Thoreau : éloge de la sagesse indienne, de
l'intuition, de la sympathie, de l'empathie avec la
matière du monde ; célébration d'une connaissance

subjective ; culture de l'obscurité ; goût de la suggestion plus que l'affirmation ; préférence donnée à l'image, à la poésie, à l'allégorie, sur le discours, la philosophie et la démonstration ; revendication d'une phénoménologie sensuelle ; outre la figure de l'Indien, compagnonnage avec le Bûcheron et le Brahmane ; culte de la simplicité et des tempéraments associés : l'Enfant, le Simple d'esprit ou l'Inculte.

Car la culture éloigne de la nature, elle pervertit la vérité d'un être qui coïncide avec sa simplicité. Fustigeant le « prétendu savoir », Thoreau remarque que la connaissance s'effectue souvent au détriment de la nature, qu'on ignore, néglige, abîme ou maltraite. Les êtres simples n'occasionnent aucun dommage sur elle. Le philosophe renvoie à plusieurs reprises à l'inscience socratique de celui qui sait qu'il ne sait rien – ou peu, si peu, et que ce peu confine au rien en regard de l'étendue de tout ce qu'il ignore.

34

Ecologie technophile, écologie technophobe. Depuis la fin de ses études, Thoreau peste contre la modernité, dans laquelle triomphent les marchands, les techniciens, les ingénieurs, les banquiers, les commerçants et tous ceux qui, en son temps, constituent l'Amérique triomphante qui fascine Tocqueville enquêtant pour sa *Démocratie en Amérique*. Le philosophe n'aime pas les villes, l'argent, le commerce, les manufactures, l'industrie ; il préfère la campagne, l'autosubsistance, la production induite sur la consommation, et ce qu'il

appelle l'« économie de vie » qu'il nomme ailleurs...
la philosophie.

Pour faire pièce à ce règne américain de l'argent,
qui se marie si bien au puritanisme, il existe à l'époque
une floraison de communautés fouriéristes. Fruitland,
on l'a vu, mais aussi un certain nombre d'expériences
menées par des disciples de l'auteur du *Nouveau
Monde industriel* : Victor Considerant, Albert Bris-
bane, George Ripley par exemple. Les défenseurs de
cette option croient que le salut des hommes, leur bonheur aussi, passe par des solutions collectives et communautaires alternatives au mode de production
capitaliste libéral. Contre le marché faisant la loi, les
utopistes croient au plan eudémoniste et à la réorganisation économique de la cité sur le mode paradisiaque.

Dans cet état d'esprit, mais au-delà du fouriérisme,
John Adolphus Etzler publie en 1833 *Le Paradis à
portée de tous les hommes, sans travail, par la puissance de la nature et de la mécanique*, un succès en
son temps. Dans cet ouvrage, Etzler invente l'écologie
technophile en demandant à la nature de fournir des
énergies renouvelables, non polluantes, gratuites, afin
d'activer la puissance de machines destinées à rendre
possible le vieux rêve cartésien et technophile de se
rendre comme maître et possesseur de la nature. Pareil
projet permettrait de réaliser le paradis sur terre – rien
de moins...

Etzler donnait des conférences et expliquait comment s'y prendre pour mettre les machines au service
des hommes et réaliser ces lendemains qui chantent.
Emerson a probablement assisté à l'une d'elles et
consacré à ce sujet un article dans *Dial*, la revue des
transcendantalistes. En substance, le philosophe sourit

de l'optimisme des hommes et de leur croyance aux solutions collectives là où il tient, lui, pour un infléchissement de l'Histoire par les grands hommes. Mais il apprécie l'énergie, la hardiesse et la générosité de pareils projets. Emerson demande à Thoreau de faire le compte rendu du livre.

Que dit cet ouvrage ? Que la nature dispose d'une formidable source d'énergie avec le courant des vents, les mouvements de l'eau, les amplitudes régulières des marées, la chaleur du soleil, la puissance des chutes d'eau. Quoi qu'il arrive, ces forces se refont sans cesse, elles s'épuisent mais, derrière elles, il en existe toujours d'aussi généreuses, et rien n'assèche un capital sans cesse en régénération. Au contraire des énergies fossiles qui mettent des siècles à se constituer et qu'on détruit en une poignée d'heures, qui sont rares, donc coûteuses, et polluantes, les ressources naturelles n'attendent que l'intelligence des hommes pour être correctement utilisées à des fins d'eudémonisme social.

Avant les inventions de Jules Verne – *Vingt Mille Lieues sous les mers* date de 1870, le *Voyage au centre de la Terre* de 1864, *Le Tour du monde en quatre-vingts jours* de 1873 –, Etzler annonce dès 1833 l'avion, le bateau gigantesque, les norias de machines agricoles, la ville moderne, les transports collectifs rapides, les progrès de la médecine, l'allongement de la durée de vie par exemple, les matériaux de construction alors inédits, la salle de bains avec baignoire, les ascenseurs, la climatisation, la restauration mobile, l'éclairage nocturne des rues… Etzler se tient au courant des inventions du moment, il constate leur florai-son, dans tous les domaines, dans le premier quart du XIXe siècle : il prophétise pour les dix années à venir

une révolution du monde et son entrée dans une modernité qui adviendra, selon les annonces de l'utopiste,
mais sur plus d'un siècle…

On s'en doute, cette vision des choses ne convient
pas du tout à Thoreau qui moque un peu Etzler… Ce
progrès technique inducteur du bonheur des hommes,
il n'y croit pas une seconde. A l'inverse, il croit que
ce qu'Etzler nomme progrès constitue bien plutôt un
« régrès ». L'ingénieur utopiste allemand invente
l'écologie technophile, Thoreau, l'écologie technophobe. Le premier croit que le bonheur des hommes
passe par une révolution industrielle, le second par une
réforme morale. L'un croit à un usage moderne de la
nature, l'autre à une pratique millénaire de sa réalité.

A vingt-six ans, Thoreau affirme que le paradis sur
terre n'est pas une affaire de machines, d'industrie, de
progrès technologique, d'ascenseur ou de baignoire,
mais d'un *nouveau type de rapport à la nature*. Non
pas, comme chez Etzler, de domination, d'exploitation,
de soumission, mais d'accompagnement, d'affection,
de sympathie avec elle, voire d'amour. Etzler fait
confiance aux gouvernements pour réaliser son projet,
Thoreau les exècre et ne fait confiance qu'aux individus.

35

Constituer une encyclopédie de la Nature. Thoreau
affirme que le progrès technologique ne sert qu'à satisfaire des besoins animaux. Construire le futur sur ces
perspectives conduira à une impasse. La négligence de
la nature, les mauvais traitements que les hommes lui

infligent, les brutalités que l'homme moderne lui fait subir obèrent ses chances de survie. Sa protection s'impose et le premier travail nécessaire est sa connaissance. L'ingénieur ne doit pas faire la loi ; le poète, si. La nature peut nous donner des leçons, il faut nous mettre à sa disposition. Etzler se trompe : la nature ne doit pas servir l'homme, car c'est l'homme qui doit servir la nature.

Le philosophe n'exclut pas d'utiliser la nature, mais en usant savamment de la connaissance de ses lois. Par exemple, un apiculteur s'est mis à l'écoute de ses abeilles. Observant sa ruche et le comportement de ses locataires, il en a déduit que la quantité de production de son miel était en relation avec l'orientation de l'ouverture de ses châssis en direction des rayons du soleil. Fort de son savoir et riche de sa philosophie de la nature, il a tourné d'un degré son rucher vers l'est et optimisé sa récolte en offrant aux abeilles deux heures d'avance sur leurs congénères. Dès lors, elles arrivent les premières sur les fleurs et butinent plus tôt. Voilà comment l'homme peut intervenir sur la nature : en l'accompagnant après l'avoir comprise, et non en la forçant dans l'ignorance de ses mécanismes.

Voilà pour quelle raison Thoreau va passer ensuite sa (courte) vie à constituer une encyclopédie de la Nature : observer ses mouvements, noter ses variations, mesurer ses transformations, écrire ses modifications, arpenter – à tous les sens du terme – les lacs, les rivières, les champs, les bois, scruter les détails d'une aile ou d'un brin d'herbe au microscope, surprendre l'intimité d'une couvée dans un nid perché en haut des arbres, soit en y grimpant physiquement, soit en dirigeant sa longue-vue sur la scène, en étant vêtu d'habits aux couleurs de la saison et tapi dans un fourré. Thoreau contemple et épouse la nature, elle n'est pas l'objet d'une religion conceptuelle, comme chez Emerson, ni d'une religion du progrès, comme chez Etzler, mais d'une philosophie existentielle.

Dans cette philosophie existentielle, il importe peu de grimper en haut d'immeubles de dizaines d'étages avec un ascenseur, de se laver dans une baignoire alimentée en eau chaude, de traverser l'Atlantique en avion, de flâner la nuit dans des rues éclairées comme en plein jour, de vivre cent ans, de manger des nourritures sophistiquées dans des transports en commun rapides comme l'éclair ou d'habiter un appartement où il fait frais l'été et chaud l'hiver...

Qu'aurait à faire Thoreau de toutes ces inventions coûteuses, ruineuses autant qu'inutiles ? Lui qui fait l'éloge de la marche et du contact avec le sol ; qui se baigne dans l'eau glacée des lacs et avoue préférer l'odeur de rat musqué du trappeur à celle de poussière du professeur cloîtré dans sa bibliothèque ; qui, sauf un ou deux brefs voyages hors de son village, ne quittera jamais Concord, sa ville natale ; qui avoue se réjouir de rentrer dans sa cabane en bois, en forêt, les nuits sans lune, plus réjouissantes pour l'instinct que lors des éclairages au croissant plein ; qui n'a pas le souci de la quantité de temps à vivre, mais de sa qualité et de son excellence ; qui confie à son *Journal* son envie de manger crue une marmotte pour s'incorporer sa vitalité ; et qui conseille de bien se couvrir l'hiver ou de se défaire un peu l'été pour ajuster l'usage de ses vêtements au climat du moment... A quoi bon une vie sophistiquée, mais fausse, quand une vie simple, mais vraie, est à la portée du premier venu ?

36

Le philosophe naturaliste. La connaissance de la nature ne constitue pas une fin en soi. Thoreau n'est pas naturaliste, mais philosophe naturaliste : la premier se contente d'une description pure de la nature – à la manière de Jean-Henri Fabre (1823-1915) dans ses *Souvenirs entomologiques* ; le second augmente celle-ci d'une réflexion qui débouche sur une sagesse, une philosophie, une morale. A la manière d'un disciple cynique, Thoreau tire des leçons de ce qu'il observe dans la nature. Ainsi Diogène de Sinope regarde la souris se nourrir de miettes, le poisson libidinal frotter son ventre sur une pierre, les grenouilles vivre dans l'eau froide, les cigognes voler vers la chaleur, les lièvres descendre dans la vallée, et il ne se contente pas d'enregistrer le détail de ces opérations, il en extrait une morale : éloge de la frugalité, de l'autonomie, de l'indépendance, de l'ascèse, de la vie agréable… Thoreau conclut aux mêmes vertus à partir d'un semblable terrain d'observation – la nature.

Au contact de la nature, Thoreau avoue recouvrer les forces qui auraient pu lui manquer. La lecture de son œuvre complète montre en lui un tempérament de stoïcien, un naturel austère et ascétique. Il confie à ses lecteurs n'avoir jamais connu de moments de dépression ou de mélancolie. Même quand la tuberculose amoindrira considérablement son énergie, sa force, sa résistance, il vivra ces années de sa vie en homme confiant dans les vertus réparatrices des balades, de la marche, du contact avec les bois, les chemins, la forêt, les champs. Le sage y puise une sérénité ; le naturaliste, une satisfaction de sa *libido sciendi*.

La ville offre un climat morose et délétère, elle active les forces pathogènes. La campagne en revanche produit des individus sains, simples. L'absence de contact avec la nature génère la tristesse et la mélancolie. Dans son *Histoire naturelle du Massachusetts*, Thoreau écrit : « Si, au minimum, nos pieds ne se trouvent pas au cœur de la nature, nos visages ne seront que pâles et livides. » La nature distribue la santé, et ceux qui prétendent qu'elle engendre la tristesse sont des malades qui projettent leur pathologie sur elle.

Extrapolant à partir de cette idée nature/santé, ville/maladie, Thoreau va beaucoup plus loin et avance cette étrange hypothèse d'une généalogie de la négativité en politique : « Les théories du désespoir, de la tyrannie et de la servitude spirituelle ou politique ne furent jamais enseignées par des hommes qui partageaient la sérénité de la nature. » La thèse étonne, on tente de la vérifier, on s'interroge, on cherche des exemples ou des contre-exemples, et l'on ne trouve rien à opposer à cette affirmation…

37

La vie philosophique. Observer la nature et en tirer des leçons ne suffit pas. Encore faut-il les appliquer dans la vie quotidienne et incarner ses idéaux. *Walden* contient une phrase sublime, parmi une poignée d'aphorismes éternels. La voici : « Il existe de nos jours des professeurs de philosophie, mais de philosophes, point. » Etre philosophe ne consiste pas à mettre au point des pensées subtiles, ni même à créer des écoles de pensée, mais à « aimer assez la sagesse pour

vivre selon ses arrêts, une vie de simplicité, d'indépendance, de générosité et de confiance. C'est résoudre
quelques-uns des problèmes de la vie, non seulement
en théorie, mais en pratique ». Magnifique leçon.

Les philosophes antiques agissaient ainsi : vivre sa
pensée, penser sa vie, et effectuer sans cesse un mouvement d'aller et retour entre une théorie et une pratique pour affiner l'une et l'autre. Cette dialectique a
marqué les écoles de sagesse préchrétiennes – pytha-
gorisme, stoïcisme, cynisme, cyrénaïsme, épicurisme
– pendant des siècles avant que le triomphe du christianisme les éteigne en revendiquant le monopole de
la vie philosophique. Vivre en philosophe, ce fut alors
vivre en chrétien, l'armée des philosophes apologétiques se chargeant de donner le mode d'emploi. Pour
de longs siècles, la philosophie devint alors une pièce
du mécanisme disciplinaire chrétien. Les penseurs
fournirent concepts et théories, discours et débats,
arguments et casuistiques, rhétorique et sophistique, à
même de justifier et légitimer ce coup d'Etat ontologique sur les âmes et les consciences.

Philosopher devint alors affaire d'officines, de
bureaux, de bibliothèques, puis d'universités, autant de
creusets où se fondaient les armes de guerre intellectuelles de l'Empire chrétien qui ravagea la vie philosophique antique pour la remplacer par la macération
ascétique chrétienne. Vint alors le règne des professeurs de philosophie, si nombreux selon Thoreau
quand sont rares les philosophes, autrement dit les individus dont la vie montre qu'ils ne se contentent pas de
parler.

D'où l'intérêt philosophique des biographies de philosophes : comment s'habillait Pythagore ? Et pour-

quoi ce lin blanc ? Que mangeait-il ? Qu'est-ce qui
explique cet interdit des fèves ? De quelle manière
vivait Epicure ? Quel sens donner à ce petit morceau de
pain et ce bout de fromage comme occasion de bom-
bance ? Pourquoi Diogène se masturbe-t-il sur la place
publique ? Comment justifier qu'Aristippe s'habille en
femme et danse sur la table ? Ou que Cratès chevauche
Hipparchia en public ?

Toutes ces anecdotes transcendent le seul fait divers
car elles concentrent la pensée de leur auteur, elles
quintessencient leur philosophie, elles agissent en
preuves de l'existence de la vie philosophique, par la
démonstration qu'une idée vaut quelque chose si elle
produit des effets dans la vie concrète, chaque jour et
dans le menu détail. Au-delà du monde antique, la vie
philosophique (ou non) des philosophes relève de la
philosophie, au même titre que l'analyse textuelle ou
conceptuelle. Deleuze qui, pourtant, interdit le quali-
ficatif de « philosophe » à quiconque n'est pas créateur
de concept ou de personnage conceptuel, écrit dans
Qu'est-ce que la philosophie ? : « Le tire-bas de Kant
n'est-il pas une anecdote vitale adéquate au système
de la Raison ? »

38

Contre la vie mesquine. La vie philosophique va
contre la vie mesquine. Mais qu'est-ce qu'une vie mesquine ? Une existence tout entière tournée vers
l'argent, l'avoir, les richesses, la propriété, les honneurs, la réputation, autant de vices datés de la plus
haute antiquité. A quoi il faut ajouter, vices récents :

la vie indexée sur les dogmes de la société de consommation – convoiter, acheter, consommer, remplacer,
une chaîne perverse dont Thoreau voit dès sa vingtième
année qu'elle menace de devenir religion de l'avenir
proche du peuple américain...

En matière de relation avec autrui, la vie mesquine
se contente des apparences et de la surface des choses,
au détriment de leur profondeur, qui constitue pourtant
leur vérité. On trouve cette perversion-là dans les villes,
et beaucoup moins dans la campagne où le contact direct
avec la nature assure d'une relation saine et vraie avec
la simplicité, la vérité des êtres. La vie de salon, la vie
mondaine, la vie de l'écume des relations humaines, la
vie de bavardage, voilà la vie mesquine. Elle définit
toujours une vie dans laquelle on ne se trouve pas au
centre de soi, mais à côté, ailleurs, en périphérie.

39

Une médecine « eupeptique ». Thoreau n'est pas
philosophe à user et encore moins abuser de néolo-
gismes. Sa prose sèche, proche de l'os, recourt à la
métaphore, à l'allégorie, à l'image, à la fable, on l'a
vu, mais jamais au vocabulaire de la tribu philosophique. On chercherait en vain des mots empruntés aux
philosophes ou aux philosophies classiques. A la
manière de Montaigne, Thoreau utilise le vocabulaire
de tout un chacun pour exprimer ce qu'il a à dire de
simple ou de profond. L'humour, parfois, effleure le
texte.

Dans *La Vie sans principes*, Thoreau crée pourtant
un néologisme. Mais il relève du jeu de mots, de la

plaisanterie… Il constate que nous vivons dans l'état d'un personnage qui digère et ressent de la dyspepsie – autrement dit qui digère avec difficulté… L'Etat, la société, la politique fonctionnent comme un gésier qui nous broie, nous malaxe. A quoi il faut ajouter les inconvénients du fonctionnement du « grand gésier de la création »… Nous subissons la morbidité de cet état de fait. Dès lors, la vie consiste la plupart du temps à oublier et à tâcher même de ne pas nous souvenir de ce que nous avons compris de la logique du monde.

Le « *dys* » grec de dyspepsie signifie une chose difficile, mauvaise. L'opposé, dans la même langue, est « *eu* » – dans eudémonisme par exemple, ou euphorie, voire eucharistie… – et signifie « bien ». Dès lors, Thoreau invite à une « eupepsie » qui suppose que nous nous félicitions quotidiennement de « la splendeur renouvelée de chaque matin »… Une volonté de jouissance pour faire pièce à la négativité qui nous travaille. Déjà dans les premières pages de *Walden*, Thoreau avait mis en évidence cette mélancolie constitutive de la civilisation : « La majorité des hommes vivent des existences de calme désespoir. Ce qu'on appelle résignation est un désespoir absolu », écrit-il. Le divertissement dont la plupart s'enivre procède de ce chagrin existentiel, de ce spleen ontologique.

Les hommes travaillent, ils perdent leur vie à la gagner. Dans le monde moderne, personne n'a le temps d'être autre chose qu'une machine. Le rapport à soi, aux autres, au monde, est faussé. Le loisir a disparu. Le labeur prend toute la place. Les soucis inutiles saturent les existences. Leur temps appartient aux créanciers. La majorité est esclave de la trivialité du quotidien : le travail, le salariat, la consommation, les dettes.

Certains tâchent de s'affranchir de leurs dettes, d'autres passent leur temps à séduire des clients pour gagner leur pain quotidien, ailleurs, quelques-uns volent et mentent pour circonvenir des acheteurs potentiels, partout on se rend malade en craignant la maladie sans assurances santé, ou en serrant dans un coffre de banque de ridicules économies obtenues par d'épiques contorsions existentielles, pendant ce temps tous meurent aujourd'hui de remettre leur vie au lendemain…

La vie s'invente, elle n'est pas donnée, écrite, on doit la créer de toutes pièces. Nous sommes esclaves des préjugés, du jugement des autres sur nous, certes, mais également du jugement que nous portons sur nous-mêmes. Les modes de vie anciens et habituels ne constituent pas des vérités éternelles, indépassables, des certitudes immuables, mais des options critiquables. Nous ne devons pas prendre pour argent comptant un style d'existence parce qu'il est partagé par des millions de gens. Un grand nombre peut communier simultanément dans un même préjugé.

Les vieux reproduisent les préjugés, ils ne sont pas, de ce fait, porteurs d'une sagesse. Parfois même, les jeunes savent plus et mieux que les anciens que la vie a décomposés intellectuellement. Au-delà d'un certain âge, les humains savent, consciemment ou non, qu'ils ont manqué leur existence, et sont passés à côté de leur vie. Avec le temps, on devient moins apte aux expériences, un genre de calcification de l'âme empêche l'invention, la fraîcheur dans l'usage de soi – et « l'usage du monde », pour utiliser l'expression de Montaigne.

Cette médecine eupeptique suppose que nous comprenions que nous devrions vivre la vie des pionniers à l'origine de l'Amérique, et ce en restant dans le cadre de la civilisation. Autrement dit : ne pas viser une révolution sociale et politique, l'installation d'un socialisme d'Etat ou la société nouvelle imposée par un gouvernement, mais, dans n'importe quelle configuration sociale existante, choisir un mode de vie propre, singulier, personnel, original, appuyé sur la simplicité de la vie sauvage et naturelle.

40

La méthode hédoniste. Conscient du malaise de l'homme dans la civilisation, bien informé de la misère de ses contemporains, très au clair sur le « souci », l'« angoisse », la « mélancolie », le « calme désespoir » dans lesquels vivent les hommes au quotidien, Thoreau est bien le contemporain de Kierkegaard auteur du *Traité du désespoir* (1849), du *Concept de l'angoisse* (1844), de *Crainte et Tremblement* (1843). « Il est bien évident que beaucoup, parmi vous, vivent des existences médiocres et basses », affirme le philosophe dans les lignes introductives de *Walden*. L'eupeptique invite à polariser son regard, non pas sur la négativité, mais sur la positivité qui se trouve en même temps dans chaque chose, chaque situation. Si le superbe mot n'avait été définitivement abîmé par la publicité, on pourrait disserter sur l'art de *positiver* comme un art hédoniste majeur.

Thoreau ne théorise pas une recette en une phrase qui constituerait l'impératif catégorique hédoniste, mais il pratique une sagesse à partir de laquelle on peut sans difficulté l'induire – ou la déduire, c'est selon.

Elle pourrait se formuler ainsi : fais en sorte d'agir en polarisant ton attention sur la positivité qui gît toujours dans une situation apparemment négative. Autrement dit : là où nous croyons nous trouver dans une mauvaise passe, un travail volontariste de l'intelligence permet d'ignorer ce qui fâche afin de nous concentrer sur ce qui réjouit.

Exemples extraits de sa biographie : racontant son séjour en prison dans *Walden*, le philosophe montre combien cette situation qui, objectivement, n'est ni bonne ni mauvaise, ni agréable ni désagréable, peut devenir bonne si on le veut et si l'entendement travaille à percevoir la situation sous l'angle optimisant. L'histoire est connue : Thoreau a refusé de payer l'impôt pour protester contre la politique esclavagiste et belliciste de son pays, il se fait donc interpeller et jeter dans une cellule.

On peut douter qu'a priori le sage envisage la situation carcérale d'un mauvais œil. Sa présence entre quatre murs témoigne de la cohérence de sa pensée, de son existence et de sa pratique sans concessions d'une vie philosophique. La petite histoire voudrait qu'Emerson visitant Thoreau dans sa prison lui ait demandé : « Pourquoi êtes-vous là ? » et qu'il se soit entendu répondre par un philosophe faussement étonné : « Mais pourquoi *vous* vous n'y êtes pas ? » Mais, quelque apocryphe que soit cet échange, retenons le décor de l'exercice de la méthode hédoniste.

Thoreau, qui ne chérit rien d'autre que sa liberté, qui a construit toute sa vie pour ne dépendre de rien ni de personne, et pour ne rendre de comptes à quiconque, pourrait bien, tout de même, et indépendamment d'un souci de fanfaronner, trouver l'expérience désagréable. D'autant qu'il entre en prison pour une durée indéterminée – raccourcie, on le sait, grâce à la sollicitude de la tante qui paiera l'amende et contribuera à la libération du neveu, lequel entamera une carrière de martyr dès le lendemain matin…

D'abord, il insiste sur l'aspect ridicule de la situation : à son arrivée dans la petite prison de Concord, son village natal, les prisonniers discutent dehors, sur le pas de la porte, en bras de chemise ; lorsque le gardien leur signifie l'heure de rentrer dans leurs cellules, personne ne bronche ni ne récrimine et tous obtempèrent ; il découvre un compagnon de chambre, incarcéré comme incendiaire – en fait, un brave homme ayant abusé de la bouteille et cuvé son vin dans la paille, le mégot à la bouche… ; il détaille le lieu, propre, chaulé fraîchement, sobrement meublé – probablement plus cosy que sa cabane dans les bois ; il écoute ses codétenus, en profite pour apprendre, et découvre qu'il existe entre les murs de cet endroit des poètes amateurs qui écrivent des vers et les font circuler de manière interne sans que jamais on ne les lise en dehors de l'enceinte ; il se réjouit de découvrir un réseau de poètes et de lecteurs de poésie insoucieux de la publication, de la notoriété ou de la carrière d'homme de lettres ; et puis il contemple, mais comme le regard est encagé, il porte son attention sur les bruits venus du dehors.

Alors commence un réel exercice spirituel dont il donne le détail : ce moment inédit, il le vit comme une expérience rare, un genre de pérégrination effectuée dans une contrée inédite ; il se trouve dans son village natal et découvre autant de choses intéressantes que s'il avait effectué un voyage lointain, dans un pays qu'il n'aurait jamais songé visiter. Tout devient autre :

le son des cloches ; les bruits du soir qui montent ; la voix des vieux habitants de la rue ; les conversations en provenance de l'auberge, à proximité. Le dedans métamorphose le dehors.

Dès lors, la réalité de l'incarcération se transforme en vérité de l'imagination. Concord, petit village américain avec ses maisons de bois, devient un bourg médiéval. La rivière qui le traverse se métamorphose en fleuve rhénan. La prison n'a donc pas de vérité en soi, dans l'absolu, car elle existe en fonction du regard porté sur elle. L'objectivité du réel est une fiction ; sa consistance procède d'un travail de l'entendement. Les stoïciens parlaient quant à eux de représentations, d'interprétations : tout dépend alors de l'interprète et de sa volonté.

41

Jubilations de l'incendiaire. A une autre reprise, Thoreau fait fonctionner cette merveilleuse méthode. On le sait marcheur, pêcheur, amateur de cuisine sobre, simple, sauvage et naturelle. Parti dans un bois avec un ami, il sort du lac de quoi faire un repas. A l'aide de brindilles puis de branchages, il entreprend de faire un barbecue. Il y pose sa pêche pour la griller et met malencontreusement le feu autour de son foyer puis, ne parvenant pas à éteindre ce début d'incendie, à une grande partie de la parcelle du bois. Situation qui, a priori, pourrait stresser son homme.

Mais pas un philosophe qui, optimisant la situation, en profite pour grimper sur la colline, s'y asseoir et contempler la beauté de l'embrasement... Nul besoin

d'ajouter que son insouciance d'esthète passe dans
Concord pour un profond mépris à l'égard du propriétaire lésé, ce qui n'augmente pas la sympathie des
habitants du village qui, déjà, trouvent plutôt antipa-
thique cet anticonformiste qui ne salue personne, tout
entier perdu dans ses méditations et vêtu comme un
Diogène moderne. A ceux qui s'offusquent de son
indifférence, il rétorque qu'un point d'impact de la
foudre en aurait fait autant...

Une autre fois, et probablement pour la dernière, il
active sa méthode de détournement du négatif et de
polarisation sur le positif, et continue de se transformer
en objet d'introspection. La tuberculose l'a considérablement amoindri. Ses dernières années ont été
pénibles et douloureuses. Allongé sur son lit, il attend
la mort avec sérénité. Placide, calme, mais souffrant,
il refuse les analgésiques que lui propose le médecin.
La raison ? Il veut jusqu'au bout être lucide et expérimenter l'observation de soi, notamment dans la phase
finale de l'agonie.

Tout autre aurait accepté le médicament qui endort
un peu pour éviter que la conscience ne s'effondre sous
le poids d'une douleur envahissante. Lui, non. Il veut
jouir des sensations de l'agonie : non pas de l'agonie,
mais des sensations. Car jouir des sensations, c'est être,
vivre, et que vivre est une fête, sans cesse, tout le
temps. Et que cette fête est parce qu'on la veut, qu'on
la souhaite, la sollicite, y aspire. Cette volonté de jouissance évapore la réalité négative, elle pulvérise le mal.

Toute sa vie il a célébré la force de l'instant, il a
invité à le vivre pleinement, sans le polluer par la
mémoire, le souvenir ou la crainte de l'avenir. Le voilà
expérimentant sa théorie, pratiquant sa pensée encore

et toujours. Jusqu'à la fin. Ainsi, au moment de mourir, on ne se dit pas qu'*on va mourir*, bientôt, mais qu'*on est encore vivant*, tout de suite. Et que ce qui importe est moins le futur de la mort que le présent de la vie. Devoir mourir c'est être encore vivant : ne craignons pas l'avenir, jouissons de l'instant.

Assistons dès lors à soi comme à un spectacle, et prenons plaisir à cette représentation sans se soucier du tomber de rideau qui ne manquera pas d'avoir lieu. Ne gâchons pas le moment présent par la présentification d'une fin à venir. Regarder sa vie doucement partir, c'est avoir la certitude qu'elle est encore là et qu'il subsiste une raison de se réjouir. Jouir de l'instant pur, même si on le sait bref, c'est vivre encore. Et rien ne paraît plus désirable que le plaisir pris à la substance de la vie, à la matière de l'existence.

La célèbre phrase du moment ultime – « Un monde à la fois », répondu à un fâcheux qui s'inquiète du sentiment de Thoreau sur l'après-vie… – peut se lire en regard de cette méthode : si par hasard, par aventure – ou par malheur… –, il devait exister une vie après la vie, une réalité après la mort, alors il sera toujours bien temps de s'en soucier le moment venu. Car cette hypothèse d'un futur de vie éternelle compte moins que la réalité du présent d'une vie magnifique – même au bord de la mort. Le culte rendu par Thoreau à la vie lui fait penser que mieux vaut une seconde dans l'instant réel qu'une éternité dans le futur. Parmi les philosophes, jamais me semble-t-il il n'y eut amant plus passionné de l'instant.

42

Une machine à produire de la jouissance. A plusieurs reprises dans l'œuvre, on remarque ce désir de ne prendre le réel que par sa positivité : devant le spectacle d'un charognard dévorant sa proie, il disserte sur la vie que permet la mort par le recyclage de la matière dans la nature : le sang chaud de l'animal vivant qui dévore sa proie morte vaut mieux que le cadavre, qui importe moins ; lorsque la pluie tombe drue et empêche la marche qu'il avait prévue, il se morfond moins de la perspective d'une sortie compromise que de l'aubaine pour l'herbe, et conclut : ce qui est bon pour l'herbe est bon pour moi...

Cette nature volontariste qui veut le meilleur contre le pire, qui préfère le bonheur à la mélancolie, aspire à la joie et récuse les occasions de tristesse, écrit dans son *Journal* : « Dieu ne pourrait pas être mauvais pour moi, même s'il le voulait. » En passant, mesurons combien cette puissante sagesse humaine permet l'économie de Dieu, de sa puissance, de son pouvoir et de son vouloir. La philosophie pratiquée par Thoreau ne laisse aucune place, et aucune chance, à la théologie des chrétiens. La supériorité du vouloir d'un penseur sur les hypothétiques desseins de Dieu prouve que Thoreau partageait avec l'Emerson de *La Confiance en soi* cette idée forte : « Rien en dehors de toi-même ne peut t'apporter la paix. »

43

Les techniques de soi. Thoreau théorise le fonction-nement de cette machine à produire de la jouissance en prélevant le positif d'une situation pour anéantir la puissance de la négativité. Et il pratique : en prison, dans la situation de l'incendiaire – qui pourrait lui valoir de retourner goûter du shérif... –, ou sur son lit d'agonie. Ou bien : au spectacle d'un charognard, devant la pluie qui contraint à renoncer à un désir de marche. Mais il n'invite pas à faire comme lui.

L'homme qui constate l'abondance de professeurs de philosophie et, conjointement, la pénurie de philo-sophes ou la rareté du sage, ne va pas jouer au profes-seur en enseignant ex cathedra. L'expérience des conférences ne semble pas lui avoir laissé le meilleur souvenir et il moque autant le parleur que son public. Thoreau n'enseigne pas. Sa démission de son poste de professeur paraît prémonitoire et emblématique du désir de ne pas faire carrière dans une salle de classe.

Dès l'ouverture de *Walden*, il prend soin de dire qu'au contraire des habitudes de la corporation qui se méfie du « Je » et de tout récit à la première personne, il va, lui, justement, recourir au « Je » qu'il revendi-que. Non par narcissisme, égotisme, jouissance prise à son propre commerce, mais par besoin existentiel : la sculpture de soi à laquelle il invite nécessite une connaissance de soi, celle que Socrate propose, Socrate ne passant pas pour le philosophe égocentrique type. Thoreau part d'un principe simple pour justifier ce parti pris : « C'est, après tout, la première personne qui parle toujours. » J'ajouterais : y compris chez les pourfendeurs du « Je » ou du « Moi » comme Pascal et autres apologistes chrétiens.

Facétieux, Thoreau ajoute que s'il connaissait mieux quelqu'un d'autre, il entretiendrait volontiers de lui et ferait l'économie de sa (petite) première personne. Le genre d'avertissement au lecteur – qui fait songer à celui des *Essais* de Montaigne – qui ouvre *Walden ou la Vie dans les bois*, lui permet d'avouer sa préférence non pas pour ceux qui parlent des autres, mais d'eux-mêmes. Il apprécie le « récit simple et sincère » comme une occasion philosophique essentielle : dans ce domaine, le témoignage vaut autant que le traité, sinon plus.

Le livre obéit à une raison simple : comme Montaigne avoue qu'il écrit pour ses amis, ses proches, afin qu'on sache qui il est, avant de découvrir, au fur et à mesure de l'écriture, que son livre en fait autant pour lui-même qu'il le fait pour les autres, Thoreau donne l'explication de son texte. Nombreux ont été les gens qui l'ont questionné sur son expérience de vie dans les bois pendant vingt-six mois. Sa nourriture, son rapport à la solitude ou à la peur, son investissement auprès des autres, etc. *Walden* répond à ces interlocuteurs.

En même temps, Thoreau lui aussi, par le temps passé à mettre au point cet ouvrage, par les versions multiples, par le travail d'écriture, la fabrication du volume à partir de notes prises dans le journal, sinon de conférences écrites auparavant, s'est construit. La fabrication de *Walden* contribue à la fabrication de Thoreau ; et vice versa. L'écriture est toujours écriture de soi. Le « Je » raconté suppose un « Je » fabriqué, élaboré, pensé, analysé, circonscrit. La rédaction de ces trois cents pages procède de la démarche socratique du « Connais-toi toi-même ». Comme Montaigne, Thoreau pourrait aussi écrire qu'il est la matière de son livre. Et qu'avec cette matière, un lecteur peut trouver un sens à son existence.

44

Ne pas suivre, ne pas guider. Walden ne prétend pas devenir un livre d'imitation. Thoreau ne prescrit pas, n'invite pas à vivre comme lui, il ne prêche pas, il n'évangélise pas, il ne milite pas. Nul esprit prêtre chez cet homme à qui il est odieux de suivre autant que de guider. L'ouvrage n'est pas un catéchisme, un bréviaire, un mode d'emploi de la vie des autres. Les transcendantalistes, et Thoreau avec eux, fêtaient l'anticonformisme, le solitaire traçant son chemin en l'inventant. Comment dès lors pourrait-on tolérer un conformisme de l'anticonformisme ?

Thoreau écrit : J'ai vécu ainsi, voici mes raisons. N'en faites rien, ne m'imitez pas, ne me copiez pas, mais, comme moi, inventez votre propre existence. Elle ne ressemblera pas à la mienne dans le détail, mais, sur le fond, elle en partagera l'essentiel : on ne saurait vivre la vie d'un autre. Quel sens aurait la vision d'un homme qui enseignerait à construire sa cabane en bois, à vivre de son potager, à marcher des heures dans la nature, à se baigner chaque jour dans un lac glacé, comme lui, tout en enjoignant à chacun de suivre sa nature et de réaliser ce pour quoi il est fait ?

Et puis l'expérience dans les bois de Walden ne résume pas toute la vie du philosophe, comme certains le croient parfois. Thoreau lui-même ne veut pas se copier, il n'entend pas dupliquer sa vie après avoir découvert une recette pratique reproductible à l'infini. Deux ans et deux mois plus tard, le sage des bois stoppe l'expérience et invente ailleurs et autrement sa vie. Une autre période – celle de l'engagement politique – suivra. Et d'autres auraient probablement suivi encore si la fortune lui avait permis de vivre plus longtemps que quarante-quatre ans.

Enfin, Thoreau dissuade d'éventuels imitateurs serviles en manifestant sa détestation d'une société dans laquelle tout le monde se ressemblerait, vivrait la même vie, fût-ce la sienne ! Il aime la diversité des existences, la variété des trajets personnels, la multiplicité des expériences subjectives. Certes, il sait qu'une société composée uniquement de philosophes n'est ni pensable ni souhaitable, mais mener une vie philosophique suppose l'invention individuelle d'une aventure propre.

45

Fils de l'antique. La philosophie antique ne sépare pas la doctrine de l'action, la théorie n'a de sens que si elle débouche sur une pratique ; les deux instances, le discours et l'existence, entretiennent donc un rapport intime de causalité. Cette dialectique suppose l'exercice spirituel que définit une pratique à même d'incarner la pensée dans la vie quotidienne. Puisqu'il n'y a pas de philosophie mais seulement des preuves de philosophie, l'exercice rend possible l'épiphanie de la doctrine dans la matérialité d'une vie.

Le triomphe du christianisme officiel anéantit la philosophie existentielle et intronise la figure du professeur de philosophie, du philosophe en chambre, du théoricien attaché à son cabinet de réflexion. Mais ce courant existentiel dure malgré tout dans l'histoire des idées. Avec Montaigne, Nietzsche ou Kierkegaard par exemple. Mais également chez Thoreau qui propose avec *Walden* un livre qui fait songer aux *Essais*, au *Gai Savoir* et à *L'Alternative*.

Bien que récusant l'idée d'avoir des disciples, et davantage encore de faire école, Thoreau livre les conclusions de son expérience personnelle de vie dans les bois, et ses développements offrent plus d'une occasion de cheminer vers soi-même pour trouver sa voie, s'installer au cœur de soi afin d'envisager la réalité et la vérité d'une vie philosophique authentique. L'œuvre contient, comme le sable des pépites, un certain nombre d'invitations à penser qui constituent autant de sollicitations à se comporter ou à vivre de telle ou de telle manière. Le but étant de parvenir à « la vie sublime » que définit « le bonheur absolu » procédant du contact vrai avec la nature.

Dans cette partie de son œuvre, Thoreau s'apparente aux grands sages de la philosophie antique. Nombre de recettes existentielles semblent d'ailleurs découler directement des maîtres de sagesse antique. On trouve en effet chez le philosophe américain certaines traces de *socratisme* : éloge du « Connais-toi toi-même » et invitation à pratiquer dans cette direction ; validation de l'inscience afin de rabattre la superbe du philosophe croyant savoir ; pratique de la méditation, comme l'ancien à Potidée ; une certaine pratique du jeu de mots, sinon de l'humour, voire de l'ironie.

Le *cynisme* de Diogène pourrait également inspirer Thoreau : lui aussi cherche un homme avec sa lanterne, mais dans les forêts et les bois de Concord ; il ne recule pas devant la rusticité provocatrice, sans pour autant aller jusqu'à se masturber devant l'église du village ; le dénuement lui va bien, et jusqu'à la moelle des choses : l'amphore de l'homme de Sinope entretient une parenté dans la fonctionnalité dépourvue d'ornements du bâtiment : la cabane de planches vaut domicile cynique contemporain ; l'indexation de la sagesse sur la nature et la quête de leçons existentielles humaines dans la vie des animaux ; l'insoumission politique : Thoreau demande à tout homme politique de son temps qu'il s'écarte de son soleil ; la revendication de la solitude et sa pratique, et la méfiance à l'endroit de toute logique grégaire : une partie de la sagesse de l'homme de Concord consiste à trouver la bonne mesure avec autrui, et si Diogène utilisait son bâton pour tenir les fâcheux à distance respectueuse, Thoreau, quant à lui, se contentait de pratiquer en misanthrope déclaré et affichait sa rudesse sans ménagements...

Par ailleurs, l'*épicurisme* fournit également nombre de traits à la philosophie de *Walden* : la diététique des désirs et la seule satisfaction des désirs naturels et nécessaires – boire pour étancher sa soif, manger pour apaiser sa faim ; le bonheur défini comme ataraxie, absence de trouble ou de souffrance due au désir ou au manque ; pratique vécue au quotidien de la frugalité – les célèbres morceaux de pain et de fromage du festin d'Epicure ; célébration de la continence et de la chasteté ; utilisation des leçons de la nature, la physique pour les épicuriens, à des fins sotériologiques morales.

Enfin, l'œuvre contient aussi un *stoïcisme* affleurant : dans le panthéisme qui identifie Dieu à la Nature et à la Force qui le constitue ; sur la question de la morale ascétique, notamment la douleur et la souffrance comme affaires de représentation ; sur l'austérité éthique ; ou le problème du pouvoir de la volonté à même d'agir pour modifier les représentations ; enfin sur la sérénité face à la mort – Thoreau agissant comme les philosophes antiques en mêlant les solutions épicuriennes aux propositions stoïciennes – qui ne détruit rien, mais transforme ce qui reste dans le Grand Tout.

46

Les exercices spirituels. Au fur et à mesure de la lecture de l'œuvre complète de Thoreau, on découvre donc les sagesses antiques reformulées et, surtout, pratiquées vingt siècles plus tard. La construction de la cabane dans les bois de Walden par exemple aurait pu être un geste philosophique cynique. Un Diogène contemporain de la révolution industrielle chercherait en vain une amphore à huile d'olive ou à vin, il construirait probablement son habitation avec des planches d'une vieille baraque abandonnée au bord de l'eau.

La pensée de Thoreau, on s'en douterait, ne prend aucunement la forme d'un exposé didactique, avec des chapitres témoignant d'une construction en bonne et due forme. La construction de *Walden* est une aventure dont les matériaux se trouvent dans le *Journal* ou dans des textes ayant servi à des conférences. Souvent, le collage tient lieu de méthode. Les sept versions fabriquées pour parvenir au manuscrit final constituent un chantier sur lequel batifolent les universitaires, qui ne peuvent apprécier le bâtiment de l'œuvre qu'après l'avoir soigneusement démonté et reconstruit. Essayons donc, non pas de donner une forme systématique à la philosophie de Thoreau, mais d'en fournir un mode d'accès à partir des exercices spirituels disséminés un peu partout.

Premier exercice spirituel : « Explore-toi toi-même ». Emerson déjà, dans *La Confiance en soi*, se moquait des grands voyageurs qui ont besoin de faire le tour du monde pour tâcher de comprendre quelque chose à la mécanique du réel. « Voyager est le paradis des sots », écrivait-il… Thoreau n'est pas loin de penser la même chose et trouve ridicule qu'on parte loin de sa terre natale pour explorer le monde. Aux antipodes, chacun reste avec soi, en compagnon indéfectible. D'où la nécessité de partir en voyage non pas vers le dehors du monde, mais en direction du dedans de soi.

Thoreau reprend purement et simplement le principe et le propos de Socrate « Connais-toi toi-même », en le formulant avec la métaphore filée de l'exploration : s'explorer plutôt qu'explorer le monde ; partir en voyage vers soi plutôt qu'en direction des autres ; visiter son propre continent au lieu de mettre sur pied de coûteuses missions au bout du monde ; Concord plutôt que l'Alaska. L'époque permet encore des découvertes de terres vierges. On cherche la source du Nil, le passage du Nord-Ouest, on sillonne les mers du Sud pour en percer le mystère.

Or s'il reste des blancs sur la carte des géographes, le plus urgent consiste à effacer ceux qui subsistent sur la carte de l'âme plutôt que de planter un drapeau sur un morceau de terre jusque-là inconnu. *Walden* y invite en n'hésitant pas sur le filage de la métaphore – au risque de charger un peu trop la barque : chacun doit devenir le Christophe Colomb de soi-même, explorer ses propres continents, naviguer sur ses propres mers… Il écrit : « Est-ce bien la peine de faire le tour du monde pour compter les chats de Zanzibar ? » Non, mieux vaut : « Explorer sa mer à soi »…

47

Construire les fondations à la fin. *Deuxième exercice spirituel* : « Vivre la vie qu'on a imaginée ». Autrement dit : avancer dans la direction de ses rêves, et ce avec confiance. Habituellement on invite à ne pas prendre ses désirs pour la réalité et à faire triompher la réalité au prix du renoncement au désir ; là, le philosophe propose l'inverse : ne pas se soucier du réel, obéir à ses désirs, et viser de la sorte la création d'une liberté grande, une liberté supérieure, inconnue, immédiate.

Fidèle à son goût pour les métaphores, Thoreau écrit : « Si vous avez bâti des châteaux dans les airs, votre travail n'en sera pas forcément perdu : c'est bien là qu'ils doivent être. Maintenant, il n'y a plus qu'à placer les fondations par-dessous. » Commencer par la fin, finir par le début, défendre l'imaginaire, placer le réel au second plan, voilà l'antiméthode du philosophe. Si l'on accepte la métaphore, on voit bien le château qui flotte dans les airs, à la façon d'une apparition romantique, et l'on imagine ce que peut vouloir dire construire *ensuite* les fondations… Voilà bien un éloge des fictions, des produits de l'imaginaire, très en rupture avec la tradition philosophique amoureuse des choses raisonnables.

Fidèle à sa façon d'exposer par allégories plutôt que par analyse et déduction, Thoreau produit bien l'effet escompté : certes, on saisit correctement le fabuleux et le mystère de la situation, bien sûr, on comprend l'envie d'inverser les valeurs, mais nulle part, et surtout pas dans le paragraphe suivant l'usage de la métaphore, Thoreau ne donne les détails de cette façon de faire – même sur le mode mythologique… Une histoire tout aussi abracadabrante aurait été bien utile pour expliquer la façon de maçonner des fondations une fois la bâtisse construite !

Toutefois une lecture attentive, voire une lecture ruminante, régulière, autrement dit l'usage de *Walden* en livre de chevet, permet un jour de mettre en perspective ce château en Espagne avec une méthode pour mener à bien le coulage du béton des fondations sous une maison construite en l'air… Il s'agit des moments au cours desquels Thoreau invite chacun à écouter sa nature : la nature ne peut mal faire les choses, elle a toujours une bonne raison de conduire untel ici plutôt que là-bas.

Faisons confiance à ce qui doit avoir lieu. Ecoutons notre génie et, même si nous avons l'impression d'aller vers une impasse, il existe une issue, et elle sera bonne. Faire confiance à ses rêves, c'est vivre selon son imagination qui est la courroie de transmission du dessein de la nature. Laissons-nous faire, comme les roseaux poussent selon leur nature. Une fois les choses faites, autrement dit : une fois le château construit en l'air, trouvons-lui ses fondations, en d'autres termes : expliquons-en les raisons. Qui sont que la nature dispose d'un plan auquel il faut s'abandonner avec confiance – la doctrine de la prédestination du protestantisme n'est pas loin.

48

La vie sans pénitence. *Troisième exercice spirituel* : « Aime ta vie ». Cet impératif hédoniste va à l'encontre de la logique chrétienne, qui nous fâche avec cette vie mauvaise parce que conséquence tragique du péché originel… Toute vie chrétienne est une expiation, elle doit se faire vallée de larmes éternelle, du moins tant que durera ce monde trivial, avant l'arrivée du règne de Dieu et le Jugement dernier. Cette lecture tragique infuse le Nouveau Monde américain saturé de puritanisme protestant.

Thoreau ne croit pas à la fable chrétienne. Plusieurs fois dans son œuvre, il prend soin de signaler qu'il trouve déplorable l'idée du péché et de la culpabilité, de la célébration de la souffrance et de la maladie comme occasions délivrées par Dieu pour se rapprocher de lui et faire son salut. Il n'aime pas le culte doloriste qu'il met en perspective avec la généalogie de la charité. En quelques mots, il clôt le dossier de son rapport avec le christianisme : « Nos mœurs se sont corrompues au contact des saints »…

Son travail comporte des éloges de Jésus, certes, mais il vante tout autant les mérites de Zoroastre, deux sages, donc deux sagesses, à égalité selon lui ; il dit du bien des Ecritures, bien sûr, mais les tient dans la même considération que le *Bhagavad-Gita* ; il lit les Evangiles, mais en même temps qu'Homère ou Sha-

kespeare, l'ensemble relevant du même registre intellectuel. Les fables chrétiennes – au rang desquelles il
place la Bible et Adam… – valent les mythes normands. Yahvé ou Thor ? Mêmes choses…

Plus tard, quand il s'engagera dans la cause abolitionniste, il pestera violemment, et à juste titre, contre
l'implication de l'Eglise dans le maintient de l'esclavage. Le *Plaidoyer pour John Brown* comporte des
lignes extrêmement sévères sur la collusion du christianisme officiel avec la politique de répression des
Noirs et, en même temps, quelques pages plus loin,
des invitations à indexer la politique sur le meilleur de
l'enseignement du Nouveau Testament : l'amour du
prochain. Le christianisme ne porte pas la vérité, bien
que des vérités se trouvent disséminées dans les textes
testamentaires.

Dans son *Journal*, à la date de novembre 1858,
Thoreau fait de l'Eglise un ramassis de lâches ; il réduit
la caste des prédicateurs à une classe d'efféminés qui
portent la robe – « leurs plus belles pensées sortent de
leurs jupes », écrit-il ; leur concert de voix mélangées
ne dépasse pas en bravoure et en joie celui des grenouilles dans les marais. Rien à attendre de cette institution, pas plus que de l'Ecole ou de l'Etat ; la
Religion ne mérite pas qu'on les défende. Toutes ces
machines tuent la liberté individuelle dont l'exercice
procure la plus grande joie. Or l'Eglise vomit la joie…

A plusieurs reprises, on l'a vu, il met en avant la
référence à la philosophie hindoue. Mais, dès les premières lignes de *Walden*, il fustige l'art de se faire mal
que prisent tant les religions. Et l'ascèse masochiste
du brahmane lui semble tout aussi ridicule que le goût
des gens pour leur servitude au travail par exemple.

Pour quelles raisons se faire mal ? Se laisser faire quand on nous fait du mal ? Ou consentir au mal qu'on nous inflige ? S'exposer à la brûlure du soleil indien, se suspendre la tête en bas au-dessus d'un bûcher, contempler le ciel par-dessus son épaule jusqu'à ce que l'ankylose devienne définitive, aller jusqu'à abîmer son corps et le handicaper à vie, rester debout sur une colonne tel un stylite, voilà des pratiques aussi sottes que « faire pénitence de mille façons singulières » dans des bureaux, des usines, des manufactures ou sur n'importe quel autre lieu de travail...

Aimer sa vie, c'est donc tourner le dos aux pulsions mortifères d'où qu'elles viennent. Aimer sa vie, c'est avoir confiance en soi, qui est aussi confiance en la nature, car cette confiance conduit vers la perfection de ce qui est. Aimer sa vie, c'est donner à chacun de ses instants la densité du diamant, vouloir le meilleur et le maximum de sérénité et de joie pour chaque moment de son existence. Aimer sa vie, c'est vouloir ce qui est, car ce qui est doit être – selon le mécanisme immuable du cosmos réglé dans l'harmonie la plus parfaite. Dans *La Confiance en soi*, Emerson écrivait : « Je ne souhaite pas expier, mais vivre » – Thoreau aurait pu écrire cette phrase.

49

L'ascèse existentielle. Quatrième exercice spirituel : « Simplifiez, simplifiez ». Impératif catégorique de l'ascèse existentielle de Thoreau. L'expérience de *Walden* se résume en effet à ce mot répété. Car les vingt-six mois près du lac quintessencient la simplification en tout : logement, vêtement, alimentation, activité. Nous croulons sous le superflu, l'abondance, et nous y engloutissons notre temps, notre énergie, notre force. Nous perdons notre vie à la gagner et nous sommes esclaves de ce que nous possédons. Ce que nous possédons nous possède. Ce que l'on a, ce que l'on veut, ce que l'on souhaite garder quand on l'a, voilà autant d'entraves à être. Or il faut *être*, il n'y a que ça de vrai. D'où l'expérience de Walden.

Simplifier le logement, donc : la maison est petite : trois mètres sur quatre et demi, soit treize mètres carrés, pour une hauteur de deux mètres cinquante ; les planches proviennent d'une ancienne cabane effondrée à proximité ; le terrain appartient à Emerson qui le prête ; le philosophe la construit de toutes pièces. Sur le principe qu'une maison, c'est un terrier qui abrite des intempéries, protège du froid et de l'éventuel danger d'animaux, l'habitation vise la pure fonctionnalité – l'architecte Frank Lloyd Wright se réclamera de Thoreau… –, l'ornement est banni.

Thoreau récuse l'architecte. A quoi bon ? Le quidam peut bien penser, concevoir et construire sa maison, sans demander à un prétendu spécialiste de faire ce travail pour lui. D'autant que, du projet à sa réalisation, on constate toujours un abîme. Vit-on la vie d'un autre ? Non. Alors ne demandons pas à un tiers de faire ce travail que seul l'utilisateur doit pouvoir mener à bien parce qu'il sait ce qu'il veut et ce qu'il lui faut réellement.

Les étudiants devraient même construire leurs maisons : au lieu d'apprendre à « jouer la vie », ils feraient mieux de la vivre. Et bâtir, c'est vivre. La location est un esclavage indéniable et durable, la construction de son lieu d'habitation évite qu'on passe sa vie à travailler pour gagner de quoi payer des loyers sans jamais accéder à la propriété, laquelle est moins désirable pour le fait de posséder que pour celui d'accéder à la tranquillité, à la sérénité, à la liberté.

Simplifier le vêtement : à quoi servent les habits ? Comme pour la maison, à protéger du vent, de la pluie, du froid, à dissimuler sa nudité, et à conserver sa chaleur vitale. Sinon ? Rien d'autre. La mode est une ridicule perversion de la société qu'on ne dit pas encore de consommation, mais l'idée s'y trouve. Elle avalise le règne du superflu alors que le philosophe se contente du nécessaire. Thoreau écrit : « Le singe en chef à Paris se met une casquette de voyage, et tous les singes en Amérique en font autant. » Chacune de ces facéties coûte énormément d'argent. Nombre de personnes se damnent pour apparaître sanglées dans des vêtements à la mode, elles travaillent pour gagner de quoi payer les moyens de s'asservir aux caprices des vendeurs de tissu.

L'homme des bois vante les mérites de l'habit simple, fonctionnel, utile, durable et peu coûteux. Vêtu aux couleurs de la nature, pour éviter de la perturber, Thoreau arbore la grosse toile des paysans et la coupe pratique. Quand un fil de fer barbelé arrache un morceau de son pantalon, il fait recoudre une pièce sur l'accroc. Quand une chaussure se fatigue, on la répare, on n'en change pas – rappelons-nous la visite de Thoreau au cordonnier le jour où on l'interpelle pour le conduire en prison.

Comment expliquer que des personnes s'offusquent d'un habit élimé, déchiré, rapiécé, sinon sale, et que les mêmes manifestent moins d'animosité envers ceux dont l'âme est élimée, déchirée, rapiécée, sale ? On s'écarte avec une moue de dégoût du trappeur qui dégage une odeur de rat musqué, mais on converse sans gêne visible, voire avec plaisir, avec une personne dont l'esprit sent le putois. Suivre la mode, c'est se prendre pour un portemanteau. N'y a-t-il pas meilleur destin pour un être humain ?

50

Abstème et végétarien. Simplifier l'alimentation : manger, c'est restaurer les forces perdues. Se nourrir simplement et sainement, pour pas cher, voilà l'objectif du philosophe. On peut cultiver le blé dans son jardin potager à côté de ses légumes, faire son pain, le cuire, pêcher son poisson, attraper une marmotte, et griller le produit de sa chasse ou de sa pêche sur un feu de bois ramassé à même le sol. Le sucre se fabrique à partir de la betterave plantée dans le potager. On peut même se passer de cette substance qui n'est pas indispensable. La nature, généreuse, offre des fruits, des baies. Les fameuses airelles du philosophe. Il suffit de les cueillir. Chasse, pêche et tradition…

Un jour que Thoreau casse accidentellement le récipient dans lequel il tenait sa levure, il pétrit son pain en s'en dispensant. Il le cuit, le mange et le trouve excellent. Dès lors, plus besoin de levain. L'anecdote rappelle celle de Diogène jetant son écuelle après avoir vu un enfant boire dans ses mains à la fontaine. Rien d'inutile, pas d'accessoire, guerre au superflu : le seul nécessaire doit faire la loi.

La viande ? Pas forcément utile. Thoreau ne fait pas

du végétarisme une religion – il exècre tous les comportements sectaires et ne sacrifierait pas longtemps à une idée, car il tient plus à sa liberté qu'aux dogmes qui entraveraient son autonomie. Visons le végétarisme, mais sans rigidité doctrinale. Les excitants ? Inutiles. L'eau, seule boisson simple et naturelle, suffira. Pas d'alcool, évidemment, mais pas non plus de café ou de thé. A quoi bon les excitants ?

On souffre de la faim parce qu'on aspire à des produits luxueux et à des nourritures hors de prix. Quiconque se contente d'eau pour étancher sa soif, et de légumes pour assouvir sa faim, est un homme sage parce que libre, autonome, indépendant. L'historien de la philosophie pourra reconnaître là l'une des thématiques épicuriennes : l'ascèse alimentaire fait partie de l'ascèse générale. Dis-moi ce que tu manges, etc. Pour le philosophe, tout est philosophie. Se loger, s'habiller, boire et manger peuvent être des actes philosophiques. La plupart honorent ces obligations naturelles de manière triviale, parce que artificielle, mondaine, conformiste, consumériste, mais leur satisfaction sur le mode philosophique est ouverte à tout le monde – du moins aux philosophes qui vivent leur pensée…

51

Travailler le seul jour du Seigneur. *Simplifier l'activité* : si la plupart des hommes connaissent la misère, la mélancolie, la tristesse, le souci ou l'angoisse, c'est faute de vivre la vie adéquate. Si l'on perd son argent dans les loyers, ou qu'on aspire à une maison bourrée d'artifices et de choses inutiles ; si l'on sacrifie à la mode en désirant changer de garde-robe chaque saison pour disposer des habits les plus en vue ; si l'on mange du foie gras accompagné de sauternes millésimés et qu'on n'aspire qu'à ce genre de mets ; alors il paraît fort probable qu'esclave de toutes ces servitudes, on connaisse les affres des douleurs existentielles. Mais il ne tient qu'au malheureux d'en finir avec ce genre de malheur.

Vouloir accéder à toutes ces choses inutiles, superflues, oblige à travailler beaucoup et à consacrer la majeure partie de son temps à une activité salariée. D'où le malaise. A quoi ressemble une vie consumée au travail ? Le christianisme enseigne qu'on doit s'adonner au labeur – une punition due au péché originel, rappelons-le… – six jours sur sept et se reposer le dernier jour. Thoreau invite très exactement au contraire : disposer de loisirs, autrement dit de liberté totale pour faire ce que l'on veut, six jours sur sept et travailler le septième jour. C'est possible, dit-il, si l'on règle le travail sur la production des biens de première nécessité. Travailler pour ne produire que le nécessaire : voilà comment on en finit avec l'esclavage au bureau, à l'atelier, à l'usine…

« Jouis de la terre, écrit-il dans *Walden*, ne la possède pas » : cette jouissance correspond à ce que les Anciens nommaient l'*otium* et que la civilisation judéo-chrétienne a supprimé en célébrant le travail comme un mal nécessaire vu son caractère expiatoire. Thoreau tourne le dos aux valeurs modernes : l'argent, la richesse, la propriété, l'avoir, le commerce, la dépense, la technique, le travail, l'économie, le marché. La vie philosophique se trouve aux antipodes de la vie mutilée des misérables qui la passent à célébrer ces fausses valeurs.

L'otium thoreauvien suppose d'autres valeurs : la lecture, la marche, la méditation, l'herborisation – ce qui suppose la joie, la sérénité, le plaisir, la jubilation, la tranquillité, la quiétude, le calme, le bien-être et toutes les valeurs eudémonistes de la philosophie antique ou de la sagesse orientale. La religion propose le salut pour une vie après la mort ; la philosophie, une sagesse dans la vie avant la mort. L'une vend des arrière-mondes ; l'autre invite à jouir de ce monde-ci ici et maintenant.

52

L'otium moderne. Premier temps de cet otium : l'observation de la nature. Le *Journal* regorge de pages dans lesquelles Thoreau consigne ses observations de la nature, mais également ses réflexions en rapport avec ces moments dans lesquels il jubile tout particulièrement. Même si la philosophie n'est pas absente de ce registre, c'est la partie à proprement parler naturaliste du penseur. De doctes scientifiques reconstituent aujourd'hui la faune et la flore de ses livres, ils répertorient le détail de ses observations pour les comparer aux traités de spécialistes. Le nénuphar de Walden est-il du genre « *alba* » ou « *lutea* » ? Ce qui, effectivement, change tout...

Certes, toutes les plantes, tous les oiseaux, tous les mammifères, toutes les fleurs, toutes les eaux, tous les cris, toutes les senteurs, toutes les perceptions, toutes les sensations possibles et imaginables du biotope de

Walden s'y trouvent. Dans la première moitié de ce
XIXe siècle où Hegel travaille à son *Encyclopédie*, Thoreau élabore patiemment la sienne. Le premier vise
l'universel, le second, le local. Finalement, le plus universel n'est pas celui qu'on croit…

Deuxième temps de l'otium : la marche. Thoreau a
collectionné des milliers de kilomètres effectués sur
place, dans un périmètre extrêmement restreint. Son
horizon ? Concord et alentours. Mais en profondeur.
Certains parcourent une grande surface, à la manière
d'un renard qui couvre des espaces immenses, mais au
détriment de la profondeur ; d'autres se contentent
d'un forage en profondeur sur un même lieu, sans
jamais s'éloigner du territoire, tels des sangliers. Thoreau ne furète pas, il creuse en profondeur et veut
établir la carte totale de son espace vital.

Pour ce faire, il marche sans discontinuer. Il s'offre
même le luxe de théoriser cette activité dans un texte
tout simplement intitulé *Marcher*. Son objectif ? Ele-
ver la marche au rang des beaux-arts – ce que très peu
d'êtres sont capables de permettre… Quatre heures par
jour, voilà la moyenne. Cette pratique est véritablement
une ascèse. Elle entre sans conteste dans la logique des
exercices spirituels.

Pour s'en convaincre, il suffit de prendre connaissance de l'état d'esprit nécessaire à la marche selon
Thoreau : « Si vous êtes prêt à quitter père et mère,
frère et sœur, femmes, enfants et amis pour ne plus
jamais les revoir, si vous avez effacé vos dettes, rédigé
votre testament et réglé toutes vos affaires, si enfin
vous êtes un homme libre, alors vous êtes prêt pour
marcher. » Autant dire que, au regard de la gravité de
pareilles conditions, la marche devient une activité

hautement ontologique dans laquelle les amateurs n'ont pas leur place...

Evidemment, pas question de se comparer aux flâneurs des jardins publics et autres arpenteurs d'esplanades dans les villes... Ni même aux sots qui déambulent sur les routes : les routes sont faites pour les chevaux et les hommes d'affaires – on dirait aujourd'hui les voitures et les VRP. Le marcheur selon Thoreau suit son instinct et se moque des marquages du territoire effectués par les hommes. Il avance en dehors des sentiers battus, en non-conformiste qui trace sa route vers l'ouest, car le marcheur digne de ce nom dispose d'un genre de boussole qui le conduit immanquablement dans cette direction.

Pour quelles raisons ? Parce que marcher vers l'ouest c'est laisser la vieille Europe derrière soi, abandonner l'océan, ce trait d'union avec le passé, pour envisager l'avenir. Le peuple américain doit retrouver son tropisme de découvreur de continents nouveaux, de terres vierges, or elles se trouvent vers l'ouest. Le Far-West. L'Ouest, écrit-il, est « le berceau de la race ». Allons-y en marchant sans discontinuer pour réaliser le destin américain. A la pelouse, au jardin d'agrément et au champ cultivé, le philosophe oppose le marécage et le bois sombre, lieux de la méditation par excellence.

53

Etre là où est son corps. *Troisième temps de l'otium : la méditation.* Observer la nature, marcher, voilà deux manières de se retrouver au centre de soi.

Car la civilisation nous décentre. Allongé sur le fond d'une barque à ne rien faire pendant des heures sinon méditer, grimper en haut d'un arbre et jouir du spectacle sublime offert par cette perspective nouvelle, s'asseoir en haut d'une colline – même sans incendie… – et contempler le spectacle à ses pieds, se retrouver au beau milieu d'un arc-en-ciel, se fondre avec la nature en observant l'infiniment petit au microscope – le célèbre combat de fourmis de *Walden*… – ou l'infiniment grand de la voûte étoilée, ne pas parvenir à s'arracher de la magie du reflet de la lune sur la surface noire des eaux de l'étang, Thoreau rapporte nombre de moments de ce type au cours desquels il connaît des « heures d'extases » – selon l'expression de son *Journal* (septembre 1851). Le point de la sagesse ultime ? « Etre occupé sans avoir rien à faire. »

54

Homère contre les journaux. *Quatrième temps de l'otium : la lecture.* La méditation peut se faire par le contact direct avec la nature, mais aussi avec les livres et la médiation des grands auteurs. Thoreau donne quelques coups de patte à la littérature du moment – la « littérature civilisée » – et lui oppose la « littérature sauvage » ou la littérature de toujours. Les grands anciens ne déçoivent jamais. Homère en particulier – dont l'exemplaire qu'il possédait lui fut même un jour volé à l'intérieur de sa cabane… La mythologie ou les Ecritures relèvent également du sauvage : on y entend le souffle de ce qu'il nomme la « pensée sauvage » et qu'on ne retrouve pas dans les livres enseignés à l'école...

Lisons les livres édifiants et non distrayants. La lecture n'est pas une activité de divertissement, mais un exercice spirituel. La mythologie et les Grecs offrent des modèles existentiels. Homère vaut pour la noblesse d'Achille et les vertus aristocratiques, sauvages, ascétiques du héros. Les classiques ont noté les pensées les plus nobles des hommes. Nul besoin de les lire en grec, même si c'est préférable, car les traductions peuvent convenir. Et Thoreau aimait passer des textes dans la langue de la Grèce à celle de l'Amérique. Il faut des montagnes de livres pour escalader le ciel.

Nul besoin de grandes et lourdes bibliothèques bourgeoises, d'abondance de livres classés sur des rayonnages et des étagères dans toutes les pièces. La lecture entretient une relation intime avec la méditation. Edifiante, elle se pratique au quotidien. Moins d'une dizaine de livres, mais de bons livres, qu'on lit, relit, reprend et tâche de vivre. Homère, Platon, Eschyle, les mythologies de tous les pays, voilà tout...

Evidemment on évitera soigneusement la lecture des journaux. On le sait, Hegel en fait sa prière matinale et quotidienne alors que Thoreau en pratique une autre : le bain dans l'eau froide du lac de Walden, quelle qu'en soit la température. Dans toutes ses œuvres, Thoreau fustige violemment journaux et journalistes, coupables d'écrire ce que ceux qui les paient attendent qu'on écrive. Le journaliste formate la pensée et l'intelligence d'un nombre considérable de personnes. Il abêtit et abrutit ses lecteurs en les tirant vers le bas : faits divers, absence d'analyse et de réflexion, potins mondains, commérages, rubriques de chiens écrasés, endoctrinement politique, on ne trouve jamais rien d'intéressant dans un journal.

Tout a déjà eu lieu, à quoi bon connaître le détail d'un naufrage, d'un déraillement, d'un assassinat, d'une combine politique, d'une catastrophe écologique ? La connaissance du principe dispense d'en chercher la multitude des applications… Avec un peu d'esprit d'à-propos, on pourrait sans difficulté écrire le journal de demain douze mois à l'avance, voire douze années, tant le principe est la répétition du même. L'important n'est pas dans ce qui passe et vieillit, mais dans ce qui dure et brave le temps.

Lorsqu'il abordera le moment politique, en fin de vie, Thoreau entrera dans de violentes colères à l'endroit des journalistes et des journaux, notamment à cause de leur rôle de courroie de transmission de l'idéologie esclavagiste de l'Etat. Lisons ces quelques phrases extraites de *L'Esclavage au Massachusetts* pour en mesurer la radicalité : « Aucun pays, sans doute, n'a jamais été gouverné par une classe de tyrans aussi minables que le sont, à quelques nobles exceptions près, les rédacteurs de la presse périodique dans ce pays. Et comme ils vivent et règnent par leur servilité, en faisant appel au plus bas – et non au meilleur – de la nature humaine, les gens qui les lisent sont comme le chien qui retourne à son vomi. » Et, quelques lignes plus loin, parlant du *Boston Herald* : « Lorsque j'ai pris ce journal, après m'être retroussé le bas des manches, j'ai entendu le gargouillement des égouts à travers chaque colonne. J'ai senti que j'avais en main un journal ramassé dans le caniveau, une feuille détachée de l'évangile du tripot, du cabaret et du bordel, répondant en chœur à l'évangile de la Bourse. » Tho-

reau a raison, un journal et un journaliste fonctionne-
ront toujours sur le même principe et selon les mêmes
logiques : forts avec les faibles, faibles avec les forts.
Retournons à Homère...

55

*Chasteté, pauvreté, désobéissance. Cinquième exer-
cice spirituel : « Fais-toi un corps parfait ».* Ce nouvel
impératif suppose bien évidemment les précédents. Le
logement, le vêtement, l'alimentation, la marche,
l'observation de la nature, la méditation, voilà autant
d'activités destinées à obtenir, maintenir et conserver la
fameuse « chaleur vitale » physique, intellectuelle et
morale. Sobriété, frugalité, simplicité, austérité, l'ensemble vise à produire un corps sain, propre, net et une
âme impeccable. Le sage ne craint ni le froid ni le chaud,
ni le vent ni la pluie, ni la soif ni la faim, ni l'ennui ni
l'inquiétude, ni la mélancolie ni l'angoisse, ni la peur
ni le désespoir car il sait combien les moyens de parvenir à cette sérénité sont simples, peu coûteux et accessibles au premier venu, pourvu qu'il en ait le désir,
l'envie et la volonté.

A cette panoplie du parfait sage antique, Thoreau
ajoute une autre recommandation – qui fut aussi celle
de nombreux philosophes... – : la chasteté, la continence. On sait que l'homme des bois n'a guère perdu
son temps ni son énergie avec les femmes. Les biographes notent quelques tentatives de séduction, un
genre d'amour platonique pour Mme Emerson, – philosophiquement la femme du père... –, et nulle pré-

sence féminine à ses côtés. Silence sur sa mère dans toute son œuvre – sur son père aussi…

Sans femme et sans enfants, il n'aura pas usé sa substance vitale, épuisé son énergie profonde dans des activités existentiellement et ontologiquement dispendieuses… La continence, pense-t-il, permet d'économiser des forces animales utiles pour l'inspiration et l'exercice mystique païen de la contemplation de la nature. L'animal est d'autant plus puissant en nous que notre intelligence renonce. Comme chez beaucoup de membres de la corporation philosophique, la vie sexuelle de Thoreau semble avoir été un désert.

56

Onan, l'écho sexuel. Un désert, du moins avec un tiers… Car l'absence de partenaire n'empêche pas la libido, et la libido satisfaite de manière autonome et naturelle – les vertus préférées de notre sage… – existe depuis des millénaires. Demandons en effet son avis à Onan. Dès lors, Thoreau n'aurait eu de sexualité qu'avec son meilleur ami, autrement dit : lui-même… Pour autant, on ne trouvera nulle part sous sa plume des confidences sur la possibilité de ce genre de sexualité ! Un bref texte ne permettra pas de conclure mais d'émettre une hypothèse en rapport avec sa forte composante narcissique.

Lui qui s'exprime par métaphores dispersées dans l'œuvre, qui répond à cinq cents pages de distance à une interrogation posée très en amont, et ce de manière imagée, lui qui sème des petits cailloux allégoriques, peut-être a-t-il semé celui-ci bien involontairement, poussé par l'inconscient qui affleure : parlant en effet des échos que lui renvoie la montagne, Thoreau écrit : « Ce loisir, cet amusement, cette générosité de la Nature, cet appel à ce qu'il y a de meilleur en moi, quelqu'un avec qui je pouvais parler. » Et plus loin : « On eût dit la voix de quelqu'un que je rêvais d'entendre, avec qui je pouvais me lier. Comme j'aurais voulu rester là à jeter tout le jour des appels dans l'air et entendre répéter mes paroles ! » Et enfin : « Je suis surpris que nous ne fassions pas plus de cas des échos. Ils sont les seules voix amies que j'entende » – *Journal*, février 1853. Hypothèses…

57

La vie libertaire. Pour conclure, mettons en avant la dimension libertaire de Thoreau, probablement le concept qui ramasse le mieux ce qu'il fut, vécut, pensa, écrivit, enseigna dans le détail de sa vie philosophique. Du discours de l'étudiant rebelle de Harvard aux derniers textes en faveur de John Brown, en passant par l'expérience de Walden ou le bref emprisonnement, sans oublier les milliers de pages du journal tenu de ses vingt ans à sa mort, Henry David Thoreau fut un libertaire emblématique. Rappelons le sens du mot « libertaire » : le terme date de la fin du XIXe siècle et se définit ainsi dans le *Grand Robert* : « Qui n'admet, ne reconnaît aucune limitation de la liberté individuelle en matière sociale, politique. » La définition semble avoir été créée pour lui…

D'où, *sixième exercice spirituel* : « Vivez libre et sans liens ». Thoreau définit très clairement le type de relation que chacun doit entretenir avec soi – le plaisir de la solitude ; avec les autres – l'excellence de la bonne distance ; avec le monde, hors nature – l'indifférence : « Je n'irais pas me précipiter au coin de la rue pour voir le monde partir en fumée », écrit-il dans *La Vie sans principes*...

La domesticité le hérisse autant chez les hommes que chez les animaux : une bête sauvage est faite pour le rester, c'est une honte de transformer un loup en animal de compagnie, tout autant que de transformer un mouton en loup... Qu'on songe à toutes les situations dans lesquelles les hommes ont renoncé à leur part sauvage pour consentir à la domesticité dans le travail, la famille ou la patrie. Thoreau ne veut pas de travail en dehors de celui de produire les biens nécessaires à la vie simple ; pas de famille ; pas de patrie si elle doit empiéter sur la liberté individuelle.

La solitude, voilà la suprême jouissance. Ne dépendre de rien ni de personne, faire ce qu'on veut, quand on veut, librement, sans avoir de comptes à rendre à quiconque. Vivre à son heure ; inventer sa vie ; rester totalement maître de son emploi du temps ; entretenir des relations avec qui l'on veut, sans aucune obligation ; pouvoir les interrompre à tout moment selon son désir ; écouter sa nature, obéir à ses penchants, consentir à la vie qui nous habite ; vivre nos rêves ; partir, revenir, rester, s'attarder, selon notre bon vouloir ; n'obéir à personne, ne commander personne ; faire de sa vie une œuvre d'art...

58

Donner le bras à un orme. Le philosophe aime les bois plus que les hommes, sa rudesse est légendaire, sa rusticité a laissé des traces. Thoreau se comporte avec autrui de manière rugueuse… L'anecdote d'un bon mot (prêté à Emerson, mais que ce dernier attribue à un ami…) ramassant le caractère du philosophe, fait partie de la légende : l'ami en question – version Emerson, sinon, et pour d'autres biographes, Emerson lui-même… – fait savoir : « J'aime bien Henry, mais il ne me plaît guère ; quant à lui prendre le bras, je préférerais saisir celui d'un orme »… Voilà les choses clairement dites et perfidement rapportées par le père du transcendantalisme. La perfidie pourrait bien être de lui, car on lui en doit d'autres sur le compte de son « ami » ; l'éloge funèbre qu'il prononça contient au moins une salve d'acidité.

Ainsi, au bord de la tombe ouverte, près du cercueil du philosophe, Emerson dit : « Il y avait dans sa nature quelque chose de militaire et d'irréductible, toujours viril, toujours apte, mais tendre rarement, comme s'il ne se sentait bien lui-même qu'en opposition. Il lui fallait quelque mensonge à dénoncer, quelque sottise à mettre au pilori, un petit air de victoire, un roulement de tambour pour déployer pleinement ses facultés. Dire non ne lui coûtait rien et il trouvait cela plus facile que de dire oui. Son premier mouvement instinctif en entendant une proposition était de la réfuter, tant il était impatient de ce qui borne habituellement nos pensées. Cette habitude ne va pas naturellement sans refroidir les affections sociales et, bien que, en dernière analyse, ceux qu'il rencontrait ne l'accusaient ni de malice ni d'insincérité, il y avait là quelque chose qui gênait la conversation. Pareille franchise décourageait tout commerce affectueux. » Avec de pareils amis, Thoreau n'avait peut-être pas tort d'être aussi misanthrope, à moins que sa misanthropie ne lui ait interdit d'avoir des amis. Ou les deux…

59

L'homme blessé. Thoreau n'a jamais fait mystère de sa détestation de la philanthropie. L'obligation d'aimer son prochain comme soi-même ne lui va pas. D'aucuns – en l'occurrence un universitaire qui a fait carrière sur l'étique thèse d'un Narcisse à Walden abondamment arrosée de psychanalyse à la petite semaine – diraient qu'il s'aimait tellement qu'il n'y avait pas de place pour un quelconque sentiment en direction d'autrui, mais c'est mal lire le *Journal* dans lequel il écrit explicitement : « S'il y a des gens qui me croient vaniteux, qui pensent que je me mets au-dessus des autres et chante victoire, qu'ils sachent que je pourrais raconter une piteuse histoire sur moi autant que sur eux-mêmes, si j'avais assez de cœur pour le faire ; la liste de mes défaillances est assez longue pour les encourager et je pourrais énumérer des fautes aussi répugnantes que celles qui offensèrent jamais le ciel ; qu'ils sachent que je pense plus de mal de moi qu'ils ne pourront jamais en penser, car je me connais mieux qu'ils ne me connaissent. Je ferai aussi bonne contenance que possible. Je leur livrerai ce secret, s'ils ne le disent à personne » – février 1852. Et dans *Walden* : « Je n'ai jamais connu, et ne connaîtrai jamais, d'homme pire que moi-même. » Nul n'apprendra jamais le secret de cette détestation de soi…

Ne pas s'aimer, ne pas aimer les hommes en général, l'humanité dans son ensemble, et préférer la nature, le contact avec les animaux, les plantes, les arbres, voilà qui relève moins du narcissisme que de la douleur à être. Pudique sur la nature de cette souffrance, Thoreau ne dira pas plus que Kierkegaard ce que fut cette « écharde dans la chair » qui ne cessa de lui causer des tourments. Culpabilité du masturbateur, diraient les cervelles frottées de freudisme, véritable peine existentielle me semble-t-il, qui conduit cet homme aux rivages de son enfance, sur les berges de l'étang où convergent les eaux de ses premières années.

De fait, il n'aime pas les hommes, mais parmi ceux-là qu'il ne ménage pas, il y a lui, aussi, Henry David Thoreau. Voilà pour quelles raisons, ironique, il affirme avoir sacrifié *également* le plaisir à faire le bien… Cynique encore – mais ironie, cynisme et humour constituent les refuges des âmes blessées… –, il raconte comment il a cédé aux belles âmes qui lui demandaient de pratiquer la charité et la bonté en s'occupant de familles pauvres, mais qu'il les a vues déguerpir dès qu'il leur fit l'éloge de la pauvreté volontaire en les invitant à vivre comme il le fit vingt-six mois dans sa cabane…

L'odeur du bien « est celle d'une charogne humaine et divine ». S'il devait rencontrer un homme venu pour faire le bien chez lui, il s'empresserait, dit-il, de s'enfuir à toutes jambes afin d'éviter toute contamination. Faire le bien ? A quoi bon, voilà une perspective à la portée du premier chien terre-neuve venu. D'autant que, redoublant de sophisteries, Thoreau ajoute que faire le bien, c'est faire (le) mal. En effet, la personne qui pratique la charité entretient l'injustice de l'état de fait en entravant l'avènement de la justice. Donner l'aumône, c'est habituer le pauvre à vivre avec de l'argent et le rendre plus dépendant de l'inutile… La personne charitable entretient le système qu'il faut supprimer. Pour sa part, le philosophe ne s'occupe pas des branches mais des racines : il s'attaque aux causes de la misère et non à ses effets. D'où l'intérêt d'une révolution spirituelle, mais l'inutilité totale d'une pratique infestée de « moraline » – pour utiliser l'expression de Nietzsche.

Bravache, il affirme, radical et définitif, que s'il devait faire un geste pour empêcher l'humanité de périr, il n'en ferait rien, car son destin est de mener une vie philosophique, ce qui suppose une indifférence au reste du monde dont rien ne le détournerait. On verra bientôt comment ces déclarations tonitruantes de matamore resteront lettre morte, car ses dernières années consacrées à mener la lutte pour l'abolition de l'esclavage relèvent, quoi qu'il ait pu en penser, d'une philanthropie grâce à laquelle son nom tient une place majeure dans l'histoire des idées politiques.

60

La conversion du dernier Thoreau. Les transcendantalistes ont revendiqué le droit à changer d'avis. Ce qui donnera chez Baudelaire, admirateur d'Emerson, ce fameux « droit à se contredire » revendiqué dans *Mon cœur mis à nu.* Doit-on penser que Thoreau change d'avis quand ce pourfendeur de la philanthropie, ce misanthrope revendiqué, cet ennemi déclaré du genre humain qu'il exècre autant qu'il vénère les arbres, les animaux, les plantes, ce philosophe qui pousse le détachement du sage jusqu'à compter pour rien l'affliction du forestier dont il vient de réduire le bois en cendres, cet homme que rien ne doit troubler, tant la sérénité lui paraît le bien le plus précieux, ce stoïcien qui expérimente la pensée de Sénèque à l'âge du chemin de fer, cet homme, donc, devient le plus farouche porte-drapeau de la lutte anti-esclavagiste ? Comment tenir les deux bouts de la misanthropie onto-logique et de la philanthropie politique ?

Dans son *Plaidoyer pour John Brown*, Thoreau parle de « crime contre l'humanité » pour caractériser l'action du gouvernement à l'encontre des esclaves. Tolérer, accepter, légaliser la servitude d'une race au service d'une autre, voilà qui lui semble inacceptable. Pour justifier son entrée sur un autre champ que celui du travail de la construction de soi, Thoreau explique qu'en agissant comme il agit, le gouvernement empiète sur sa liberté et que le farouche défenseur de sa liberté qu'il n'a jamais cessé d'être ne peut tolérer pareille déclaration de guerre à son endroit.

Comment le gouvernement empiète-t-il sur sa liberté ? En pourchassant les esclaves fuyards, en demandant aux citoyens de ne pas leur porter assis-tance et de les dénoncer. Quiconque ne dénoncerait pas se rendrait complice du forfait et serait donc pas-sible des tribunaux. Thoreau n'accepte pas cela : il a aidé des esclaves à franchir la frontière vers le Canada, il en a accueilli dans sa cabane à Walden, des réunions d'abolitionnistes s'y sont même tenues – et ce pendant sa période théorique antiphilanthropique ! Soudain, la coupe lui semble pleine, il entre dans l'arène politique.

Les choses n'ont pas d'un seul coup d'un seul changé à ce point. Chez ses parents déjà se tenaient des réunions d'abolitionnistes. Qu'il saisisse le prétexte d'un fait – l'affaire Anthony Burns en l'occurrence – pour affirmer que, brutalement, il ne peut plus jouir du spectacle de la nature, méditer, marcher, penser, que le trouble lui interdit désormais de s'adonner à ce qui a constitué la vérité de trente années d'une vie de quarantenaire, voilà qui étonne…

Il me semble que la soudaineté de l'interruption de l'expérience de Walden et les deux lignes qui, dans le livre, précisent que la seconde année fut semblable à la première, sans qu'il soit besoin d'en rajouter, montrent que Thoreau ne veut être prisonnier de rien ni de personne, pas même de lui-même ! D'où son art de changer, d'improviser sa vie, d'écouter sa nature, d'obéir à ses impulsions : le moteur du libertaire. Comme le protestantisme et le transcendantalisme invitent à cette « confiance en soi » en invitant à se soumettre à ce que l'instinct nous commande, Thoreau ouvre une nouvelle page dans sa vie afin d'écrire un nouveau texte.

La tuberculose, malheureusement, ne nous permettra pas de voir aboutir ce moment second dans la vie du philosophe : moins égotiste, plus communautaire, moins solipsiste, plus collectif, il liait l'homme des bois à celui des prisons, il constituait la belle figure d'un être à la fois auteur de *Walden* et de *La Désobéissance civile*, deux livres majeurs dans l'histoire de la philosophie, l'un faisant songer aux *Essais* de Montaigne, l'autre au *Discours de la servitude volontaire* de son ami La Boétie. Mais, même inachevée, cette période intellectuelle est grandiose. La pensée existentielle libertaire se double d'une pensée politique libertaire. Thoreau montre comment l'individu est la mesure de l'idéal, la vérité à construire et, ensuite, il raconte comment cette subjectivité peut prendre place parmi les hommes : du côté de la vérité, donc de la justice. Ou : de la justice, donc de la vérité. La même vérité que celle de Walden.

61

Une pensée politique majeure. Les grands textes politiques sont souvent brefs : *Le Prince* de Machiavel, le *Discours de la servitude volontaire* de La Boétie, le *Manifeste du parti communiste* de Marx. *La Désobéissance civile* n'échappe pas à la règle : une quarantaine de pages… Le livre paraît en 1849 et montre une conscience politique avant l'expérience de la forêt. La conversion n'est donc pas pour Thoreau l'occasion d'une seconde vie qui n'aurait rien à voir avec la première – genre conversion d'un athée à un ordre monastique –, mais celle d'un braquage du projecteur sur une préoccupation existant déjà depuis longtemps chez lui. Un changement de priorité, le passage au premier plan d'un souci qui existait déjà, certes, mais au second plan. Conversion conjoncturelle, donc, et non structurelle.

Les affaires Burns et Brown occasionnent ce changement de perspective. Le *Plaidoyer pour John Brown* (octobre 1859), puis *Les Derniers Jours de John Brown* (1860), enfin *Le Martyre de John Brown* (décembre 1860), rappellent l'épisode de la prison raconté dans

Walden (1854) et dans *La Désobéissance civile* (1849).
Dès lors, le pourfendeur de la philanthropie, le misanthrope revendiqué ressemble plus à un homme vivant
dans la douleur d'être au monde avec autrui que dans
une détestation viscérale et radicale de ce qui advient
à son prochain. Quand il s'arrête de marcher, Thoreau
milite, au sens noble du terme.

Voici, en substance, la pensée politique de Thoreau :
le meilleur gouvernement est celui qui gouverne le
moins et laisse les citoyens vivre à leur guise ; les
gouvernements exercent leur pouvoir non parce qu'ils
sont légitimes, mais parce qu'ils disposent du monopole de la contrainte légale : la police, l'armée, la prison, la caserne ; le respect de la loi passe après celui
de ce que notre conscience nous dicte : nous sommes
d'abord des hommes, ensuite des citoyens ; on se fait
toujours le complice de l'injustice en ne la dénonçant
pas ou en ne luttant pas pour son abolition ; ne pas
l'empêcher, c'est être autant responsable et coupable
que celui qui la commet ; l'Etat tient pour un ennemi
quiconque pense, réfléchit, juge avant d'obéir ; il
n'existe aucune bonne raison de composer avec un
gouvernement qui défend l'esclavage ; les pétitions,
voilà une bonne chose, mais l'insoumission civique,
c'est mieux : ne pas payer ses impôts, voilà une excellente façon d'exprimer son désaccord majeur, car la
collecte de cet argent est le seul mode sous lequel nous
apparaît l'Etat ; on doit transgresser les lois injustes ;
l'action d'un individu est le meilleur des contre-
pouvoirs face à un gouvernement inique ; nul n'est tenu
de tout faire seul, mais on doit au moins faire quelque
chose ; la minorité est incontournable lorsqu'elle joue
l'obstruction ; l'Etat ne pouvant emprisonner tous les

citoyens réfractaires, il lui faudra bien plier ; une fois
que l'Etat a renoncé à se battre, « la révolution est
accomplie »...

62

La radicalité militante. A cette époque, Thoreau
parle de « révolution pacifique ». Son discours s'inflé-
chit nettement quand il aborde le problème de John
Brown car, à ce moment, le philosophe justifie le
recours aux armes, légitime la violence et va jusqu'à
donner son aval au meurtre politique. Dans son *Plaidoyer pour John Brown*, Thoreau écrit en effet : « Je
n'ai envie ni de tuer ni de me faire tuer, mais je peux
imaginer que le temps viendra où l'un et l'autre seront
inévitables. C'est par des actes de violence quotidiens
que nous sauvegarderons la prétendue paix qui règne
dans la communauté. Il suffit de voir le matraquage et
les menottes de l'agent de police »...

Et plus loin, il vante les mérites de John Brown,
devenu sous sa plume une figure héroïque – un « ange
de lumière », un nouveau Christ, un transcendantaliste
même... Ensuite, il justifie les agissements violents de
la douzaine d'amis qui combattent avec lui, notamment
le meurtre de cinq colons esclavagistes désarmés...
Enfin, le philosophe revenu de sa polarisation sur sa
seule personne conclut : « En nous apprenant à mourir,
ces hommes nous ont en même temps appris à vivre. »

Nous sommes loin du contemplateur de la souris qui
grimpe sur son vêtement – sinon, dixit Emerson, du
serpent qui s'enroule le long de sa jambe... –, qui
médite en regardant des combats de fourmis ou en

voyant surgir de la table un ver qui avait attendu patiemment des dizaines d'années, niché au creux de la planche de sa table, avant de se déployer sous la lumière du soleil de Concord. Le végétarien qui refuse les excitants écrit des pages enflammées et défend un homme qui fait avancer ses idées les armes à la main. Voilà le philosophe de la nature devenu guérillero et héros intellectuel de la lutte contre l'esclavage.

63

Thoreau, anarchiste ? Faut-il pour autant enrôler Thoreau dans les rangs de l'armée anarchiste ? Les historiens de ce courant politique n'hésitent pas et l'intègrent aux grands noms de leur sensibilité entre Proudhon et Bakounine, ses contemporains. Or il n'existe chez lui aucun projet de société égalitaire, communautaire ou communiste. Il ne croit pas à la révolution sociale, encore moins socialiste, et en appelle bien plutôt à une révolution spirituelle. Nulle part il n'esquisse une société idéale. Son souci n'a jamais été la communauté. Il reste un individualiste forcené.

Lui-même fait savoir qu'il ne milite pas pour l'abolition de l'Etat. S'il se trouve en prison, c'est explicitement pour protester contre la politique esclavagiste du gouvernement. Par ailleurs, il avoue payer ses taxes sur la voierie, comme tout bon citoyen et comme le bon voisin qu'il entend être. Dans *La Désobéissance civile*, il affirme même chercher des occasions de se conformer aux lois de l'Etat. Le même rebelle fait en un autre endroit de son texte l'éloge de la Constitution, des lois, des tribunaux, de l'Etat, et même du gouvernement. Ce qui, convenons-en, brosse le portrait d'un drôle d'anarchiste. En conclusion, Thoreau avoue son aspiration : « Un Etat encore plus parfait et glorieux ». Anarchiste, vraiment, l'homme qui vise la perfection et la gloire de l'Etat ?

Thoreau n'est pas un anarchiste, parce qu'il est libertaire : le premier croit aux idéaux progressistes du XIXe siècle ; il communie dans la religion optimiste de l'homme naturellement bon qu'une société nouvelle rendrait culturellement supérieur ; il imagine qu'une révolution sociale induirait automatiquement une révolution spirituelle ; il croit à la possibilité du paradis sur terre et à l'éradication de toute négativité grâce à la magie d'un nouvel ordre économique ; il pense qu'un jour l'armée, la prison, la police, l'autorité, l'ordre, la discipline, la hiérarchie, le travail, le salariat, l'exploitation, le racisme disparaîtront par l'effet de la baguette magique d'une révolution populaire soudaine, fraternelle et généreuse...

Le second ne sacrifie pas à cet idéal d'enfant. Le libertaire Thoreau a les pieds sur terre, il ne rêve pas, il connaît le réel, il a passé les trois quarts de sa vie à l'examiner à la loupe. Le libertaire ne met rien au-dessus de sa liberté : à Walden, il vit sans contraintes et s'est organisé la vie adéquate. Dans son combat pour le Capitaine John Brown, il agit selon les mêmes principes : il ne veut pas que l'Etat fasse de lui un collaborateur de ses agissements iniques. Donc, il prend parti pour les rebelles.

Sa détestation de l'Etat n'est pas viscérale, radicale et catéchétique, ou affaire de dogme, comme chez les anarchistes ; il combat l'Etat si, et seulement si, il se met en travers de sa route en empêchant l'expansion de sa liberté – comme dans le cas de l'invitation à dénoncer les esclaves fugitifs. Sa lutte est *conjoncturelle* et non *structurelle* comme chez les anarchistes, si proches en cela (s'en rendent-ils compte ?) des libéraux. Cette lutte conjoncturelle définit la spécificité du libertaire et marque la différence avec l'anarchiste.

64

Une ultime allégorie. Thoreau, on le sait, aimait s'exprimer par images, symboles, allégories, paraboles. Lui qui célèbre la petite maison au bord du lac entretient également d'une autre maison à laquelle il songe ; elle pourrait fonctionner comme le canevas d'une organisation idéale sociétaire et communautaire… Sa bicoque de treize mètres carrés ne peut accueillir que sa petite personne et deux ou trois amis. Mais il se laisse aller au rêve d'un genre de maison primitive, construite dans un âge d'or, et qui pourrait bien constituer le lieu d'une utopie possible…

Cette maison, donc, serait plus grande et plus peuplée que sa cabane – on respire… Elle serait constituée de matériaux solides et l'ornement, la fioriture y seraient bannis. Elle n'aurait qu'une seule pièce, vaste. Cette salle primitive, rude et solide, n'aurait ni plafond, ni plâtrage. Les poutres seraient nues et retiendraient une « sorte de ciel » au-dessus de la tête afin d'abriter des intempéries. Profonde comme une caverne, il faudrait y entrer avec une torche au bout d'un pieu pour apercevoir le toit.

Dans cette maison, les uns vivraient au coin du feu,

les autres dans l'embrasure d'une fenêtre, ou sur des bancs. Ceux-ci se trouveraient bien à un bout de la salle, ceux-là à son extrémité. Si tel ou tel avait envie de vivre comme une araignée, il pourrait vivre sur les poutres si cela lui chantait… On y viendrait quand on voudrait, parce qu'on est fatigué et qu'on souhaite s'y reposer, ou pour se laver, manger, dormir, converser. Un asile pour tous. Les objets seraient accrochés à des patères, visibles. Chacun pourrait s'en servir selon ses besoins. Cette pièce unique serait à la fois cuisine, office, salon, chambre, resserre, grenier. La cheminée réchaufferait le voyageur ; le four cuirait le pain qui embaumerait la pièce ; un ragoût bouillonnerait dans la marmite. Dans cette maison, tout est visible, clair, transparent. Personne ne cache rien à personne. On peut en visiter tous les recoins. Habituellement, l'hospitalité consiste à enfermer son hôte dans une pièce réservée à cet effet et à lui interdire tout le reste. Là, tout serait à tous et chacun pourrait aller et venir à son gré, selon son caprice. Thoreau avec ses vieux habits raccommodés pourrait y rencontrer un roi ou une reine qui y vivraient en toute simplicité…

N'est-ce pas le lieu d'une communauté idéale, d'une utopie qui s'organiserait selon les vertus prônées et incarnées par Thoreau : simplicité, austérité, fonctionnalité, vérité, authenticité, frugalité, sobriété, sincérité ? A quoi on pourrait ajouter : félicité, liberté, bonheur, quiétude, bien-être. La maison idéale primitive comme métaphore du politique : un genre de société naturelle, celle d'avant l'âge de fer qui se termine avec nous, délitée, pulvérisée, décomposée. Nul doute que dans un pareil endroit, dans un tel dispositif hédoniste, chacun pourrait être « le seigneur de son royaume ».

II

Schopenhauer
et « la vie heureuse »

1

La cour des Miracles. On le sait plus précisément depuis que Nietzsche en a fait la théorie dans la préface du *Gai Savoir*, la philosophie d'un auteur se confond toujours avec son autobiographie, elle renvoie à des impuissances, des forces, des manques, des richesses, elle s'appuie aussi sur des émotions d'enfance et toute une série de causalités sombres et mystérieuses à partir desquelles un être se constitue comme il est.

Mais avec Schopenhauer, cette hypothèse se vérifie plus que chez tout autre : sa pensée tragique paraît une confession de ses douleurs personnelles, une tentative de sublimer des souffrances existentielles et un essai pour transformer ses peines d'enfant et d'adolescent, sinon ses difficultés de jeune adulte, en pensée cohé-rente et en système philosophique. Avec le chaos d'années pénibles il compose une vision du monde qui se présente comme une œuvre d'art, un genre d'opéra romantique avec une basse continue, et un enchevêtrement de leitmotive – bien avant *L'Anneau du Nibelung* du schopenhauérien Richard Wagner…

Dans la biographie d'Arthur Schopenhauer, le philosophe classiquement dit « du pessimisme », on trouve en effet une famille pathogène avec, du côté paternel, deux oncles internés, une grand-mère folle, un père dépressif, alternant des périodes de violence inexplicables avec de longs temps de mutisme autiste pendant lesquels il ne reconnaît personne. Le géniteur d'Arthur est un être angoissé, suicidaire puis suicidé. Schopenhauer écrira souvent – l'un de ses nombreux leitmotive… – que le père transmet le caractère contre lequel on ne peut rien… Ou : comment on devient un penseur tragique.

A ce thème récurrent de l'origine héréditaire, il ajoute que la mère, elle, transmet l'intellect. Johanna fut une piètre épouse, une mauvaise mère, une femme hystérique, agressive et colérique, futile en diable, mondaine. Sa jeune sœur sera tentée plus d'une fois par le suicide, elle vivra toute son existence dans les jupes de sa mère, sans mari, sans amoureux, sans enfants, sans famille, laide et repoussée par tous. Ou : comment on devient un philosophe misogyne.

Mal parti dans l'existence, mal-aimé, donc mal-aimant, Schopenhauer se fait remarquer par ses professeurs, ses proches, ses camarades en jouant plus souvent qu'à son tour le rôle du personnage détestable : acariâtre, agressif, cynique, ironique, péremptoire, redresseur de torts, donneur de leçons. Il aima les femmes qui ne l'aimèrent point, fut abonné aux conquêtes faciles, aux servantes, aux soubrettes, aux demi-mondaines, aux actrices légères. L'Université ne lui fit pas fête, alors qu'elle célébrait Hegel plus que de raison. Ou : comment on devient un bougon misanthrope.

Le tragique, le misogyne et le misanthrope d'un être ne suffisent pas pour faire un philosophe de ce calibre. Il faut pour cela d'autres opérations existentielles mystérieuses dont rien ni personne ne sait pour l'instant percer le secret. Mais on voit bien la façon dont Schopenhauer fabrique sa théorie comme une machine de guerre pour vivre avec ces démons et tâcher de faire quelque chose de ce qu'on aura tâché de faire de lui – définition sartrienne de la construction d'une identité.

La philosophie de Schopenhauer propose une vision du monde pessimiste qui irradie d'un noir magnifique le gros volume intitulé *Le Monde comme volonté et comme représentation*. Mais, chose plus rarement dite, elle se compose également d'une lueur qui troue cette noirceur et empêche que la négativité emporte tout. La lecture des *Aphorismes sur la sagesse dans la vie*, une partie importante des *Parerga et Paralipomena*, un autre très gros livre, mais également celle d'un ouvrage méconnu et singulièrement négligé, *L'Art d'être heureux,* témoignent en ce sens… L'œuvre se compose donc de deux temps qu'il serait dommageable de dissocier. Car ces deux temps permettent au philosophe de penser un monde (tragique) tout en vivant une vie (heureuse).

2

Arthur le cosmopolite. Arthur Schopenhauer naît à Dantzig le 22 février 1788, l'année où paraît la *Critique de la raison pratique* de Kant. Son père, Heinrich

Floris, est négociant en gros, sa mère descend d'une famille de magistrats en vue. Vingt ans séparent le mari de sa jeune femme qui a dix-huit ans au moment du mariage. Un mariage qui n'est pas d'amour. Johanna entend profiter de sa situation d'épouse pour mener une existence de bourgeoise mondaine facilitée par la fortune accumulée par Heinrich Floris.

Le père envisage la naissance de son fils à Londres où, pense-t-il, la carrière du commerce se trouve facilitée par la nationalité anglaise. Le couple part donc pour la capitale. La future mère se réjouit de ce qui apporte un peu de piment à son existence monotone à l'ombre des entrepôts. Heinrich Floris semble mal supporter le climat de Londres et son perpétuel brouillard qui le déprime. On le voit sur les quais du port essayer un fauteuil arrimé à des câbles, avant d'inviter sa femme à y prendre place afin de la hisser sur le bateau qui les ramènera d'outre-Manche. Tout le monde se moque de lui y compris sa femme.

Le négociant avait lu Rousseau et voulait faire de son fils un citoyen du monde. Dans cette perspective, il le nomme Arthur, parce que ce prénom se prononce à peu près de la même manière dans la plupart des langues d'Europe. Le souci du passeport anglais et la naissance sous les auspices cosmopolites ne trompent pas : Heinrich Floris destine Arthur à son entreprise de négoce. Pas besoin dès lors de longues études inutiles. Le primaire suffit. Schopenhauer a consenti à la volonté de son père.

En 1797, il a neuf ans, une sœur prénommée Adèle arrive dans la maison. Cette année-là, il voyage avec son père à Paris et au Havre où il reste seul deux années en pension. La famille qui l'héberge l'entoure d'affection, il se lie d'amitié avec le jeune garçon de la maison, il apprend très vite le français, oublie son allemand, écrit à ses parents, puis rentre à Hambourg dans le foyer familial où, à douze ans, il découvre sa sœur...

A défaut d'école secondaire, l'éducation passe par un voyage en Europe. Dès l'âge de quinze ans, le jeune garçon se retrouve sur les routes avec ses parents et sa sœur : Allemagne, Hollande, Angleterre, France, Silésie, Suisse, Autriche. Il commence un *Journal de voyage* dans lequel il montre une belle capacité à observer le monde et à le décrire. En fin de cahier, il invente le guide gastronomique et donne des appréciations sur les auberges où sa famille est descendue. Sa prose simple va droit au but. Elle sera la même dans son œuvre philosophique : efficace, élégante, directe.

3

Pendus, sourds et muets. Dans son *Journal de voyage*, Schopenhauer ne se contente pas de noter les auberges ou de raconter le détail du quotidien de chaque déplacement. Il raconte le sublime qui l'étreint à la visite de l'Hôtel de Ville à Paris, les spectacles auxquels il se rend, le matin il assiste à la pendaison de trois hommes, le soir un spectacle de ventriloque. Ailleurs il raconte un zoo, un jardin des plantes. A Amsterdam, dans une boutique de porcelaines, il tombe sur une figure de Bouddha qui, dit-il, obtient un sourire du regardeur même s'il est de mauvaise humeur. Au Louvre, il voit la tapisserie de la reine Mathilde, la trouve mal exécutée et conclut à son authenticité. A l'Opéra, il remarque Bonaparte dans la salle.

Sébastien Mercier, l'auteur du *Tableau de Paris*, sert de guide à sa famille dans la capitale française. Le jeune garçon se trouve dans le public lors du passage en revue des troupes aux Tuileries, le lendemain il rencontre Bonaparte au théâtre une seconde fois. A l'Institut des sourds-muets, il assiste à une leçon publique de l'abbé Sicard et détaille dans son journal la méthode qui permet au prêtre d'enseigner la communication par gestes. En Suisse, il se rend à l'Institut Pestalozzi et étudie de près cette nouvelle façon pédagogique d'apprendre sans l'aide de la mémoire. A Vienne, il s'intéresse aux gemmes du cabinet de minéralogie de l'empereur, puis de là se rend aux salles où se trouvent les collections d'animaux. Dans la ville de Mozart, il juge mauvaise une représentation de *La Flûte enchantée*…

Dans toutes les villes, il visite les monuments, va dans les musées, se rend au spectacle : l'adolescent construit là sa vision du monde. Rien dans son journal ne transpire la douleur, la souffrance, l'ennui. Rien qui montrerait une mésentente entre son père et sa mère, absente de ses notes – une fois elle est malade, il sort en ville avec son père. A cette époque de sa vie – quinze ans –, il engrange des connaissances qui se retrouveront convoquées dans *Le Monde comme volonté et comme représentation* : la musique et le théâtre, l'architecture et la peinture, le *Laocoon* et Raphaël, la minéralogie et les sciences naturelles, Mozart et Rossini. Et toujours nulle trace de mélancolie.

Deux moments comptent également dans la formation intellectuelle et spirituelle de Schopenhauer : la visite du bagne de Toulon, où s'entassent six mille galériens, et l'ascension de quelques sommets des Alpes. Car il y puisera deux métaphores vives pour sa pensée : celle de la misère de la condition humaine et de la nécessaire pitié ; celle de l'altitude, des sommets et du sublime consolateur offert par le spectacle de la nature. Le sublime en remède à la misère, option romantique à souhait.

4

Galériens et glaciers. Dans les *Pensées*, Pascal usait d'une image violente et parlante pour raconter la misère de l'homme sans Dieu : des hommes enchaînés condamnés à mort voient chaque jour un geôlier prélever l'un d'entre eux pour l'égorger à la vue des autres, puis il repart et revient le lendemain pour, au hasard, trancher la gorge d'un autre… Chacun regarde ses compagnons d'infortune avec douleur et sans espoir, attendant son tour qui ne manquera pas de venir. Voilà, nous dit Pascal, la condition humaine.

Schopenhauer, ce Pascal sans Dieu, visite donc l'arsenal où les galériens sont affectés aux travaux les plus pénibles. Ces bateaux désaffectés sur lesquels ils travaillent valent la prison ou le cachot pascalien : répugnantes de saleté, les galères n'offrent au malheureux qu'une planche d'infortune qui lui sert à s'asseoir pour ramer, dormir, ou manger une pitance infâme. Attachés entre eux, les fers aux pieds, traités comme des bêtes de somme, ils purgent là une peine pour un quart de siècle sans espoir d'un adoucissement de leurs conditions de détention. Seule la mort les libère. La souffrance, la douleur et la mort comme libération : voilà un raccourci de ce qui attend les hommes depuis toujours et pour toujours…

Par ailleurs, Schopenhauer rapporte quelques sorties en montagne, des ascensions, des spectacles magnifiques une fois les sommets atteints, et l'état de béatitude dans lequel se trouve le marcheur affranchi de lui-même, fatigué, certes, mais tout entier dans la jouissance du spectacle d'une vallée, d'un ciel pur, d'un coucher de soleil, d'une ligne de crêtes aperçue au loin. Nombre de scènes vécues sur le chemin du gravissement des montagnes marquent son esprit : cascades qui se précipitent dans des ruisseaux, reflets des montagnes sur la surface lisse de l'eau d'un lac, torrent qui roule des rochers, ravins sans fond et cascades écumantes, cimes perdues dans les nuages, sommets neigeux, chemins escarpés longeant des précipices, forêts de sapins noirs aperçues en contrebas, neige sur les pitons, vacarme des cataractes, lumières des arcs-en-ciel, fonte des neiges, crevasses des glaciers, neiges éternelles, blanc bleuté des glaces, monticules laissés par les avalanches, ruisseaux de glace fondue, vallée au clair de lune, ciel parsemé d'étoiles, montagnes transformées en murailles qui, la nuit, cachent la moitié du firmament – et puis la qualité du silence…

En juillet 1796, Hegel avait lui aussi expérimenté le sublime des montagnes et raconté ses impressions dans un *Journal de voyage dans les Alpes bernoises*. L'exercice pouvait ressortir à la pratique touristique – dont c'étaient les débuts –, mais également à l'expérimentation philosophique du sublime. La montagne apparaît comme le lieu de la pureté préservée, l'anti-civilisation. Lieu de la simplicité, de la vérité, de l'authenticité. Cette pensée débouchera sur une lecture de la montagne qui, via le Martin Heidegger du *Chemin de campagne* et le national-socialisme, confisquera l'imaginaire montagnard à des fins *politiques*.

Pour sa part, Schopenhauer use de la montagne en *romantique* que le sublime fascine. Il expérimente cette époque de son existence comme un moment de grâce. Sans le savoir, il vit les meilleures années de sa vie. Son *Journal de voyage* ne contient aucune trace de pessimisme. Sa rencontre avec les montagnes lui fournit les sensations avec lesquelles il produira plus tard sa théorie de la contemplation esthétique, notamment du sublime, comme consolation à la misère des hommes dans le monde. Le glacier comme antidote aux galères...

5

La rude promesse. Le voyage se termine, il a duré presque un an et demi, du 3 mai 1803 au 25 août 1804. Schopenhauer a donc appris dans le grand livre du monde, ce qui vaut bien les sornettes débitées dans les écoles, sinon plus... Il a appris des langues et lira par la suite dans le texte, méprisant les traducteurs et les intermédiaires – ne parlons pas des gloses universitaires ! –, les auteurs qui le marquent : Shakespeare, Gracián, Helvétius, Chamfort... Il a vu des peintures de maîtres dans les plus grands musées européens. Il a assisté à des spectacles : théâtre classique et pièces de boulevard, concerts et opéras. Il s'est physiquement mesuré aux grandes architectures des capitales des vieilles nations. Il a vu la diversité des peuples et des coutumes, observé leur relativité en traversant les pays. Il a été témoin de la misère de son temps – pendaisons londoniennes, bagne toulonnais, pauvreté bordelaise. Le voilà averti du monde, du meilleur comme du pire. Retour à Hambourg, il a quinze ans.

Les vacances terminées, le travail reprend ses droits. Heinrich Floris souhaite que son fils, désormais informé de la véritable marche du monde, se mette à l'ouvrage et entre comme apprenti chez l'un de ses collègues négociants en gros. Arthur a promis à son père qu'il embrasserait la carrière du commerce, mais sans préciser que ce serait contre son gré : dans son for intérieur, Schopenhauer aurait aimé s'engager dans la voie des études scientifiques. Le père choisit. La mère dira plus tard que son propre avis comptait pour rien et que le destin de son fils engagé sur la voie du négoce relevait uniquement de la décision du chef de famille.

Le père l'abreuve de recommandations et remplit sa correspondance avec lui de conseils pour devenir un bon commerçant. Schopenhauer dissimule des livres dans ses cahiers de comptes et préfère la compagnie des auteurs anciens à celle de son patron et de ses employés. Sous de faux prétextes, il s'absente de la manufacture pour aller suivre les cours de phrénologie de Gall. La physiognomonie l'intéresse depuis longtemps. Dans son *Journal de voyage*, il remarque que le faciès des galériens offrait une excellente base de données pour une analyse morphopsychologique...

Faut-il s'étonner qu'à cette époque, tenu par une promesse faite contre son gré, Schopenhauer manifeste les premiers signes d'un dégoût de l'existence ? Comment en effet vivre en harmonie et en paix avec soi, les autres et le monde si l'on rêve de pénétrer les mystères de la nature et qu'on se voit contraint de passer sa vie le nez dans des cahiers de comptes à tâcher de gagner le plus d'argent possible en vendant tout et n'importe quoi ? Quel adolescent – Schopenhauer a seize ans – peut se trouver bien dans sa peau quand il se voit engagé dans une carrière qu'il exècre et imagine qu'il en ira ainsi pour le restant de son existence ? Cette rude promesse faite d'obéissance au père et de renoncement à soi place la vie sous de sinistres auspices…

Vers l'âge de dix-sept ans, il confie qu'il a compris, comme Bouddha, que la misère, la maladie, la souffrance, la vieillesse, la mort constituent le fond de toute existence et que, derrière ces vérités-là, cruelles et tragiques, il ne saurait y avoir de Dieu bon, voire de Dieu tout court. Schopenhauer parle très clairement de la religion chrétienne comme d'une mythologie, d'un ramassis de fables et de faussetés, puis il s'emporte contre les « dogmes juifs », autrement dit la vision judéo-chrétienne du monde.

6

L'aubaine d'un suicide. Un drame va le libérer de sa promesse : il devra sa liberté recouvrée, et la possibilité d'un réel avenir selon son choix, au suicide de son père retrouvé mort noyé dans le canal derrière ses entrepôts. Ce 20 avril 1805, à cette heure matinale de la journée, Heinrich Floris n'a aucune raison de se trouver dans l'endroit où l'on retrouve son corps. La chose ne se dit pas sur le moment, elle remontera plus tard sous forme de reproches faits à sa mère : son père a bel et bien volontairement mis fin à ses jours. Le fils entre dans la vie réelle en payant le prix fort de la mort de son père. Culpabilité assurée…

Depuis quelque temps, Heinrich Floris accumulait les signes inquiétants : une mauvaise jaunisse qui traîne, des comptes dans le rouge depuis le retour du voyage en Europe, la recrudescence des périodes dépressives, un amoindrissement physiologique évident, de longues stations de prostration dans un fauteuil pendant lesquelles il ne reconnaît pas les gens, sans parler de la vacuité de son couple, le passage du cap des cinquante-cinq années se présente mal.

Pendant ce temps, sa femme Johanna continue à s'activer dans une vie mondaine comme si de rien n'était. Alors que le père s'effondre progressivement, se décompose et s'achemine doucement mais sûrement vers la sortie, elle donne des fêtes et s'amuse, tandis que dans la chambre voisine quelqu'un s'occupe des souffrances du vieillard prématuré. Schopenhauer ne pardonnera jamais à sa mère l'indignité de son comportement à cette époque. A la mort du père, il vient d'avoir dix-huit ans.

Bien avant le décès de son mari, Johanna prenait son fils à témoin dans des lettres où, nonobstant son âge et son statut de fils, elle lui confiait son ennui, le manque d'intérêt de sa vie, son renoncement et le sacrifice de son existence auprès de Heinrich Floris, le tempérament insupportable de son époux, sa vie éteinte… Autant dire que, dépourvue de tact ou de délicatesse, ici comme ailleurs, elle manifeste sa joie recouvrée une fois le veuvage venu. L'épouse éteinte devient alors une veuve joyeuse, dont la joie ne cessera d'augmenter les mois passant…

Fidèle à sa parole donnée au père, désormais lié à elle par-delà la mort, Schopenhauer continue son apprentissage. Sa vie mutilée le rend exécrable. Son existence fragmentée, morcelée, d'apprenti négociant qui néglige les factures pour dévorer les grands auteurs, lui pèse. Cette schizophrénie le rend acariâtre, agressif. Il reporte son mécontentement de soi sur le monde qui l'entoure et en veut à la planète entière. Ses lettres abondent en remarques désabusées, désespérées. A quoi bon ce destin contre lequel on ne peut plus désormais lutter sans se parjurer ?

Pendant que le fils souffre de ces tiraillements existentiels – parents de ceux d'un Kierkegaard qui publiera bientôt *Le Concept de l'angoisse* (1844) –, la mère ne s'embarrasse d'aucun scrupule : quatre mois après l'enterrement, elle vend la maison familiale, brade le fonds de commerce, trouve un appartement à Weimar, déménage, laisse son fils seul à Hambourg, emporte sa fille avec elle, et inaugure un salon mondain dans lequel elle invite la bourgeoisie locale autour d'une tasse de thé et de petits gâteaux. La veuve rit, virevolte, montre sa gaieté, irradie... La mort de son mari nourrit sa joie de vivre.

Un an plus tard, Schopenhauer détaille à sa mère sa vie de souffrances derrière le comptoir. Il aimerait reprendre ses études. Johanna évite une réponse claire et nette, immédiate. Plaisir de jouir d'un pouvoir dont on diffère l'usage afin de mesurer sa pauvre petite puissance... Un autre courrier contenant une demande réitérée vaut au fils une réponse qui change soudainement toute son existence. Johanna donne son accord et le libère de la promesse faite au père. Elle le délie du serment, certes, mais il lui devra une liberté qu'il n'aura pas su conquérir par lui-même, et un être qui reçoit fait toujours payer à son bienfaiteur le cadeau qu'il lui fait... Pleurs de joie d'Arthur qui rend son tablier sur-le-champ. La vie du fils commence elle aussi avec la mort du père.

7

Un dandy glacial. Pour faire bonne mesure à cette libéralité consentie à son jeune garçon de dix-neuf ans, Johanna prend soin de préciser que, s'il veut reprendre les études, c'est d'accord, mais pas à Weimar où elle habite désormais. Arthur à Hambourg, voilà une bonne chose. Loin d'elle, la chose lui convient ; sous son toit, il n'en est pas question. Schopenhauer aura raison d'écrire à de multiples reprises que le caractère d'un être lui est donné pour la vie entière et que rien ne saurait le changer. Johanna donnera maintes variations sur ce thème du refus de son fils tant qu'il lui restera un souffle. Le dernier exhalé, elle trouvera encore le moyen de lui nuire post mortem en le déshéritant…

Pendant qu'elle prend soin de le tenir à distance de son domicile, Johanna remplit ses lettres de demandes intéressées : elle veut des colifichets, des produits, des habits, des chapeaux et demande à son fils qu'il se mette en devoir de lui trouver tout ça, d'essayer les chapeaux sous prétexte qu'ils ont le même tour de tête – au moins un point commun… –, et d'envoyer le tout par colis dans les meilleurs délais. Dans ses lettres, elle ne manque pas d'accabler le père pour harceler le fils auquel elle assène qu'il lui doit son caractère difficile.

Schopenhauer quitte Hambourg et entre au lycée de Gotha pour une remise à niveau facile à obtenir. Ses connaissances accumulées en histoire, géographie, langues, beaux-arts le dispensent d'assister à un certain nombre de cours. Sarcastique, ironique, cynique, pratiquant un humour grinçant, il plaît à quelques-uns de ses camarades aux yeux desquels il passe pour un dandy glacial. Plus riche et plus cultivé que certains de ses professeurs, il en remontre parfois à tel ou tel devant la classe... Un poème qui moque l'un d'entre eux arrive sur le bureau de la direction. Les enseignants se liguent contre lui et refusent de lui prodiguer leurs cours. On le renvoie.

Johanna voit d'un mauvais œil l'éviction de son fils : non pas pour lui et son avenir, dont elle se moque, mais parce qu'elle craint de le voir rappliquer à Weimar où elle n'a pas du tout envie de partager quoi que ce soit avec lui. La correspondance est tendue, les rapports agressifs, les relations personnelles sous le même toit, lors de rares visites, s'avèrent à chaque fois des catastrophes qui se terminent par des cris, des portes qui claquent, des invectives et des menaces...

Elle lui reproche d'être vindicatif, chicaneur, railleur, de toujours vouloir avoir raison, d'entreprendre des polémiques sans fin avec les invités de ses soirées, de lui gâcher toutes ses relations masculines, de saboter ses repas, d'agresser ses hôtes, de chercher la petite bête... A quoi elle ajoute que son caractère tragique, pessimiste, négatif, catastrophiste lui noircit les sangs et qu'elle a un mal fou à se remettre de la moindre de ses visites...

Il insiste pour venir à Weimar afin de tâcher d'obtenir tout de même son baccalauréat. Elle renâcle mais finit par accepter en posant ses conditions : d'accord, mais il vivra dans son propre appartement ; il pourra la visiter, mais dans un strict cadre quotidien de deux heures, entre treize et quinze ; il pourra également venir les

autres jours, pourvu que ce soient ses jours de réception
et à la condition expresse de ne faire aucune remarque
ou aucune objection ; il pourra rester à dîner parfois,
pourvu qu'il ne se lamente pas sur « le monde stupide
et la misère humaine ». Sous ces conditions, sa venue
à Weimar est envisageable… Le 23 décembre 1807, il
a dix-neuf ans, Schopenhauer arrive dans la même ville
que sa mère. Il prend des cours particuliers et décroche
bien évidemment son baccalauréat.

8

Epicure, le Kant de la raison pratique. En 1809, il
entre enfin à la faculté de médecine de Göttingen. La
mère cesse de lui verser une pension à partir du capital
laissé par le père car, devenu majeur, il hérite de sa part
en propre – qu'elle continue pourtant d'administrer. Son
fils en jouit à la manière d'un philistin, une notion qu'il
développera plus tard pour la fustiger – en connaissance
de cause, donc… – et qui caractérise l'hédonisme bourgeois : goût des beaux équipages de chevaux, passion
des soupers fins, habitude des soirées mondaines, et tout
l'attirail du train de vie dispendieux…

Johanna refrène les ardeurs dépensières de son fils.
Elle craint la dilapidation de l'héritage. Elle lui enjoint
de songer à son avenir et lui représente sa propre fin
de vie, qu'elle passera chez lui et chez sa bru, entourée
des enfants qu'il n'aura pas manqué de lui donner…
En retour à cet inepte courrier, le fils s'inquiète lui
aussi des dépenses somptuaires de sa mère. Tout
comme il lui avoue voir d'un mauvais œil les hommes

qui se trouvent dans son entourage. Il craint lui aussi la dilapidation de l'héritage...

Entre deux plaisirs consentis au corps, il lit Platon et Kant, deux secousses intellectuelles d'importance qui ravissent d'autres parties de sa chair. Ces deux amours de jeunesse joueront, dit-il, un rôle majeur dans l'élaboration de sa propre pensée, mais c'est bien plutôt en pillard effronté, sinon en dandy glacial, qu'il empruntera à tel ou tel une série de concepts pour les enrôler dans le régiment de sa pensée, qui déborde Platon et le platonisme aussi bien que Kant et le kantisme !

En 1810, dans un cahier de notes, il écrit : « Epicure est le Kant de la raison pratique, comme Kant est l'Epicure de la raison spéculative. » Une phrase qui fera bondir les fonctionnaires de la philosophie qu'il détestait tant, mais qui montre à l'œuvre la singularité d'une pensée qui se constitue et se fraie un chemin en empruntant à l'histoire des classiques de la philosophie pour tracer un sentier réellement personnel. A vingt-deux ans, Schopenhauer formule l'aphorisme qui résume sa vie et son œuvre. Le restant de son existence, il se contentera de la commenter...

Car on trouve en effet, dans cette phrase inattendue, la vérité de l'articulation de la vie et de l'œuvre, de la théorie du philosophe et de sa pratique, de sa pensée et de son action : la vision du monde du penseur, autrement dit le produit de la raison spéculative, débouchera dans la noirceur sidérale du *kantisme* du *Monde comme volonté et comme représentation* ; la pratique effective de l'homme s'appuiera sur l'« eudémonique » (sic) d'un *épicurisme* revendiqué comme tel dans *L'Art d'être heureux*, un inédit qu'on a tort d'oublier, mais aussi dans *Aphorismes sur la sagesse dans la vie*, un chapitre important des *Parerga et Paralipomena*.

9

Philosopher au pistolet. Schopenhauer suit les cours de Fichte à Berlin (1811). D'abord enthousiaste à l'idée de rencontrer un philosophe dont on parle et qui a défrayé la chronique ; puis intimidé dans l'amphithéâtre ; lucide ensuite quand il assiste aux verbigérations du philosophe ; moqueur, pour finir, et se lâchant totalement contre le charlatan, le poseur, le démagogue, l'illusionniste de l'idéalisme allemand. La charge contre le « sophiste » annonce celle qu'il mènera bientôt contre Hegel…

Faut-il le prendre au mot quand il affirme avoir voulu tuer Fichte ? Figure de style, effet de rhétorique : il dit en effet qu'à l'issue de ce cours, il eut envie de lui mettre un pistolet sous la gorge et de lui demander : « Tu dois mourir maintenant sans pitié : mais pour l'amour de ta petite âme, dis-moi si tu as pensé quelque chose de clair dans ce charabia ou si tu t'es simplement moqué de nous ? » Schopenhauer ne prit pas le risque d'autre chose que de cette belle image, qui inaugure le western philosophique dans lequel il jouera le justicier poursuivant sans relâche les bandits du concept, les canailles de l'obscurité, la pègre de l'enfumage verbal…

Dans les marges de son exemplaire de la *Doctrine de la science*, on trouve des exclamations du genre « folie furieuse », « bavardage dément ». Ou encore un âne aux grandes oreilles joliment dessiné à la plume… Il quitte le cours de Fichte et commence à nourrir une saine colère contre les philosophes qui ajoutent de l'obscurité au monde. En ce sens, lui qui écrivait « la lumière est la plus réjouissante des choses qui soit », peut être entendu comme *un penseur des lumières romantiques* qui lutte *contre l'obscurantisme de l'idéalisme allemand*, ce roman philosophique creux cachant sous des mots ronflants qui font illusion les ridicules petites pensées de l'idéologie dominante, autrement dit chrétienne.

10

Une philosophie de dentiste. Après une énième fâcherie avec sa mère, Schopenhauer quitte Weimar pour une petite auberge de Rudolstadt où il s'enferme trois mois, de mi-juin à mi-novembre 1813, pour rédiger sa thèse de philosophie. Dans le concert à l'unisson de l'idéalisme allemand, il entend bien faire entendre une voix discordante, du moins une autre mélodie, la sienne. Le combat passe par autre chose que des invectives et des insultes, même s'il y excelle, et nécessite la proposition d'une théorie à opposer aux nébulosités des Fichte, Hegel et consorts. D'où l'intérêt pour lui de se munir d'un passeport pour l'université sous la forme d'un diplôme. Il a vingt-cinq ans et rédige *De la quadruple racine du principe de raison suffisante.*

A cause de la guerre avec les armées napoléoniennes, et du désordre induit dans l'administration universitaire, il obtient son grade de docteur sans l'épreuve de la soutenance. Les félicitations du jury lui sont accordées. Il fait imprimer à ses frais cinq cents exemplaires de son travail et les envoie à quelques-unes de ses connaissances, dont l'ancien négociant en gros chez qui il fit son essai d'apprentissage… Le 5 novembre 1813, Schopenhauer revient chez sa mère.

Depuis son veuvage, Johanna a multiplié les fêtes et les occasions de plaisir. Goethe vient à son salon, il en profite pour ignorer superbement Schopenhauer alors qu'il accorde volontiers sa conversation à sa sœur Adèle. La maîtresse des lieux est devenue auteur à succès et, pendant une dizaine d'années, elle tient le haut du pavé médiatique avec ses récits de voyage – dans lesquels elle recycle le journal de son fils… – et des romans vaguement cryptés, dans lesquels elle met en scène des jeunes filles mal mariées qui se morfondent auprès de leur époux tout en dépensant l'argent qu'il rapporte à la maison…

La jeune femme qui, jadis, avait épousé un vieux monsieur entretient désormais une relation avec un homme de douze ans son cadet. Ils mélangent leurs textes, elle intègre quelques-uns de ses poèmes dans ses romans, ils travaillent ensemble, et l'on voit beaucoup le monsieur à la maison, ce que Schopenhauer supporte mal. Il s'arrange, on s'en doute, pour pourrir l'atmosphère en multipliant les occasions de conflits avec la mère et son prétendant.

Avisant un jour *De la quadruple racine de raison suffisante* sur une table, Johanna dit à son fils : « C'est un machin pour les pharmaciens… » Il rétorque : « On lira encore cette œuvre quand on ne trouvera même pas dans un grenier un exemplaire des tiens. » Pas démontée, la mère répond : « Mais des tiens, on pourra y trouver l'édition tout entière »… Ce dialogue venimeux contient un certain nombre d'enseignements : la nature agressive de leur relation, évidemment ; la prescience à long terme du fils, lucide sur l'œuvre de sa mère ; celle de Johanna, également, mais à court terme, pour une trentaine d'années, car l'histoire compte désormais le nom de Schopenhauer pour majeur et celui de Johanna pour nul.

11

De la mère au goût du néant. Le 17 mai 1814, l'année de ses vingt-six ans, Schopenhauer reçoit une lettre de sa mère qui le congédie définitivement. Chassé de Weimar, il ne la reverra jamais… Elle mourra vingt-quatre ans plus tard, en 1838, l'année des cinquante ans du philosophe. Les pages misogynes qui parsèment son œuvre, sa pensée de l'amour, sa métaphysique de la stérilité, mais également son incapacité à connaître une véritable histoire d'amour pendant toute la durée de son existence s'enracinent dans cette relation entre une mère et son fils, la première infligeant la vie à un être qui n'a rien demandé et à qui on a fait savoir pendant le premier quart de siècle de son existence qu'il n'était pas plus désiré sur le principe que dans le détail de la vie quotidienne… Nietzsche dira vrai en écrivant dans *Humain, trop humain* : « Chacun porte en soi une image de la femme tirée d'après la mère : c'est par là qu'il est déterminé à respecter les femmes en général ou à les mépriser ou à être au total indifférent à leur égard. » Des pages que lira Freud, bien sûr…

Après Weimar, il s'installe à Dresde. Son comportement de rustre le fait remarquer et lui vaut une mauvaise réputation. Il arrive en retard au théâtre, grommelle, commente tout haut le jeu des acteurs, quitte la salle avant la fin, invective ceux qui, comme lui en d'autres occasions, sortent en cours de spectacle. Au restaurant où il prend quotidiennement ses repas, il intervient dans les conversations pour donner des leçons, redresser les torts, faire des remontrances.

On le voit régulièrement et ostensiblement déplier un gros billet de banque sorti de son portefeuille, et le placer devant lui sur la table. Il reste ainsi longtemps sans rien dire et finit par reprendre son billet, le replacer dans son portefeuille, se lever et quitter l'endroit. Quand un jour on lui demande ce que cache cet étrange rituel, il confie que tous les jours il se dit qu'il laissera le billet sur la table si dans les conversations il n'a pas été dit de mal de tel ou tel. Et que depuis des mois, il n'a jamais eu l'occasion de se défaire de son argent...

A cette époque, il entretient une relation avec une servante qu'il met accidentellement enceinte. Il arrange l'affaire en payant la future mère. L'enfant mourra quelque temps plus tard. C'est en même temps l'époque où, fâché avec sa mère, agressif avec les gens, insupportable avec le monde, gêneur avec tous, il découvre la philosophie indienne et l'idéal d'impassibilité du sage, l'ascèse intellectuelle pour fuir le monde, la pensée de la pitié universelle, le goût du néant, une sagesse qui le fascinera intellectuellement, mais qu'il évitera soigneusement de pratiquer...

12

Le grand œuvre. Dès 1815, il commence la rédaction de son grand œuvre : *Le Monde comme volonté et comme représentation*. L'ouvrage de ce jeune homme de vingt-sept ans – trente à la parution – contient toutes les thèses, toutes les intuitions, tous les thèmes de sa pensée. Ce qui viendra ensuite ne sera que des ajouts sans lesquels le livre tient de toute façon superbement. Les *Parerga et Paralipomena* n'ajoutent rien sur le fond, mais seulement sur la forme « populaire », une option philosophique possible à cette époque de l'histoire des idées. Tout est là, dans un seul volume.

Un éditeur accepte de publier le manuscrit. La correspondance montre un Schopenhauer sûr de lui et de son génie, certain que son œuvre ouvre une nouvelle page dans l'histoire de la philosophie et que ce livre générera des centaines d'autres livres. Il demande de l'argent et précise que la somme est ridicule vue l'importance de son talent. Il a des exigences en matière de tirage, de typographie, de papier, de correction d'épreuves, de dates de parution de l'ouvrage. Il impose que l'éditeur renonce à ses droits pour une seconde édition. Il prétend qu'il serait malvenu pour lui de jouer les modestes !

Une seconde lettre à son éditeur Brockhaus, datée du 3 avril 1818, lui permet de préciser qu'avec habileté le livre n'attaque pas de front le gouvernement, l'Etat ou les choses relevant de la religion, mais il avertit tout de même que « toute la philosophie qui s'y trouve exposée se meut dans une contradiction, nulle part explicite mais d'une évidence tacite et indéniable, avec les dogmes de l'enseignement judéo-chrétien ». De fait, nul athéisme ouvertement professé dans cet ouvrage, mais une vision du monde radicalement athée, une éthique et une politique sans Dieu, une ontologie et une métaphysique sans transcendance, une immanence totale et un monisme impossible à prendre en faute : une véritable machine de guerre lancée contre le christianisme…

Pressé de partir pour l'Italie, un voyage qu'il remet depuis qu'il est absorbé par l'écriture du *Monde*, il adresse à son éditeur des lettres qui témoignent de son énervement et lui demande d'envoyer bien vite les épreuves du livre : il veut une parution pour la foire de la Saint-Michel, autrement dit, il exige des délais extrêmement courts… Le premier jeu d'épreuves arrive. Les lettres du philosophe à son éditeur avaient été menaçantes, polémiques, exigeantes, cassantes et toujours pleines de son infatuation : livre considérable, droits d'auteur minables, nullement en rapport avec le contenu révolutionnaire du texte ou avec le temps passé à y travailler, etc.

Le livre paraît en janvier 1819. A cette époque, la banque dans laquelle les Schopenhauer ont placé leur capital s'effondre. Le philosophe, matois, a bien négocié avec l'homme d'argent qui, par ailleurs, a grugé la mère et la sœur auxquelles il a proposé des arrangements que Schopenhauer a repoussés. Bien lui en a pris : les deux femmes ont vu leur fortune considérablement amputée et le philosophe, rentier depuis son plus jeune âge, a pu continuer de s'adonner à une vie de loisir et d'écriture. Dans l'urgence, Schopenhauer quitte l'Italie pour rentrer en Allemagne.

Bonne nouvelle : Goethe a lu *Le Monde comme volonté et comme représentation* et fait savoir qu'il a apprécié. Jusqu'ici, les rapports entre les deux hommes n'ont jamais été véritablement bons. Dans le salon de Johanna, l'auteur du *Faust* ne remarque même pas le jeune homme. Au cours de l'année 1813, un Schopenhauer de vingt-cinq ans avait entrepris de discuter avec son auteur la *Théorie des couleurs* de Goethe. L'ancien avait consenti à un échange sur ce sujet, mais les formes prises par celui-ci n'avaient pas convenu au fougueux jeune homme. L'histoire n'alla guère loin. Mais cette fois-ci, les choses s'annonçaient sous de meilleurs auspices…

13

Une vie philosophique ? Muni de son doctorat et fort de la publication de son opus magnum, Schopenhauer entend déclarer la guerre à Hegel, l'étoile du moment dans le ciel philosophique des Idées. A l'université de Berlin, il propose un cours sur la totalité de l'histoire de la philosophie et ce – jalousie dérisoire… – pendant l'heure où Hegel donne son cours principal. Qu'à cela ne tienne, les choses se passent selon le désir de Schopenhauer, du moins pour le créneau horaire. Car, pendant que Hegel remplit un amphithéâtre de deux cents personnes, lui débite son cours devant cinq étudiants… Le semestre suivant, il met un terme à son enseignement. Echec cuisant qui donnera l'acidité et le fiel des pages des *Parerga* intitulées *Sur la philosophie dans les universités*.

Dans le secret de son intimité, Schopenhauer écrit des pages éthiques pour tâcher de mener une vie philosophique. Son souci d'une « eudémonique » l'accompagne assez pour qu'il emplisse régulièrement des cahiers sur ce sujet. La revendication d'une vie philosophique ne se trouve pas explicitement dans l'œuvre, mais elle transparaît tout de même en filigrane sur l'ensemble des mille cinq cents pages du *Monde*.

L'ontologie noire se double de consolations possibles
dans l'usage de la vie quotidienne. Une philosophie
empirique et pragmatique à visée existentielle se trouve
bel et bien dans le corpus de l'œuvre complète.

Pour autant, Schopenhauer prend soin de préciser
dans *Le Monde* que rien n'oblige le philosophe à vivre
dans une espèce de sainteté. Il trouve étrange qu'on
puisse demander à un penseur de pratiquer la vertu
qu'il enseigne et estime que le philosophe doit se
contenter de donner un tableau précis du mécanisme
du réel. Donner une description fine et précise du
monde, fournir les concepts de sa logique, voilà
l'essentiel. Nulle obligation n'existe pour le philosophe
qui, comme lui, enseigne la pitié et la nécessaire compassion à l'endroit de toute créature vivante par exemple de pratiquer effectivement ces vertus…

14

Les « trois salopes ». Une histoire célèbre dans la
vie de Schopenhauer montre qu'il fait souvent partie
des philosophes qui invitent à faire ce qu'ils disent
plutôt que ce qu'ils font. Car le théoricien de la compassion universelle a du mal avec une compassion
purement locale, en l'occurrence celle qu'il pourrait
manifester à une modeste couturière, Caroline Marquet ; avec deux copines, celle-ci se trouve installée
dans le couloir de son immeuble avec son ouvrage
alors que le philosophe, qui, par ailleurs, enseigne
l'excellence de la chasteté et de l'abstinence sexuelle,
attend la visite d'une jeune fille de dix-neuf ans qui

collectionne davantage les aventures amoureuses que les rôles du théâtre où elle vivote.

Disons-le dans les termes de la philosophie schopenhauérienne : le faux sage vantant les mérites de l'extinction de l'espèce par la célébration de la chasteté attend l'occasion de jouir de l'affirmation du vouloir-vivre, pendant que la couturière, disciple sans le savoir de Schopenhauer qu'elle n'a pas lu, empêche ce consentement à la Volonté de se manifester en obstruant le passage de l'incarnation phénoménale de la chose en soi sexuelle. En d'autres termes : la couturière empêche un moment de détente dans sa vie de méditation.

Dans une déposition faite à la police, le philosophe donne sa version : les trois femmes encombrent le couloir, elles n'en ont pas le droit ; il demande poliment qu'elles quittent l'endroit ; deux s'exécutent, pas la troisième ; il l'invite une nouvelle fois poliment à déguerpir et, la canne dans une main, offre son bras pour l'accompagner dehors ; elle refuse ; le ton monte ; il la sort sans ménagement, elle revient sous le prétexte de récupérer un objet oublié ; elle refuse à nouveau de sortir ; il la prend à bras-le-corps, la soulève, la porte dehors ; elle trombe sur le sol et perd sa coiffe ; invectives.

Il prétend ne pas l'avoir traitée de « vieille connasse » mais consent avoir une fois dit « vieille salope », ce qui change tout, effectivement... Caroline Marquet affirme qu'il l'a frappée avec sa canne, ses poings et ses pieds ; il récuse cette version. Un certificat médical atteste d'ecchymoses et d'une verrue arrachée. Il veut bien qu'elle se soit fait mal toute seule en tombant, mais argue qu'elle aurait pu éviter tout cela en obtempérant. Dans une lettre où il rapporte l'histoire, il parle des « trois salopes »...

Caroline Marquet porte plainte et donne de l'ampleur à l'affaire en revenant devant le tribunal et en expliquant qu'à la suite des coups, elle a perdu une partie de l'usage d'un bras. L'instruction de l'affaire dura cinq années. Le procès eut lieu. Les torts furent donnés au philosophe qui dut acquitter une pension versée jusqu'à la mort de cette dame. La couturière vécut encore vingt ans. Schopenhauer, qui était près de ses sous, eut toujours du mal à digérer cet épisode.

On lira avec un sourire amusé les pages du *Monde comme volonté et comme représentation* dans lesquelles Schopenhauer vante les mérites du sage dégagé du vouloir-vivre qui endure l'injure avec patience, manifeste une douceur inépuisable, rend le bien pour le mal, ne manifeste aucune colère, aucune haine, accueille toute offense, tout outrage et tout dommage comme une bénédiction, ne s'oppose pas à ce qu'on lui fasse tort et qui prend tout avec le sourire impassible du Bouddha. Il y a loin de la coupe aux lèvres...

15

La mécanique du sage. L'emploi du temps du philosophe est réglé comme du papier à musique. Et l'on peut chercher dans le détail de cette *vie vécue* la réponse à la question philosophique : comment mener une *vie philosophique* quand on propose une théorie d'un monde gouverné par l'absurde et se dirigeant constamment et en tout vers le néant ? Puisque l'abîme est métaphysiquement certain, comment vivre empiriquement ? Autrement dit : si le pire est toujours certain, l'apocalypse permanente, la souffrance et l'ennui inévitables, la mort derrière chaque chose, pourquoi ne pas se mettre une balle dans la tête ?

La biographie témoigne : il existe deux registres, celui de l'ontologie et celui de la vie, la métaphysique et l'existence, la théorie et la pratique, la méditation et l'action. Et si Schopenhauer a consacré l'essentiel de ses analyses à la *théorie du monde*, il a tout de même écrit des analyses et des livres – *L'Art d'être heureux* et les *Aphorismes sur la sagesse dans la vie* – sur la question du *salut existentiel*.

Schopenhauer vit en solitaire, loin du monde ; parmi les hommes, dans les auberges ou au spectacle par exemple, mais en exilé à l'intérieur même de ces groupes. Depuis Plutarque, la vie solitaire semble la meilleure formule de vie philosophique. Ce qui suppose, on s'en doute, un célibat déterminé et une métaphysique de la stérilité : pas de femme, pas d'enfants. Peu d'amis, voire pas, car ils le restent rarement toute la vie et les confidences qu'on pourrait leur faire un jour, les secrets qu'on serait tenté de leur confier seraient alors vite portés sur la place publique… La correspondance témoigne, Schopenhauer aura tiré un trait sur l'amitié au sens romain du terme. Pas de La Boétie chez ce Montaigne acariâtre.

Le philosophe avait grand souci d'une hygiène de vie au sens large : pas d'excès et le culte de la mesure en tout. Ne pas passer trop de temps à travailler, trois heures le matin, pas plus. Ne pas donner trop d'énergie à un travail cérébral, le cerveau est un organe philosophiquement majeur, il faut le ménager. Ne pas trop dormir, ni trop peu, pour les mêmes rasions de saine économie du cerveau : cet organe fonctionne la nuit et produit des effets le jour, il a également besoin de réparation que seule la nuit peut lui donner. Ne pas rester trop enfermé et s'astreindre à au moins deux heures d'activités en plein air chaque jour.

Il ajoute à cela la pratique de la musique, en l'occurrence la flûte traversière qu'il joue depuis son plus jeune âge. Il dispose de toutes les partitions de Rossini en réduction et il place Mozart au-dessus de tout en compagnie du compositeur italien. Le concert et l'opéra, le spectacle le soir constituent l'habituelle occupation d'après le dîner – une habitude contractée dans son milieu familial au cours de ses toutes jeunes années.

On trouve chez lui des prescriptions en matière alimentaire, en l'occurrence un éloge du végétarisme, après des développements consacrés à la nécessaire pitié universelle à l'endroit de toutes les créatures vivantes. On ne sache pas qu'il n'ait mangé que des légumes… Ses repas se prennent à l'extérieur et quelques-uns témoignent qu'il mangeait avec un vif appétit, sans rien laisser dans son assiette et qu'il pouvait rester tard dans l'après-midi à table…

16

Les lubies d'un hypocondriaque. Dans les rues des villes qu'il habite, on connaît sa silhouette. Il porte des vêtements passés de mode, noirs, et se promène indéfectiblement accompagné d'un caniche. Le masque mortuaire de l'un d'entre eux côtoie sur le mur un portrait de Goethe. Et l'ultime chien fera l'objet de mentions spéciales dans le testament du philosophe. Le théoricien de la compassion universelle excelle dans sa formule animalière plus que dans sa formule humaine.

En misanthrope archétypique, on trouve parfois sous sa plume cette idée que mieux il connaît les hommes, plus il aime les animaux, et plus il se soucie des bêtes, moins il se trouve de proximité avec les humains... En compagnie de son chien nommé Atma – l'âme du monde chez les hindouistes... –, il se rend au cabinet de lecture l'après-midi. Il s'attable pour lire journaux et revues. Dans la rue, il parle tout seul, les enfants se moquent de lui sur son passage.

Hypocondriaque, il craint les maladies, souffre de maux d'oreilles, de paralysies passagères... Angoissé, il invente des rituels de conjuration de toutes les catastrophes possibles et imaginables : il ne se sépare jamais d'un verre qu'il utilise pour boire en dehors de chez lui ; il a un pistolet chargé à portée de la main et le place sous son oreiller quand il dort ; il rédige ses notes de dépenses en sanskrit pour éviter qu'on en prenne connaissance ; il rédige de faux titres sur ses manuscrits afin d'égarer un voleur en cas de cambriolage ; il vit systématiquement dans des appartements au rez-de-chaussée afin de pouvoir s'enfuir par la fenêtre en cas de problème ; il crypte ses papiers pour tromper un éventuel curieux...

Dans les *Parerga* on découvre un étrange personnage : le bruit l'insupporte viscéralement et il en fait une théorie dans *Sur le bruit et le vacarme*. Les poètes, les artistes, les philosophes – toujours des généralisations qui cachent des plaidoyers pro domo... – ne supportent pas le bruit. Ceux qui, en revanche, en sont à l'origine ont un cerveau épais... Le grand esprit détourné de son génie par le vacarme se retrouve rabaissé au niveau ordinaire. Schopenhauer râle contre les claquements de fouet, contre les charcutiers – probablement un voisin… – qui portent à un degré élevé le mépris des gens qui travaillent de leurs mains pour ceux qui travaillent avec leur tête…

Toujours dans les *Parerga*, on peut lire un *Essai sur les apparitions et les faits qui s'y rattachent* : Schopenhauer reprend sa théorie de la volonté et explique qu'elle permet d'expliquer pourquoi les spectres et les fantômes existent, et selon quels principes les tables tournent et les esprits communiquent ! Le rêve, le magnétisme, le somnambulisme, le spiritisme, la transmission de pensée, l'intuition endormie, la communication directe le rêve perceptible, la clairvoyance intuitive préoccupent le philosophe qui explique comment la chose en soi peut exister à l'état pur, le Vouloir donc, et comment tout cela peut être expliqué selon l'ordre rationnel ! Tout étant représentation, l'ensemble de ces phénomènes relève de cet ordre-là et le mécanisme de ces faits étranges relève de la physiologie – ganglions, cerveau, cervelet…

17

Tueur d'insurgés par procuration. En 1836, Schopenhauer publie un nouveau livre qu'il édite à ses frais : *De la volonté dans la nature.* Cent vingt-cinq exemplaires seront vendus en une année… L'Académie royale de Norvège met en concours une question : « Le libre arbitre peut-il être démontré par le témoignage de la conscience ? » Schopenhauer envoie sa contribution, *Essai sur le libre arbitre*, et reçoit le premier prix. Il y développe sa théorie des motifs et explique, toujours en renvoyant au cerveau, comment se joue le processus qui conduit à la volition.

Les insurrections de 1848 lui font peur. Le philosophe, qui vit des rentes de son capital, a du mal avec toute perspective de changement politique, surtout socialiste. Schopenhauer fait de l'Etat le garant de l'ordre social nécessaire pour contenir la violence humaine. Il est légitimiste et conservateur, en toute bonne logique misanthrope et pessimiste. Le peuple, éternel mineur, a besoin de guides et de maîtres car il est incapable d'exercer la souveraineté. Il lui faut une « tutelle éternelle » qui dispose de la force à même de faire respecter le droit : la monarchie semble la meilleure forme politique pour garantir cet ordre social.

Voilà pour quelles raisons il ouvre la porte de son appartement aux soldats qui pourchassent les ouvriers rebelles et leur prête ses lunettes de théâtre afin que la soldatesque puisse ajuster le tir sur « la canaille souveraine »… A l'ouverture de son testament, outre des dispositions concernant une ancienne maîtresse et l'avenir de son chien, on découvre l'attribution d'une somme aux victimes du feu des barricades et à leurs familles. Une autre occasion manquée de pratiquer une compassion élargie aux victimes de la machine capitaliste ! Lorsque le métaphysicien écrit que, du point de vue de la Volonté, rien ne distingue le bourreau de sa victime, car tous les deux sont objets du Vouloir aveugle, il enseigne une vérité que l'homme, une fois de plus, a du mal à pratiquer…

La métaphysique de la pitié pour les chiens qui justifie le violent combat de Schopenhauer contre la vivisection ne s'étend pas jusqu'à la pitié pour les exploités de la modernité – les *prolétaires*, pour le dire

dans le mot convenable... – car le philosophe, végétarien dans le principe, donne la main aux écorcheurs
de viande humaine que sont les soldats de l'armée
allemande pendant ces semaines sanglantes...

18

Philosophe à succès. En 1850 – il a soixante-
deux ans – paraissent les *Parerga et Paralipomena*, un
fort volume auquel il a travaillé pendant six années.
Titre étrange qui mérite explication : on pourrait proposer un genre de traduction française qui donnerait
Prolégomènes et Suppléments. Les mille pages auraient
pu être ajoutées au *Monde comme volonté et comme
représentation*, dont Schopenhauer écrivait qu'il était
une « Thèbes aux cent portes ». Les considérations sur
la sagesse dans la vie, le bruit, les apparitions, les
femmes, le suicide, la philosophie universitaire côtoient
des chapitres sur l'opposition entre phénomène et chose
en soi, la doctrine du néant et de l'existence, celle de
l'idéal et du réel.

De sorte qu'on aurait mauvaise grâce à opposer *Le
Monde* aux *Parerga* comme la philosophie aux essais,
le sérieux au frivole, le livre pour concours d'agréga-
tion n'ayant rien à voir avec le volume destiné au
délassement sur les plages. Cette manie d'universitaire
passe à côté de l'œuvre, constituée *également* des mille
pages de correspondance – à lire en regard de la biographie... Schopenhauer affirme qu'il exprime la
même chose, mais dans un style et un ton différents :
ceux de la « philosophie populaire », le péché mortel

des professionnels de la philosophie gardiens du temple qui leur sert de gagne-pain.

Le succès arrive. Schopenhauer a toujours cru qu'il viendrait un jour. Voilà pourquoi il y assiste en sage, une fois n'est pas coutume… Et avec une réelle jubilation. On se presse à son domicile ; on le visite ; on fréquente le même restaurant que lui pour tâcher de l'apercevoir ; on achète des caniches, comme lui ; on le photographie ; on lui demande de signer les daguerréotypes ; une jeune femme installe son atelier chez lui pour immortaliser son buste dans le marbre ; il prend le café avec elle et confie avec satisfaction qu'il a l'impression d'être marié ; il devient un auteur au programme à l'université ; on achète ses livres, qu'on ne lit probablement pas, et la manie schopenhauérienne contamine la bourgeoisie, qui fait des *Aphorismes sur la sagesse dans la vie* son livre de chevet. Le nirvana dure dix ans…

La vieillesse fait son travail. Schopenhauer souffre de crises d'étouffement. Probablement de l'angine de poitrine. Fin 1860, il a soixante-douze ans, il prévoit d'apporter des suppléments aux *Parerga*. La mort devra patienter car il veut ajouter des portes supplémentaires à sa Thèbes. Mais s'il avait lu *Le Monde comme volonté et comme représentation*, Schopenhauer aurait su que le pire est toujours certain… On aurait aimé des ajouts féministes, car la fréquentation, *enfin*, de femmes qui lisent son travail avec intelligence lui fait, dit-on, revoir un peu ses positions misogynes. Il n'aura pas le temps d'adjoindre ces appendices correctifs.

La métaphysique noire, mais lucide, du philosophe le conduisait à envisager la mort avec sérénité. Il fait sien depuis longtemps les arguments épicuriens en la matière. Son ontologie lui fait croire que la fin du phénomène – Arthur Schopenhauer – n'est pas la fin de la « chose en soi » – le Vouloir qui le constitue… – et qu'il entre dans l'éternité du vouloir, libéré de son enveloppe terrestre. Un genre d'immortalité apaisant.

Schopenhauer ne craignait pas que les vers mangent son cadavre, mais redoutait bien plus que les professeurs d'université ne s'emparent de son œuvre. Dommage effectivement beaucoup plus grave… Et malheureusement inévitable. Les morts sont tous de braves types. Le 21 septembre 1860, sa gouvernante le retrouve mort sur le canapé, sous le portrait de Goethe – et sous le masque mortuaire de l'un de ses caniches. Son visage semblait impassible, et serein. Il était temps…

———

19

Ontologie noire et éthique blanche. L'œuvre du philosophe devenait donc un moulin dans lequel tout le monde pouvait entrer. Les mondains ouvrirent le bal : il y eut une vogue incroyable dans toute l'Europe pour un genre de vulgate schopenhauérienne. Il devint le penseur fin de siècle d'une époque fatiguée qui cherchait de bonnes raisons de désespérer et de donner dans un culte du néant permettant tout de même de passer tranquillement ses jours en snobs, mondains, dandys toujours au bord du gouffre, mais avec une coupe de champagne à la main. Catastrophe que n'avait pas prévue le philosophe, pourtant si lucide : devenir le penseur de référence des philistins ! L'Enfer…

Nietzsche aura, on le sait, un coup de foudre pour Schopenhauer en découvrant *Le Monde comme volonté et comme représentation*. S'ensuivra en 1876 une fameuse Considération inactuelle intitulée « Schopenhauer éducateur ». Freud lui empruntera nombre de thèses, et construira sa pulsion de vie, sa pulsion de mort, sa théorie du rêve, son pessimisme, sa misogynie, sa métaphysique de l'amour, en regard de l'œuvre du solitaire de Francfort. Autant dire que le demi-siècle de pensée européenne à venir se nourrit de Schopenhauer. Et que ce demi-siècle fournit la matrice à notre modernité critique...

Laissons de côté les récupérations diverses. Wagner avait envoyé *L'Anneau du Nibelung* au vieux philosophe devenu célèbre. Ce dernier lui avait répondu que le futur prêtre de la religion de Bayreuth n'était pas fait pour la musique... Wagner s'inspirera tout de même du « bouddhisme » de Schopenhauer, dans le projet d'un opéra sur Bouddha justement, mais aussi, et surtout, dans la métaphysique mise en musique dans *Tristan et Isolde*. Les naturalistes français se réclament de lui. Maupassant l'aime. Huysmans est séduit. Zola le lit. Gourmont écrit son magnifique *Physique de l'amour* presque sous sa dictée...

Tant de succès vaut des lecteurs qu'on ne mérite pas. Schopenhauer entrait dans des colères folles dès qu'on interprétait mal sa pensée. Sa correspondance avec son éditeur regorge de maniaqueries et de scrupules sur l'établissement du texte : la moindre virgule constitue un monument impossible à déplacer, la plus petite correction effectuée sans son assentiment vaudrait, s'il le pouvait, condamnation à mort... Il veut évincer un correcteur qui, selon lui, effectue son travail de manière impropre. Il souhaite en disposer en nombre...

Qu'aurait-il dit, fait ou pensé en constatant qu'il

était devenu prétexte à tout et n'importe quoi, au nom de son œuvre – qu'évidemment on n'avait pas pris soin de lire intégralement comme il le souhaitait ? Des coups de canne, des procès, des menaces de pistolet probablement. Mais le phénomène disparu, la chose en soi a du mal à mettre en joue l'un des nombreux fâcheux qui dénaturent sa pensée. Il fallut donc composer avec la catastrophe qu'est toujours le succès. Et nous faisons encore avec.

Car, aux yeux des professeurs de philosophie – du moins quand ils le connaissent ou parlent de lui… –, Schopenhauer passe pour un philosophe pessimiste, disciple de Platon, de Kant et de la philosophie indienne. Certes. Mais on pourrait tout aussi bien montrer que le même penseur est un philosophe optimiste, disciple d'Helvétius, de Cabanis et de Bichat. Et qu'en même temps il martyrise Platon et Kant pour leur faire dire des choses qu'aucun des deux n'a pu même imaginer penser…

L'historiographie dominante défend donc la ligne sombre de l'*ontologie noire,* qui existe évidemment, mais en négligeant l'*éthique blanche* qui se trouve également dans l'œuvre, alors que les deux instances fonctionnent non pas de manière contradictoire, mais de façon complémentaire. L'opposition entre *Le Monde* et les *Parerga*, une scie musicale universitaire, ne dispose d'aucune légitimité : des parties qu'on pourrait dire légères (contre les femmes) se trouvent dans le maître ouvrage, des passages plus lourds (sur la science de la nature) se trouvent dans le livre, qui passe comme une concession faite au temps.

Ce que je nomme l'éthique blanche se trouve partout disséminé dans l'œuvre. Elle est constituée, malgré la certitude métaphysique du pire, d'une proposition d'un certain nombre de consolations qui, sur le terrain empirique, permettent d'envisager une vie philosophique le plus possible débarrassée des tourments, des souffrances et des peines : autrement dit, une vie heureuse. Qui dirait de Schopenhauer qu'il est *également* le philosophe de l'existence sereine et de ce qu'il ose appeler « la vie heureuse » ? Personne...

20

L'optimisme d'un pessimiste. De fait, sur le terrain de la métaphysique pure, et nonobstant l'éthique, le constat de la nature des choses contraint à la conclusion pessimiste : la souffrance est le fond de toute chose ; si l'on ne souffre pas, alors on s'ennuie ; un vouloir aveugle et absurde rend compte de tout ce qui est et advient ; on ne peut rien contre le caractère ou le tempérament qui nous échoient à la naissance par transmission héréditaire ; un déterminisme aveugle nous prive totalement de libre arbitre ; tout ce qui advient procède d'une pure nécessité ; la causalité mécanique explique tout ; l'amour, l'amitié, l'altruisme, la générosité, la sympathie sont des illusions ; le bonheur n'a aucune existence positive ; le plaisir est une impasse ; le désir oriente toute notre vie et fait de nous des âmes damnées ; nous sommes victimes de notre instinct sexuel, le lieu du vouloir ; la mort est la vérité de tout... Voilà, en quelques lignes, les variations sur le thème de la basse continue sombre de la philosophie de Schopenhauer.

Mais, sur ce beau noir désespérant, on découvre des figures solaires, lumineuses, claires, qui s'animent sur fond d'enfer et d'abîmes. Certes, les solutions de l'éthique blanche du philosophe ressemblent à celles que proposent quelques passagers lucides à l'avant du *Titanic* quand il entame sa coulée vers le fond de la mer : musique et champagne… Mais voilà du moins une possibilité, une issue, une déchirure dans cette ontologie noire qui laisse passer un peu de la lumière offerte par Schopenhauer.

J'examinerai donc *l'optimisme d'un pessimiste*, ce qui contribuera singulièrement à sortir le philosophe de la catégorie « philosophe pessimiste et nihiliste » dans laquelle il croupit depuis sa mort. On lira par exemple un ouvrage de lui dont l'honnêteté voudrait qu'on le ressorte quand on parle de lui et qui a pour titre, et ce de manière inattendue : *L'Art d'être heureux*. On verra qu'il existe dans les *Aphorismes sur la sagesse dans la vie* matière à éthique blanche, mais aussi dans *Le Monde comme volonté et comme représentation*. Le pire est donc toujours certain, sauf quand on peut y échapper. Et Schopenhauer donne des recettes…

21

La pensée unique. Schopenhauer a toujours affirmé qu'il était le philosophe d'une unique pensée et qu'il avait passé sa vie à proposer des variations sur un thème unique. L'image de la Thèbes aux cent portes exprime la même idée : cent entrées pour une seule ville. On trouve ailleurs une autre métaphore, celle du cristal dont tous les rayons convergent vers un même centre. (L'adolescent s'était longuement attardé en montagne sur un cristal naturel et ailleurs dans le cabinet de minéralogie impérial à Vienne. On trouve également chez lui des considérations sur le travail de la Volonté dans le minéral.)

Quelle est cette pensée unique ? A quoi ressemble cette cité dans laquelle on pénètre par tant d'ouvertures ? On ne peut guère mieux faire que de transformer sa thèse, son unique thèse, en titre d'un livre qui aurait pu être l'unique livre. Car *Le Monde comme volonté et comme représentation* le dit tout clair et tout net : *le monde est ma volonté et ma représentation.* Voilà les trois mille pages du penseur résumées en une seule et courte phrase. Politesse de philosophe...

Le mot français *volonté* traduit le terme allemand *Wille.* On évitera de confondre l'acception du terme chez Schopenhauer avec son sens général, même philosophique. Dans le cas de figure du *Monde comme volonté et comme représentation,* le *vouloir,* ou la *volonté,* ou le *vouloir-vivre,* signifient plus et au-delà que la définition qui caractérise habituellement la puissance à faire ou à ne pas faire. La faculté interne du sujet n'a pas grand-chose à voir avec ce qui n'est pas moins que : l'essence de toute réalité.

Schopenhauer donne de la volonté une série de définitions enfouies dans l'œuvre complète. Elles finissent par constituer un portrait. Elle est la chose en soi proprement dite. Mais on aurait tort de croire que Schopenhauer respecte la stricte définition de la chose en soi chez Kant. Les kantiens peuvent s'étrangler en lisant sous la plume de Schopenhauer que Kant n'a pas fini son travail, qu'il n'a pas mené sa pensée jusqu'au bout de ses conséquences, mais que lui s'en charge en le conduisant là où il n'aurait pas pu ne pas aller...

En tant qu'elle existe indépendamment des phéno-

mènes dans lesquels elle s'incarne, la volonté peut
être dite chose en soi. Elle est également effort sans
fin, éternel devenir et écoulement perpétuel. Son but
suprême ? L'accomplissement du désir. Elle ignore ce
qu'elle veut, elle est sans cause, sans but et sans raison.
Elle est une en tant que chose en soi, mais diverse et
multiple sur le terrain empirique : car elle organise la
structure régulière du cristal, elle anime le minéral, elle
se trouve là où pousse la plante, tournent les astres,
agissent les marées, se déplacent les courants aqua-
tiques, elle rend compte de l'attraction universelle, elle
donne au lion sa force, au ver de terre sa nature, aux
mammifères leur cerveau, aux humains leur spécificité.
En dehors d'elle, rien n'existe, car elle est le fond de
tout phénomène.

Désir insatiable, elle veut toujours la vie. Eternelle,
indestructible, inusable, elle est force vitale qui vise sa
production et son autoconservation. Elle agit avec la
force d'un élément primitif. La santé se maintient et
se recouvre grâce à elle. Elle est la matière, et le corps
aussi. L'instinct sexuel est son foyer. En tant que chose
en soi, elle est libre, en tant que phénomène, elle est
soumise à la nécessité. En un mot nous dit *Le Monde*,
le Vouloir est la « poussée aveugle et irrésistible des
êtres ». Incarnée, elle est dans le temps ; sans support,
elle lui échappe car elle lui préexiste et lui survivra.

Schopenhauer retient de la chose en soi kantienne
qu'elle est inconnaissable mais seulement pensable.
L'objet transcendantal kantien renvoie à un idéalisme
parfois éloigné de celui d'un Schopenhauer qui, ne
l'oublions pas, a fait des études de médecine, lu les
livres de Cabanis et Bichat, et se retrouve bien plus
vitaliste au sens biologique du terme qu'*idéaliste* au

sens philosophique du mot. Le nouménal kantien est appelé à le rester ; ce qui pourrait sembler le nouménal schopenhauérien ne le resterait pas si la science faisait assez de progrès pour donner de cette volonté une acception rationalisée.

L'idéalisme kantien suppose le dualisme et le spiritualisme, un genre d'intelligible et de sensible, un nouménal et un phénoménal. Pour sa part, Schopenhauer n'est ni dualiste, ni spiritualiste, pas plus idéaliste, encore moins matérialiste : mais sa pensée est tout entière moniste. Le monde a beau être volonté d'un point de vue de la chose en soi, et représentation du côté du phénomène, ce sont deux façons d'aborder une même réalité, un même monde : *le* monde, dit le titre…

Voilà pour quelles raisons il écrit dans *De la volonté dans la nature* : « Ma métaphysique s'affirme donc comme étant la seule à posséder une frontière véritablement commune avec les sciences physiques »… Voilà pourquoi il tient en haute estime le *Rapport du physique et du moral* de Cabanis auquel il ne cesse de rendre hommage, lui qui a la dent dure et l'éloge rare. Voilà la raison de son enthousiasme pour Bichat, l'auteur des *Recherches physiologiques sur la vie et la mort*. Voilà les raisons pour lesquelles il s'inscrit en médecine à l'université de Göttingen et il y est assidu pendant deux pleines années. Voilà pourquoi la métaphysique de Schopenhauer n'est ni idéaliste, comme celle de Kant, ni matérialiste, comme celle de D'Holbach, mais *vitaliste*. Physique de la métaphysique…

22

Le monde est représentation. Le monde est donc volonté. Mais également représentation. Or, qu'est-ce qu'une représentation ? Ce qui m'apparaît comme tel. Ce qui m'est donné par les sens sous forme d'une image, d'une notion, d'une existence concrète. Ce qui est perçu. Dans le vocabulaire de Kant, Schopenhauer répond : le phénomène. Mais l'auteur de la *Critique de la raison pure* n'aurait guère aimé se retrouver sous la bannière d'un philosophe qui, plutôt que d'en appeler à l'esthétique transcendantale, renvoyait explicitement… au cerveau. Suite des pérégrinations vitalistes du philosophe.

Car les choses se trouvent explicitement dites dans *Le Monde comme volonté et comme représentation* : le cerveau produit le temps, l'espace et la causalité. L'encéphale est le « ministère des relations extérieures », un genre de sentinelle relevée par le sommeil. Il joue dans la connaissance un rôle identique à celui de l'estomac dans la digestion. Pendant le sommeil, il persiste à tenir un rôle majeur, car la volonté, elle, poursuit son travail sans relâche. Les rêves s'y fabriquent. On y ordonne les perceptions qui lui parviennent sans cesse.

Le monde est donc représentation, et la représentation, produit du cerveau. Le monde est donc un produit du cerveau, sinon sa sécrétion. Nulles formes a priori de la sensibilité kantienne dans cette physique schopenhauérienne où la représentation ne tombe pas du ciel des idées, mais découle en droite ligne d'une matière neuronale, d'une physiologie dans laquelle des ganglions se trouvent convoqués, ce qui, on en conviendra, tranche avec la raison pure de l'ancêtre invoqué…

Dès lors, il n'existe aucune objectivité du monde.

Car il y a autant de mondes que de sujets qui le per-
çoivent et se le représentent. Triomphe absolu de
l'individu ! Le génie ne voit pas les choses comme le
crétin, le philosophe comme le cocher, le penseur
comme le boucher. Le poète le conçoit aux antipodes
du demeuré. Seul existe ce qui est représenté. Avant
moi, après moi, indépendamment de moi, rien n'est,
puisque je suis celui qui donne l'être aux choses. Je
suis mon cerveau, mon cerveau est le monde, je suis
le monde… Mais le tout est volonté, ne l'oublions pas.

Le monde est donc l'idée que je m'en fais en tant
que phénomène et représentation, mais pure volonté
d'un point de vue de la chose en soi. Voilà la thèse
posée. Elle est dite le plus simplement du monde dans
le titre. L'ouvrage se propose donc, de première édition
en tirages suivants, en passant par les ajouts réguliers
de suppléments, le tout sur plus de quarante années,
d'examiner les conséquences de cette vérité métaphysique. Une vie suffira tout juste pour en donner la liste
la plus exhaustive.

23

Théorie des motifs. Première conséquence : puisque
la volonté est aveugle, qu'elle veut tout et produit
l'ensemble de ce qui est, la doctrine de Schopenhauer
se présente comme un strict fatalisme. Le déterminisme fait la loi, le libre arbitre est une totale illusion.
Tout ce qui advient suppose des séries de causalités :
une cause produit un effet qui, à son tour, devient cause
et induit un nouvel effet, qui, etc. Dans cette chaîne
où tout est nécessaire, il n'existe aucun interstice per-

mettant un léger jeu, au sens mécanique du terme, dans lequel la liberté pourrait se mouvoir un peu. Tout ce qui advient arrive nécessairement.

Pourquoi donc, alors, une chose plutôt qu'une autre ? Un geste à la place d'un autre ? Un mot en lieu et place de son contraire ? A cause de la théorie des motifs. Qu'est-ce qu'un *motif* ? Une représentation qui naît à cause d'excitations externes des organes des sens et qui se trouve donc toujours dans le cerveau. Dans la matière neuronale, des motifs se disputent la priorité afin de prendre l'ascendant sur tous les autres. Le motif représente une force qui travaille l'être au milieu de forces différentes en intensité et en nature. Sorti vainqueur de cette lutte, un motif devient la cause qui contraint à agir, parler, s'engager dans une direction. L'impulsion découle donc d'un motif qui en a dominé d'autres.

La liberté n'existe pas, le libre arbitre est une fiction, une illusion. Chacun dispose d'un cerveau informé par une multitude de causes extérieures. La nature de la volition est le motif qui devient la cause excitatrice. Mais les volitions ne sont pas libres elles non plus : dans cette dynamique des motifs, il s'agit d'un jeu de forces aveugles. Parmi les motifs possibles : le passé, l'histoire, l'éducation, l'admiration, l'habitude… Tout cela entre en collision, et l'issue se joue dans le triomphe inexplicable de l'un d'entre eux qui aura été le plus puissant. La volonté ne connaît que le triomphe de forces. On peut faire ce que l'on veut, certes, mais on ne peut vouloir autrement… Personne ne choisit, nous sommes tous choisis.

24

Caractère et tempérament. Deuxième conséquence de la thèse posée dans le titre : notre caractère est hérité, il provient directement du père. La mère, pour sa part, transmet l'intellect. Schopenhauer ne donne aucune justification à cette hypothèse, mais il se contente de répéter ce que sa mère n'a cessé de lui dire depuis qu'il est enfant. Sa mélancolie, ses angoisses, son tempérament, sa prédisposition à la tristesse, voilà du Heinrich Floris. L'intellect ? Le penseur, la pensée, le philosophe ? Un cadeau de la mère, auteur de livres à succès… Du particulier devenu universel sans l'ombre d'un soupçon, il nous faut faire matière à penser…

Voilà donc une autre variation sur le thème du fatalisme, à ajouter à la liste qui s'étoffe des raisons de nous diriger vers le tragique : la volonté gouverne tout ; les motifs enclenchent nos façons d'être et de faire en séries causales ; la liberté n'existe pas ; le caractère s'hérite et l'on ne peut rien faire contre… Du simple fait que le monde soit ma volonté et ma représentation, le ciel s'obscurcit de minute en minute…

Une petite éclaircie : nous pouvons, le temps passant, effectuer sur nous-mêmes un genre de travail d'introspection qui nous permettra de voir ce que nous faisons, ce qui revient – la compulsion de répétition chez Freud… –, comment nous nous sommes comportés, ce que nous avons fait. Dès lors, nous finirons par entra-percevoir un peu le mystère de notre caractère et de notre tempérament. Forts de cette connaissance, nous pourrons envisager une stratégie eudémoniste sur le terrain de la sagesse pratique en travaillant à la construction de motifs plus puissants, à même de vaincre ceux qui nous ont conduits jusque-là. Mais pour saisir intellectuellement la nature magique de cette liberté possible dans un monde de pure nécessité, il faut changer de registre, quitter celui de la chose en soi, où rien n'est possible, pour s'installer sur le terrain du phénomène où l'on peut bricoler un peu dans l'incurable...

Car le caractère est inné, certes, mais il existe également un caractère acquis par l'éducation, l'instruction, la transmission, l'enfance, le milieu. L'ensemble produit une complexion physiologique particulière, un corps singulier, un cerveau sans double. Et l'on peut évidemment agir d'une manière plutôt que d'une autre pour produire chez un être des motifs à même d'infléchir la nature violente et impérieuse de la part héréditaire. Là aussi, là encore, l'ontologie noire va de pair avec l'éthique blanche.

25

Le désir est partout. Autre occasion d'une vision tragique du monde, cette vérité que le désir est partout, que ce qui constitue le fond même de l'être est ce qu'on n'appelle pas encore la libido. Mais l'instinct sexuel guide le monde. Schopenhauer affirme clairement que le vouloir a son siège dans les organes génitaux. Le vouloir, c'est d'abord le vouloir-vivre, l'envie et le besoin, le désir de (se) reproduire et de continuer l'espèce, l'envie folle d'obéir aux puissances génésiques qui nous mènent par le bout du nez.

Dans la grande tradition philosophique, Schopenhauer affirme que le désir est manque, donc souffrance, douleur. L'envie suppose quelque chose qui nous fait défaut et dont l'obtention pourrait nous combler, nous calmer. Or le désir se résout en plaisir qui s'accompagne toujours d'une dépression, d'un dégoût, d'une tristesse, aussitôt remplacée par un nouveau désir. Le cycle sans fin du désir comme manque, du manque comme douleur, de la douleur apaisée par un plaisir, qui devient à son tour douleur, avant de se métamorphoser en nouveau désir, nous assigne à résidence ontologique.

La souffrance ? Un désir entravé. La tristesse ? Un vouloir entravé. Personne n'échappe à cet éternel retour des choses, à cette logique tragique. D'où cette image parlante pour expliquer la condition humaine : celle du balancier. Schopenhauer nous dit : la vie est une perpétuelle oscillation entre la souffrance et l'ennui. Soit on souffre, soit on s'ennuie. Souffrance du désir insatisfait ; ennui du désir satisfait. En bon connaisseur du mode de vie anglais, le philosophe ajoute que l'ennui a sa représentation sociale le dimanche, et la souffrance le restant de la semaine...

26

La souffrance, maître mot de tout. « La souffrance est le fond de toute vie », écrit Schopenhauer à peine âgé de trente ans. Si les optimistes refusent cette vérité d'évidence, qu'on les conduise donc sur le pourtour du monde où ils verront : des malades allongés sur leur lit d'agonie dans les hôpitaux, des lazarets remplis de morts en sursis, des blocs opératoires avec des chirurgiens qui mutilent des corps, des prisons avec des condamnés à la peine capitale, des chambres de tortures dans les caves des châteaux, des hangars à esclaves, le fameux chantier des galériens à Toulon, la potence de Londres, des taudis et des lieux miséreux, des gens qui travaillent et gagnent à la sueur de leur front de quoi survivre à peine, et ce une vie durant.

On peut aussi leur demander, à ces optimistes, ce qu'ils pensent des tremblements de terre qui engloutissent des centaines de milliers de victimes, des catastrophes naturelles, des épidémies – la fièvre jaune, le choléra, la peste noire qui rayent d'un trait de plume des millions d'habitants d'un pays… –, des raz de marée, des éboulements de terrain, des volcans qui détruisent des villes entières. Le meilleur des mondes, vraiment ?

Et si l'on se place du point de vue des relations humaines, les choses ne sont guère meilleures : nulle bonté, nulle gentillesse, nul altruisme, nulle générosité, mais de l'égoïsme partout, des envieux, des jaloux, des méchants, des querelleurs, des hypocrites, des orgueilleux, des vaniteux, qui rendent la vie impossible et ajoutent du négatif à une négativité déjà maximale. Dans les *Parerga*, Schopenhauer, qui s'y connaissait en coups de canne et autres voies de fait, écrit : « L'homme est un animal frappeur »…

Et puis, on ne peut omettre l'angoisse, la peur, les craintes, les tourments, l'inquiétude et tout ce qu'on nommerait aujourd'hui les états dépressifs et suicidaires. Là aussi, là encore, Schopenhauer sait de quoi il parle… Enfin, la mort : la mort comme vérité de tout ce qui vit, comme finalité inéluctable de ce qui habite la planète, comme destin individuel. Chacun le sait, il doit mourir : comment vivre encore, et malgré tout, avec cette certitude chevillée à l'âme ?

27

Le pire des mondes possibles. Schopenhauer récuse donc Leibniz et son optimisme. Nous ne sommes pas dans le meilleur des mondes possibles ; nulle théodicée ne justifie le mal ; la négativité n'a pas lieu d'être pour composer un monde qui, si elle en était exclue, serait imparfait ; le dessein d'un Dieu qui n'existe pas ne saurait expliquer, légitimer, encore moins justifier le tableau de ces misères brossé par un philosophe comme Dante décrivant les Enfers. La seule excuse de Leibniz, c'est d'avoir rendu possible le génial *Candide* de Voltaire…

Nous sommes bel et bien dans le pire des mondes possibles. La preuve, un tout petit peu plus de négativité et il s'effondrerait définitivement, lamentablement. Le monde n'est fait que pour continuer à être. Par conséquent, des mondes possibles, il est le plus mauvais. Car un léger changement de température, un tout petit écart dans l'axe de rotation de la terre, infime, ridicule, dérisoire, un degré de différence dans la course d'une planète, un seul, une légère altération de l'atmosphère, et tout disparaîtrait : les glaces fondraient, les eaux monteraient, recouvriraient toutes les terres habitables, le froid glacerait la planète ou la calcinerait, les astres entreraient en collision, les espèces animales disparaîtraient illico… Le meilleur des mondes ce monde-là ? Allons…

Les animaux et les hommes doivent se battre chaque jour pour vivre et survivre. Ils se disputent de quoi manger. Tout cela est une immense farce tragique. Schopenhauer en appelle à la tradition de la philosophie antique : tous les grands penseurs ont été pessimistes, dit-il. Suit une litanie de noms convoqués au procès du monde. Un regard lucide conclura qu'il aurait mieux valu ne pas être, car le non-être est préférable à l'être. Mais, trop tard... Le pire des jours pour un être est celui de sa naissance. Le meilleur moment dans une vie ? Quand on s'endort. Le pire ? Quand on se réveille... Le quotidien est hanté par les illusions et Schopenhauer entend le travail philosophique comme un art de soulever les voiles de l'illusion...

28

Une pensée existentielle. Schopenhauer se range dans le camp des philosophes existentiels, autrement dit, du côté des penseurs pour lesquels la philosophie n'est pas une profession, un métier, une activité salariée, un travail de journaliste ou de revue, mais une vocation, une thérapie, une éthique appliquée, une consolation au monde comme il est, comme il va. D'où, philosophiquement, ses raisons d'attaquer Fichte, Schelling, Hegel et consorts de l'idéalisme allemand, coupables de sophisteries et blâmés de vivre non pas *pour* la philosophie, mais *de* la philosophie.

Certes, à ces raisons nobles s'en mêlent probablement d'autres, moins nobles, qui supposent le ressentiment d'un homme n'ayant eu aucun succès avant un âge tardif et qui assistait au vedettariat des « hégéleries » – comme il dit – pendant que ses livres ne se vendaient pas, que ses cours rassemblaient autant d'auditeurs que les doigts d'une main, alors qu'ailleurs, au même moment, dans la même université, les amphithéâtres craquaient pour entendre des péroraisons sur l'Esprit Absolu...

Mais, indépendamment des raisons basses – jalousie, envie, ressentiment, blessures d'orgueil... –, les arguments philosophiques de Schopenhauer pour fustiger la clique des philosophes salariés, des professeurs de philosophie dociles, serviles, appointés par le gouvernement, des universitaires qui travestissent le vieux contenu judéo-chrétien sous des formes conceptuelles faisant illusion, des faiseurs de livres pour le succès, des penseurs de bibliothèque et de cabinet, tout cela valait en son temps – comme dans le nôtre, et les siècles à venir probablement...

Le philosophe doit d'abord donner les clés du monde. Schopenhauer définit la discipline comme « la science du monde ». Effectivement, *Le Monde comme volonté et comme représentation* obéit à cette conception des choses : on y trouve un démontage de tous les rouages de la machine et une analyse du Vouloir, son carburant perpétuel. En ce sens, *De la volonté dans la nature* pose bien les bases et agit en philosophie première dans sa vision du monde. Son œuvre donne le chiffre de l'univers qui, sinon, resterait crypté. De la formation d'un cristal de roche à l'homéostasie du système planétaire en passant par la nature des champs magnétiques, rien n'échappe à son analyse. Tout va, vient de, retourne à la Volonté.

Mais ce premier temps ne suffit pas, sinon les scientifiques seraient des philosophes, ils seraient d'ailleurs les seuls. Pas plus que les lettres à Métrodore et Pythoclès ne suffiraient à constituer l'œuvre philosophique d'Epicure. La métaphysique – sinon la physique vitaliste... – de Schopenhauer raconte le monde mais aussi, au-delà, en donne un mode d'emploi, en l'occurrence les techniques de négation du vouloir-vivre. Dans ce second temps, la pensée du philosophe se révèle véritablement existentielle : elle invite à se conduire d'une manière plutôt que d'une autre, à faire ceci au lieu de cela, à agir de telle façon et non autrement.

Cette pensée est donc construite sur un double mouvement : dans un premier temps, démontage et compréhension du réel ; puis, dans un second temps, usages de ce monde. Autrement dit : une métaphysique doublée d'une éthique. Si la métaphysique propose une ontologie noire, la morale, en tant qu'elle prescrit, offre une éthique blanche, autrement dit une sagesse empirique eudémoniste. Ce que les professeurs d'université ne font pas...

29

Les fonctionnaires de la philosophie. Schopenhauer est un autodidacte en philosophie. Il commence, comme on le sait, une carrière de négociant. Il s'inscrit deux années en médecine, puis en philosophie, mais tardivement. Il apprend le grec et le latin, puis le sanskrit – il pratiquera sept langues –, mais en dehors des clous habituels. Voilà pour quelles raisons il ne joue pas avec la discipline comme avec un jouet facilement acquis ou à la manière d'une prébende héritée de famille. La philosophie semble le sortir de la souffrance qui le travaillait depuis son adolescence. Elle offre le déchirement d'une clarté possible dans l'obscurité du caractère. Voilà pour quelles raisons, aussi,

Schopenhauer maugrée contre la philosophie des fonctionnaires de l'Université qui gâchent la discipline, la ridiculisent et en éloignent une frange importante de ceux à qui elle pourrait rendre des services de consolation éthique considérables.

Précaution et entrée en la matière : Schopenhauer affirme qu'on n'est pas tenu d'entrer dans la discipline par l'Université, car il existe d'autres passages, bien plus intéressants d'ailleurs, pour accéder à ce château magnifique. Par exemple, la lecture directe des auteurs, sans les cours, sans les amphithéâtres, sans les professeurs, sans la médiation d'un glosateur appointé par l'Etat ou d'un historien des idées vivant du recyclage des pensées d'autrui. Lire, aller directement au texte, éviter l'institution et les institutionnels.

Ensuite : les professeurs touchent un salaire de l'Etat pour effectuer leur travail. Comment pourraient-ils être libres ? Penser de manière autonome ? Analyser et réfléchir souverainement ? Par ailleurs, conséquemment, un gouvernement ne saurait salarier un personnage qui enseigne des doctrines en contradiction avec son orientation. Un Etat chrétien et monarchiste ne paiera pas un professeur pour enseigner l'excellence de l'athéisme ou de la République. Les problèmes de Fichte accusé d'athéisme témoignent en ce sens. Son recentrage par la suite également. Le *Discours à la nation allemande* finira par prouver grandement l'excellence et la pertinence de l'analyse de Schopenhauer…

En conséquence : les professeurs de philosophie n'enseignent pas la philosophie, mais un genre de catéchisme bien-pensant, judéo-chrétien, qu'ils enrobent d'un excipient conceptuel à même de transformer les contenus éculés de la morale biblique en propositions

géniales une fois nimbées des scintillements, des ruti-
lances et des brillances de magiciens qui fascinent leurs
publics comme des prestidigitateurs, faisant passer le
faux pour du vrai, l'illusion pour de la réalité. A l'Université, on vend des marchandises éventées, avariées,
frelatées, de contrebande, sous couvert de produits
frais, neufs et originaux. On y enseigne une paraphrase
du catéchisme et rien d'autre.

(Schopenhauer n'a évidemment pas tort, mais on
attendrait que ses analyses si justes n'épargnent pas
Kant qui, lui aussi, use et abuse d'un vocabulaire propre à enfumer et qui, pour le moins, avec ses trois
postulats de la raison pure pratique – l'affirmation de
la liberté, l'immortalité de l'âme et l'existence de Dieu –,
fonctionne en professeur emblématique : la *Critique de
la raison pure,* machine philosophique à même de pulvériser la métaphysique occidentale, devient un pensum
piétiste dès que Kant postule les trois piliers du monothéisme chrétien. Il fait rentrer par la porte ce qu'il avait
si génialement contribué à sortir par la fenêtre... Voir
l'aveu dans la préface à la seconde édition : « Je dus
donc abolir le *savoir* afin d'obtenir une place pour la
croyance. » Mais quand Schopenhauer aime, et qu'il a
décidé d'absoudre ou de ne pas voir, il ne voit pas.
Même chose quand il a décidé de ne pas aimer ou de
détester !)

Par ailleurs : le professeur de philosophie n'a que
faire de la vérité, ce qu'il cherche, c'est un salaire pour
entretenir sa petite famille et son train de vie. Le philosophe vise la vérité ; le professeur, son traitement.
Le premier vit *pour* la philosophie, le second vit *de* la
philosophie et illustre l'adage, mais d'une drôle de
manière : vivre d'abord, philosopher ensuite. Sur cette

question, Schopenhauer a ramassé sa pensée et sa vie dans une formule qui fait mouche : « J'ai cherché la vérité, non un poste. » Adage impossible à endosser de la part d'un professeur, quelle que soit l'époque...

Cette philosophie qui se pare des plus beaux atours de la discipline, et qui se contente de vendre les babioles judéo-chrétiennes, ne devrait pas avoir droit de cité. Car une philosophie chrétienne n'a pas plus de sens qu'une mathématique ou une arithmétique chrétiennes dans lesquelles il faudrait que deux et deux fassent cinq. La religion est une métaphysique pour le peuple, mais la philosophie n'a pas à se proposer ce genre de dessein : elle s'adresse au savoir, à la raison, à l'intelligence, et non à la foi, à la croyance, à la crédulité. La philosophie veut la clarté, la religion entretient l'obscurité. Voilà pour quelles raisons Hegel devient le bouc émissaire de Schopenhauer.

30

Chute d'un cheval dans la rue. Les deux hommes diffèrent également sur la théorie des motifs, et la nature de leur rencontre à Berlin a pu constituer un... motif de détestation. La croyance chrétienne de Hegel le contraint à sacrifier à l'existence du libre arbitre de façon à pouvoir entrer dans le jeu de l'Eglise qui justifie ainsi la responsabilité, donc la culpabilité, donc la possibilité du châtiment. C'est-à-dire l'emprise, sinon l'empire, sur les âmes, donc sur les corps. Doué du libre arbitre dont il fit mauvais usage au paradis, le premier homme se trouve donc responsable de la négativité transmise par l'effet du péché originel. Position chrétienne stricte. On le sait, Schopenhauer, quant à lui, nie l'existence du libre arbitre. L'analyse explicitement consacrée à cette question dans son *Essai sur le libre arbitre* est claire.

Mais avant ce texte daté de 1839, Schopenhauer avait déjà défendu cette position dans sa thèse, *De la quadruple racine du principe de raison suffisante*, en 1813. Dans cet ouvrage, il explique qu'il existe quatre façons universelles de chercher des raisons. Nous nous interrogeons en effet sur la *raison du devenir* : pourquoi ce qui a eu lieu dans le monde physique a-t-il eu lieu ? Dans ce cas, il s'agit de la question de la causalité. Nous nous questionnons sur la *raison de la connaissance* : nous nous demandons, non pas pourquoi une chose advient de telle sorte plutôt que d'une autre, mais pourquoi nous affirmons qu'une chose advient ainsi. Nous tâchons de comprendre ce qu'est la *raison suffisante de l'être* : sur le terrain de la géométrie et de l'arithmétique pure, pourquoi, par exemple, 1 précède 2 puis 3. Enfin, nous réfléchissions sur la *raison de l'agir* : qu'est-ce qui explique une action plutôt qu'une autre ? Et l'on sait que, sur ce sujet, Schopenhauer défend sa théorie des motifs. Nous agissons parce que triomphe le plus puissant des motifs de la volition.

Schopenhauer postule pour un poste de professeur à l'université de Berlin. Le jury le reçoit pour un cours d'essai et, parmi les membres siège un certain Georg Wilhelm Friedrich Hegel… *De la quadruple racine du principe de raison suffisante* en main, Hegel entreprend Schopenhauer : « Si un cheval se couche par terre en pleine rue, qu'a-t-il comme motif ? » Le candidat répond : le sol, la fatigue, la situation dans laquelle il se trouve, à savoir sur une route, car au bord d'un précipice, le cheval ne s'effondrerait pas. Hegel : « Vous comptez les réactions animales parmi les motifs. Aussi les battements du cœur, la circulation du sang : motifs ! » Le postulant renvoie à la physiologie de Haller et distingue les réactions vitales et les mouvements conscients du corps. Hegel rétorque que Schopenhauer se trompe sur le sens de l'expression « fonction animale ».

Dans le jury, un professeur de zoologie interrompt Hegel et explique pourquoi ce dernier se trompe et affirme que Schopenhauer dit vrai… Cet homme providentiel, Martin Heinrich Lichtenstein, Schopenhauer l'a connu jadis dans le salon de sa mère… On sait que Schopenhauer fut accepté comme professeur, qu'il souhaita explicitement donner son cours en même temps que celui de Hegel et fit l'expérience d'un échec cuisant en constatant que l'auteur de *La Phénoménologie de l'esprit* rencontrait le succès qui lui faisait défaut.

31

Sus aux « hégéleries » ! Laissons de côté les raisons personnelles pour lesquelles Schopenhauer agresse violemment l'auteur de *La Phénoménologie de l'esprit* dans *Sur la philosophie dans les universités*. Et voyons ce qui sépare philosophiquement les deux penseurs. Schopenhauer ne fait pas le mauvais diagnostic quand il réduit la totalité du système hégélien à une formulation fumeuse du vieux contenu chrétien… Le jugement est dur, sévère, impitoyable, incroyablement violent, mais tellement juste… On lit en effet dans les papiers posthumes de Hegel : « Je suis luthérien, et je veux le rester. » Et si l'on ajoute cette phrase de l'*Encyclopédie* : « Le contenu de la philosophie et celui de la religion sont les mêmes », la messe est dite...

Sur le fond : Hegel campe sur des positions optimistes. Le monde est tel qu'il doit être, sa réalité est conforme à une rationalité que définit la conformité du Réel au rationnel. Il est le meilleur possible car Dieu gouverne le monde. *La Raison dans l'Histoire* ne cesse de le proclamer et elle affirme que le Réel, l'Idée, la Raison et Dieu sont une seule et même chose. Le sens de l'Histoire se confond avec le dessein de la Providence. La *Philosophie de la religion*, pour sa part, énonce que « la religion chrétienne est celle de la vérité ». Dès lors, ce monde est le meilleur des mondes possibles, puisqu'il manifeste la volonté de Dieu.

Nul besoin de mettre en perspective ces thèses avec la position de Schopenhauer pour lequel la Volonté aveugle gouverne le monde et pour qui l'hypothèse même d'un dessein, d'un sens, d'une finalité, d'un trajet rationnel de l'Histoire constitue une immense bévue philosophique. L'optimisme du chrétien qui recycle la vieille théodicée d'un Bossuet par exemple, ne peut convenir au pessimisme de l'athée qui milite pour la pure absurdité tragique de tout événement.

Hegel est également célèbre pour son analyse de la négativité et son rôle majeur dans la dialectique qui permet de sacrifier à l'idée de progrès et d'amélioration, de trajet vers la réalisation de l'Absolu : le moment négatif a toujours un sens, un rôle, une signification, même si on ne comprend pas lequel ni pourquoi. Les voies du Seigneur sont impénétrables et tout fait sens dans le cours de l'Histoire, y compris, et surtout, le Mal sur lequel Schopenhauer achoppe. Moment dans un mouvement pour Hegel, fin fond de l'affaire pour Schopenhauer, l'économie du Mal n'est pas du tout la même dans les deux pensées.

32

Contre la « colossale mystification ». Schopenhauer attaque également Hegel sur la forme : pour pouvoir vendre de vieilles choses en les faisant passer pour neuves, il faut l'opération de mystification qu'est le langage fumeux, le verbiage savamment orchestré par des disciples, des journaux, des revues utiles pour provoquer l'hallucination collective. L'auteur du *Monde* écrit une langue superbe, claire, vive, incisive, littéraire souvent, poétique parfois, toujours élégante. En face, le sabir hégélien, celui, aussi, de la coterie de l'idéalisme allemand, a de quoi désespérer le premier lecteur intimidé.

Bien fâché, voilà ce qu'écrit Schopenhauer pour caractériser Hegel, les « hégéleries », les hégéliens et ceux qui gravitent autour de cette nébuleuse : « fantaisies absurdes », « bouffonnerie philosophique », « verbiage le plus creux et le plus insensé auquel se soient jamais complus les imbéciles », « monde sens dessus dessous », « galimatias le plus répugnant et le plus effarant, allant jusqu'à rappeler le délire des aliénés », « grotesque philosophâtre », « grosse farce », « charlatan plat, sans esprit, répugnant, ignorant », « écrivailleur d'absurdités », « fatras de paroles creuses », « colossale mystification », « pseudo-philosophie », « le discours le plus vide d'idées, le plus abêtissant de jésuitisme protestant », « philosophe pour rire », « un barbouilleur d'insanités », « une tête commune », « une pantalonnade philosophique », « philosophâtre inepte ». En un mot : philosophe universitaire…

L'usage d'un vocabulaire incompréhensible permet de fabriquer des coteries, des chapelles avec des thuriféraires dociles, soumis, obéissants auxquels on attribue alors les postes universitaires qui protègent et assurent d'une carrière. L'obscurité contraint à la répétition, elle oblige à jouer avec un paquet de concepts, toujours les mêmes, pour impressionner le bourgeois : « l'en-soi », « l'être pour soi », « l'absolu », « l'universel », « la forme », « la négativité », « l'être-là », « la faculté du suprasensible », « l'Esprit Absolu », « l'essence », « le concept », « la chosèité », « l'Ame du monde », « les déterminations réflexives », etc.

La lecture de la correspondance de Hegel donne raison à Schopenhauer… Jacques D'Hondt, l'un de ses biographes, hégélien convaincu, consent lui-même à l'analyse du philosophe de Francfort et explique que la *Science de la logique* a été écrite par un Hegel marié, père de famille, payant une pension alimentaire pour un enfant adultérin placé dans une institution, cherchant de l'argent, bâclant son travail pour récupérer au plus vite le règlement de son travail salarié et en même temps étoffer son dossier de candidature à un poste académique…

Le jeune marié passe toutes ses soirées à noircir du papier pendant que son épouse s'occupe des enfants en bas âge. Conscient de faire tout trop vite et de sacrifier l'élégance du style, la clarté de l'expression, la netteté de l'exposition, il écrit à son ami Niethammer

le 5 février 1812 : « Pour parvenir à la forme convenable j'aurais eu encore besoin d'une année ; mais j'ai
besoin d'argent pour vivre. » Faut-il s'apesantir ?

Les professeurs sont également contraints à cet usage
de l'obscurité pour faire croire qu'ils ne sont pas ce
qu'ils sont : des propagandistes de l'idéologie officielle.
Des courroies de transmission de la pensée officielle :
tout bardés de concepts qu'ils soient, les *Principes de
la philosophie du droit* défendent somme toute une
banale vision du monde extrêmement conservatrice,
légitimiste et compatible avec les invites chrétiennes.
Eloge de l'Etat, du Droit, de la Loi, de la Famille, du
Mariage, de la Propriété, de la Religion, célébration de
la soumission de l'individu au collectif. Un sermon
chrétien, une collection de vertus impériales.

33

L'esprit de corps philosophique. Les professeurs
d'université se réunissent pour faire corps et imposer
plus facilement leur vision des choses. Pour ce faire,
ils ont compris comment on pouvait utiliser au mieux
les foires, les journaux et les revues… L'institution
universitaire permet à l'instinct grégaire de fonctionner
à plein et de produire ses effets. Schopenhauer – qui
souhaitait que *Le Monde* paraisse pour la foire de la
Saint-Michel… – fustige la manie qui veut qu'un livre
sorte… pour une foire ! Nous dirions aujourd'hui :
pour une rentrée littéraire. Dans son contrat avec l'éditeur, il stipule qu'aucune publicité ne sera faite et que,
s'il y a lieu d'une réclame, elle se contentera de faire
mention du titre et de l'auteur et de rien d'autre.

La mode contraint à la production de mauvais livres. La philosophie n'échappe pas à ces travers de l'époque où le commerce fait la loi dans une quantité d'activités, dont celles qui relèvent du domaine de l'édition. Ces ouvrages lancés par l'appel d'air médiatique de la foire font l'objet de recensions élogieuses dans des journaux par des médiocres qui encensent d'aussi médiocres qu'eux mais qui, ce faisant, augmentent leurs forces en constituant des meutes. Or l'addition de nullités ne produit jamais qu'une grande somme de nullités…

L'usage des revues permet également une stratégie de domination du champ culturel – universitaire et philosophique – du moment. Des professeurs sans pensée – souvent un pléonasme… – écrivent de longs articles pour crier au génie d'un ami médiocre et obscur et pratiquent ainsi une stratégie de l'intimidation : si des professeurs diplômés qui enseignent à l'Université disent du bien d'un ouvrage auquel on ne comprend rien tant le verbiage y règne, alors on s'effacera, au nom de l'argument d'autorité, et l'on suspectera non pas le mauvais livre, mais sa propre intelligence. Le professeur ramasse les bénéfices de son opération d'encensement, et l'aura qui nimbe le nain transformé en géant auréole à son tour le thuriféraire sortant ainsi de son anonymat. Mécanique emballée depuis l'époque où écrivait le solitaire de Francfort…

34

Penser par soi-même. Schopenhauer part en guerre contre ceux qui pensent à partir de leurs bibliothèques et font des livres avec des livres et non avec leur liberté de penser. Leur technique s'apparente à un montage de citations, un collage de paragraphes ou d'idées empruntés à d'autres penseurs. La vérité y perd des plumes et les erreurs commises par un se trouvent multipliées par les tâcherons attablés à recopier et non préoccupés de méditer et de penser.

Le professeur n'est pas soucieux non plus de la vérité quand il construit son propos et l'énonce en public, car il sait qu'il doit plaire et séduire ses étudiants. Il préférerait toujours une erreur plaisante aux oreilles de ses auditeurs à une vérité cruelle, dure, blessante et déplaisante à l'auditoire. La suite de sa carrière l'oblige à agir en charmeur qui ensorcelle l'assistance. La suite de sa carrière, certes, mais aussi la régularité de son salaire dont il tire le bénéfice à partir de la philosophie transformée en prétexte.

Or un philosophe digne de ce nom ne pense pas à partir des volumes consultés dans une bibliothèque, ni pour ses étudiants, mais en regard de ce qu'exige la vérité. Il doit donc penser *par* lui-même et *pour* lui-même. Par lui-même, c'est-à-dire en utilisant non pas sa mémoire, mais son intelligence, non pas un tube de colle et des ciseaux, mais sa méditation du réel, du monde, des choses. Le lieu de la méditation n'est pas le cabinet de lecture, mais le grand livre du monde cher à Diderot.

Le philosophe adopte la posture romantique du personnage du tableau de Caspar David Friedrich intitulé *Le Voyageur contemplant une mer de nuages* : solitaire, loin de la foule bigarrée, la « vache multicolore » de Nietzsche, au-dessus, en surplomb du monde, sur les sommets, dans un face-à-face avec les éléments et la nature, montagnes, sommets, rochers, vallées, nuages.

Le jeune Schopenhauer fit, on s'en souvient, une provision d'expériences existentielles lors de son voyage en Europe, il sait qu'on apprend plus dans les auberges, les tavernes, sur les chemins, en marchant, en traversant un pays, en rencontrant des gens, qu'en s'enfermant dans les bibliothèques et en se couvrant de la poussière de vieux volumes jamais consultés...

Penser pour soi-même aussi : autrement dit ne pas se soucier de l'universel, mais du particulier. De même que la meilleure façon de s'interdire l'accès au bonheur c'est de le rechercher avec insistance, la meilleure façon de produire des vérités valables pour tous, c'est de les chercher pour soi. La leçon de Montaigne et de ses *Essais* perdure dans la démarche schopenhauérienne : partir de l'introspection, augmenter sa présence au monde, expérimenter, regarder, vivre, sentir, méditer, penser, observer. Ce qu'un philosophe finit par trouver pour soi, s'il s'agit de la vérité, deviendra de fait, mais de manière secondaire, un Universel susceptible de consistance véritable.

35

Un catéchisme misogyne. De Platon à Freud, en passant par Rousseau et Nietzsche, la philosophie occidentale dominante prétend parler pour l'universel, alors qu'en fait elle néglige la moitié de l'humanité en faisant des femmes un sous-continent d'êtres irresponsables, futiles, infantiles. Dans les *Parerga*, Schopenhauer écrit un texte intitulé *Sur les femmes* – qui aurait dû s'intituler plus justement *Contre les femmes...* – dans lequel il donne l'impression d'avoir concentré tous les arguments du lieu commun misogyne avant lui.

Certes, la critique théorique fait songer au règlement de comptes pratique avec sa mère à partir de laquelle il extrapole la Femme, qui devient dès lors un prétexte à déverser un flot de haine, de mépris et de ressentiment. Mais, au-delà du déclencheur autobiographique, Schopenhauer fait de son discours sur les femmes l'une des cent portes par lesquelles on entre dans sa Thèbes philosophique. Le trait violent contre les femmes participe de l'économie d'un système de pensée où le Vouloir joue tout son rôle.

On sait que, le succès venant – mais avec l'âge aussi qui, comme chacun sait, diminue les facultés génésiques… –, le philosophe rencontra des femmes qui ne bornaient pas leur monde à leur salon de thé ni leurs conversations aux ragots et potins de petite ville de province. Des femmes qui n'avaient pas pour seul but dans la vie d'acheter des chapeaux, d'essayer des robes ou de dépenser l'argent de leurs maris. Ou des femmes qui n'étaient pas des courtisanes volages, des comédiennes collectionneuses d'amants, ou des prostituées auxquelles il eut si souvent recours.

A ce moment de la vie, dit-on, il atténua sa misogynie. La rencontre de la jeune Elisabeth Ney qui fit son buste en marbre en 1859, compta pour beaucoup. De même avec des visiteuses venues de Rome, de Hambourg, d'Amsterdam avec lesquelles il a de véritables conversations philosophiques. A Malvida von Meysenbug, qui sera l'amie de Nietzsche, il confiera qu'il n'a pas dit son dernier mot sur les femmes et précise que, dans le cas où une femme parvient à s'élever au-dessus de la masse, elle monte plus haut que les hommes… Mais son désir d'ajouter des textes aux *Parerga* n'aura pas eu le temps d'être suivi d'effets, sinon, peut-être disposerions-nous de considérations à même de rendre Schopenhauer moins ridicule dans son ressentiment…

Au grand temps misogyne, voilà ce que Schopenhauer pense des femmes : elles ne sont aptes ni aux grands travaux corporels, on pourrait encore le comprendre en regard de leur physiologie, mais ni non plus aux grands travaux intellectuels, car leur intelligence limitée leur interdit de s'arracher à leur condition qui est de reproduire l'espèce. Elles paient la dette de la vie par la souffrance de l'enfantement. Leur destin réside dans le mariage, le service du mari, la famille et la maternité… Elles doivent obéir aux hommes et se contenter de futilités, voilà leur seule perspective.

Si l'on accumule les griefs, voici la liste obtenue : inférieures, ridicules, faibles, simulatrices, menteuses, parjures, intéressées, ingénues, gaspilleuses, capricieuses, inaptes à la création, futiles, puériles, dépensières, irritables, irréalistes, injustes, rusées, mauvaises, infidèles, ingrates, légères, jalouses, laides, vaniteuses, arrogantes, incultes… Le tout en une infime poignée de pages. Il n'y a guère que Hegel pour concentrer autant d'insultes…

36

Laides et sottes. Schopenhauer prend soin de développer tout cela et, point par point, de conduire les femmes devant son tribunal prétendument philosophique. D'où des considérations sur leur âge mental qu'il arrête à dix-huit ans, ou des assertions sur leur état intermédiaire entre l'enfant et l'homme qui, lui, bien sûr incarne la réussite du genre. Elles sont donc à leur manière inachevées, incomplètes.

Leur beauté fait également les frais de l'analyse du philosophe : si elles sont belles, cela dure peu, et seulement le temps de la procréation. De fait, cette beauté est rare car, le plus souvent, si l'on prend soin de regarder, comment peut-on d'ailleurs parler du « beau sexe » sans craindre le ridicule ? Jugeons-en : petites, courtes sur pattes, hanches larges, épaules étroites, elles sont « inesthétiques »…

La nature commande en elles, car leur désir se confond avec la violence du Vouloir qui vise la reproduction et la continuation de l'espèce. La beauté est un artifice, une ruse de la nature qui leur permet de parvenir à leurs fins. La preuve, poursuit l'anatomiste des femmes, après deux ou trois maternités, la beauté disparaît et la laideur prend le dessus. Tout comme les insectes qui perdent l'artifice de belles ailes une fois la copulation terminée. Par ailleurs, il ne ménage pas sa haine et son dégoût des vieilles femmes, autrement dit, des femmes ménopausées qui ne peuvent plus jouer leur rôle dans la nature.

Leur vision des choses se réduit au présent. Leur manque d'intelligence les empêche de se souvenir du passé et d'en tirer des leçons, tout autant que de prévoir les conséquences de leurs gestes ou de leurs actes. D'où cette évidence : elles n'envisagent pas que l'argent dont elles disposent puisse disparaître et elles achètent sans compter. La plupart du temps, elles dépensent l'argent que gagne leur mari. Cette imprévoyance devrait conduire les hommes à ne jamais leur permettre d'hériter d'un capital, il faudrait se contenter de leur donner une rente et laisser la gestion de leurs biens aux hommes qui, eux, savent faire ces choses-là. Pareillement pour le droit de tutelle, qui devrait leur être interdit.

Ce même trait de caractère – l'incapacité à vivre ailleurs que dans le présent – les conduit à exceller dans l'injustice. Elles manquent de raison et de réflexion, et n'imaginent pas les conséquences de leurs actions ou de leurs paroles. Dès lors, les hommes ne devraient leur permettre de prêter serment dans les tribunaux qu'avec parcimonie, sinon circonspection.

Leur manque de force physique les contraint à développer une autre technique pour vivre et survivre : la ruse. D'où leur savant art de dissimuler et leur incroyable talent pour mentir. Là encore, ces façons d'être devraient conduire les hommes à ne pas leur laisser plus de place qu'il n'est nécessaire dans les affaires humaines où la justice, la raison, la lucidité, la vérité jouent le rôle essentiel. Les tribunaux, donc, le monde des affaires aussi.

37

Volages et monogames. Les hommes, constate Schopenhauer, sont naturellement portés à changer de partenaires. Les femmes, en revanche, non. Cette réalité s'enracine dans les rôles que leur assigne la nature : les hommes inséminent les femelles, vont chercher la nourriture, par la chasse jadis, par le travail aujourd'hui ; pendant ce temps, les femmes portent leur progéniture, restent à la maison pour s'occuper de

la nourriture du chasseur qui va rentrer et pour donner
à manger aux enfants restés auprès du foyer où se
trouve la sécurité. Nomadisme du chasseur mâle et
sédentarité de la mère femelle.

Dès qu'un homme obtient ce qu'il veut sexuelle-
ment, les choses sont terminées entre lui et sa partenaire. En revanche, elles commencent pour la femme.
Le reproducteur a fait ce qu'il devait faire, il va chercher ailleurs un autre ventre à féconder. En revanche,
la femme fait elle aussi ce pour quoi elle est program-
mée : s'occuper de la grossesse qu'il faut mener à
terme afin, non pas d'obéir à un hypothétique instinct
maternel affectif, mais de permettre à l'espèce de se
perpétuer. Schopenhauer en conclut qu'en regard de
cet état de fait, l'infidélité chez une femme est beaucoup plus grave que chez un homme...

Le mariage, on s'en doute, ne plaît pas au philosophe... Dans les *Parerga* il écrit : « Dans notre hémi-
sphère monogame, se marier c'est perdre la moitié de
ses droits et doubler ses devoirs. » Et dans les *Aphorismes sur la sagesse dans la vie*, il conclut avec une
pirouette son chapitre sur « De ce que l'on a » en écrivant : « Parmi les choses que l'on possède, je n'ai pas
compté femme et enfants, car on est plutôt possédé par
eux »...

D'où l'éloge du concubinage, puis de la polygamie
partout pratiquée, soit dans les pays qui le revendiquent
clairement, soit chez ceux qui, hypocrites, célèbrent la
monogamie, mais n'en font rien. Dès lors le problème
n'est pas de l'instaurer mais d'en régler les modalités
d'application. Voilà pour quelles raisons un homme
qui a une femme stérile, vieille ou malade peut légiti-
mement prendre une autre compagne.

L'avantage de la polygamie ? La femme y joue son rôle naturel qui est d'obéir à un homme, d'être soumise, docile, de vaquer aux tâches ménagères, de faire à manger à son mari, de nourrir également les enfants, de s'occuper de la bonne tenue du foyer. Et de ne surtout pas penser, réfléchir, accéder aux affaires du monde, ni aux domaines spirituels et culturels, propriété réservée des époux, des maris, des hommes, des mâles…

38

Un noir feu d'artifice. Ces pages extrêmement violentes contre les femmes ne se présentent évidemment pas comme le florilège d'un philosophe misogyne qui règle des comptes avec sa mère, mais comme une partie du système tout entier : le Vouloir mène le monde ; l'instinct sexuel s'identifie à cette Volonté aveugle ; le vouloir-vivre conduit chacun, et tout particulièrement quand il s'agit de sexualité ; l'amour est une fiction, il n'y a que ruse de la raison naturelle dans le dessein du triomphe de l'espèce ; dans cette aventure, l'individu est floué ; la beauté des femmes masque la trivialité de cette vérité… Conclusion : le plus grand des dommages est d'être né.

Conséquence : le plus grand des biens, c'est de n'être pas né. D'où la positivité de cette proposition schopenhauérienne : cessons de consentir au projet de la nature, arrêtons les femmes dans leur folie de s'en faire les auxiliaires aveugles, et, forts de notre savoir philosophique concernant la vérité des choses, stoppons ce mouvement qui conduit à reproduire des individus, donc à propager la négativité.

Pour continuer à illustrer l'opposition radicale entre les deux philosophes, précisons que Hegel ferait probablement de cette négativité un moment propédeutique au dépassement, une étape sur le chemin qui, dialectiquement, conduirait au vrai ; Schopenhauer, pour sa part, en fait l'instance à nier : négation de la négativité, voilà le maître mot de l'ontologie blanche du philosophe. Tuons ce qui nous tue, empêchons ce qui nous fait souffrir.

Concrètement : ne consentons plus à l'« amour » qui n'est pas ce que l'on enseigne habituellement. La conception de l'amour propagée par les mythologies – Tristan et Iseut, Roméo et Juliette… – dissimule une triviale affaire de vouloir-vivre, autrement dit, une physiologie libidinale, une sécrétion des glandes sexuelles. Annonçant les thèses neurobiologiques contemporaines, Arthur Schopenhauer propose une biologie des passions, une physique de l'amour, aux antipodes des fables et légendes de l'Occident chrétien.

L'empire des sens conduit l'amoureux à faire n'importe quoi avec n'importe qui. La sagesse populaire affirme que « l'amour rend aveugle », elle formule simplement la métaphysique du philosophe : le Vouloir-Vivre conduit ses victimes à la manière d'un aveugle qui promènerait d'autres malvoyants sur le bord d'une falaise. Les anecdotes abondent qui rapportent les conduites déraisonnables des amoureux. Plus rien n'existe, ni sagesse, ni raison, ni bon sens, ni intelligence, là où les organes génitaux effectuent leur travail physiologique.

Ce que veulent les amoureux, c'est l'union sexuelle, la pure et simple copulation, l'engendrement d'un nouvel individu de façon à permettre à la nature de dérouler son plan : nourrir en victimes la mécanique du vouloir. La chose en soi cherche l'incarnation phénoménale, elle ignore le cerveau, la culture, l'intelligence et envoie dans les bras les uns des autres des victimes qui engendreront de nouvelles victimes qui procréeront de nouvelles victimes, et ce jusqu'à la fin des temps. Eternel retour cyclique de ce vouloir et de cette machine à reproduire le vouloir.

Les amants sont des traîtres, car ils perpétuent les misères et les souffrances du monde. L'acte sexuel lui-même par lequel chacun accède à l'être s'effectue en cachette, dans l'obscurité, et il est suivi d'un sentiment de déréliction, d'une tristesse. Ce qui montre à l'évidence la mauvaiseté de la vie puisque l'acte par lequel elle se propage se charge ainsi de négativités. Le présent est insuffisant, le passé irrévocable, le futur incertain, l'amour une illusion, le bonheur positif impossible…

D'où, en réponse à ce tableau sinistre des choses, une métaphysique de la chasteté qui suppose l'abstinence sexuelle, le refus de la sexualité. Soyons kantien, et universalisons notre maxime : si nous cessons toute union sexuelle, la génération suivante n'aura pas lieu, nous asphyxierions alors doucement l'humanité en moins d'un siècle. Dès lors, le vouloir-vivre s'éteindrait à la manière d'un feu qu'on cesse de nourrir. Ainsi, le non-être prendrait toute la place de l'être. Fin de partie dans un noir feu d'artifice…

39

Ne pas aimer son prochain. Cette métaphysique de la stérilité se double, comme il se doit, d'une profession de foi misanthrope. Schopenhauer, prudent, n'attaque pas frontalement le christianisme. Mais il précise à plusieurs reprises, dans des lettres envoyées à des correspondants sûrs (voir la lettre déjà citée à Brockhaus, son éditeur, le 3 avril 1818), que sa métaphysique contredit non pas *explicitement* mais *tacitement* la vision chrétienne du monde, et ce de manière irrévocable.

L'inexistence d'une âme immatérielle, la réfutation d'un destin post mortem pour celle-ci, la récusation d'un arrière-monde, quelle qu'en soit la forme – paradis, enfer, purgatoire –, la négation de toute espèce d'immortalité personnelle, y compris sous l'aspect d'un « corps glorieux », la métaphysique moniste et totalement immanente, la relégation de la mythologie chrétienne du côté des fables, la transformation de Jésus en sage dispensé de nature divine, l'absence d'un Dieu dans toute l'œuvre, ou même d'un stratagème de philosophe sauvant la face en conservant le Nom de Dieu, tout cela installe Schopenhauer en compagnon de route discret et silencieux de l'athéisme. Silencieux et discret, certes, mais ferme et déterminé.

Quelques passages sauvent un peu le christianisme, il s'agit des moments où il prélève dans la Bible tout ce qui lui semble... brahmanique et bouddhiste ! Dès lors, ce qu'il nomme le « véritable christianisme » renvoie à la secte des origines et aux Pères de l'Eglise qui enseignent le célibat, la chasteté, la virginité, la mauvaiseté du monde, le triomphe de la souffrance, et la possibilité d'un rachat par la négation du vouloir-vivre. En tant que… premier disciple de Schopenhauer, Jésus montre la voie.

Les hérétiques lui semblent plus proches encore (Gnostiques, Tatianistes, Encratites, Marcionites, Montanistes, Valentiniens, Cassiens…) de cet esprit de négation du vouloir-vivre auquel les protestants tournent le dos, Hegel entre autres, pour préférer une religion de la raison à l'idéal ascétique chrétien. La religion officielle de l'Eglise, pour sa part, amoindrira cette radicalité afin de rendre compatibles le message chrétien et son inscription dans la longue durée de l'Histoire. Dans cette perspective du droit d'inventaire, Schopenhauer critique les fables chrétiennes concernant les arrière-mondes, mais conserve l'idéal ascétique pour en souhaiter la radicalisation. Sur le terrain éthique, Schopenhauer pratique un même droit à prélever ce qui lui convient et à écarter ce qui le gêne. Parmi ses évictions, l'amour du prochain, auquel il n'entend pas grand-chose.

En disciple des extralucides que sont, sur la nature humaine, La Rochefoucauld, Chamfort et Gracián, puis Helvétius, ou Voltaire, Schopenhauer sait que l'amour du prochain constitue une impossibilité psychologique, à cause de la mécanique humaine qui est essentiellement égoïste. L'amour-propre guide le monde, l'intérêt également, rien n'est pur, aucun sentiment n'est vrai si on les mesure à cette aune. Tout ce qui se présente sous de beaux atours – amour, amitié, générosité, gentillesse, bonté, charité, clémence, et autres versions sur l'altruisme et la philanthropie – cache la mécanique cruelle d'une individualité menée par la puissance de son vouloir et conduit à d'abord exprimer son moi, quoi qu'il en coûte.

40

Sur la mort volontaire. Récapitulons les idées-force de l'ontologie noire de Schopenhauer : la souffrance est le fond de toute chose ; nous ne sommes pas libres ; un vouloir-vivre aveugle nous guide sans plan ni loi ; la vie oscille sans cesse entre l'ennui et la souffrance ; le temps cyclique ramène indéfiniment l'éternel retour de toute souffrance ; le désir nous impose sa loi ; le plaisir est une illusion payée de souffrances que nous recherchons pourtant sans discontinuer ; le caractère et le tempérament ne se modifient jamais ; la beauté des femmes est un piège de la nature pour nous transformer en complices de son dessein funeste : reproduire l'espèce et engendrer de la matière à souffrance ; l'amour est une fiction qui nous fait prendre les vessies du vouloir pour des lanternes sentimentales ; l'altruisme est une farce qui cache l'empire du vouloir égoïste de tous les hommes ; la mort est la fin de toute chose ; le néant dont nous provenons est celui vers lequel nous nous dirigeons ; le non-être est préférable à l'être. Forts de ces constats impitoyables, le plus sage, et pour aller au plus vite, ne consiste-t-il pas à se suicider ?

Non, affirme placidement Schopenhauer qui semble préférer le suicide lent – probablement pour la jouissance masochiste qu'il procure... – au suicide rapide, franc et net. Car pour quelles raisons peut-on ainsi justifier de rester au monde si le monde est à ce point saturé de négativité et qu'on ne peut ontologiquement y échapper ? La pièce est enfumée écrirait un stoïcien, quitte-la donc sans râler ni récriminer, sors de l'endroit, abandonne la vie, et ne fais pas tant de manières…

Schopenhauer ne se suicidera pas, il ne fera sem-ble-t-il aucune tentative, au contraire de sa sœur qui semblait une adepte de la menace et a, paraît-il, plu-sieurs fois retenu sa chose en soi et son phénomène à deux doigts de franchir le garde-corps ; elle mourra dans son lit sans une seule cicatrice témoignant d'une défenestration un jour de psychodrame. En revanche, et il faut ici s'en souvenir, Heinrich Floris, lui, mit son geste à exécution et fit avant l'heure et empiriquement la preuve que son fils dirait vrai un jour en écrivant que « la vie est une affaire dont le revenu est loin de couvrir les frais » – foi de négociant…

41

Mourir de son vivant. Quelles raisons ce pourfen-deur du monde donne-t-il pour justifier qu'on ne le quitte pas simplement, sur le mode antique ? Une rai-son métaphysique qui prouve que le philosophe n'est pas avare en portes nouvelles pour entrer dans sa Thèbes : se suicider, c'est affirmer le vouloir-vivre, alors qu'il faut le nier. Comment le nier ? Non pas en le supprimant, mais en l'éteignant. Suicide lent par doses régulières d'idéal ascétique, contre suicide rapide par extinction brutale des feux…

Que signifie affirmer le vouloir-vivre en se suici-dant ? Le candidat à la mort volontaire cherche à sup-primer son existence parce qu'elle le déçoit : ruiné, il affirme son désir de conserver sa fortune ; abandonné par son amoureuse, il affirme son souhait de rester en sa compagnie ; vieux, il affirme son amour de la jeunesse ; malade, il affirme sa passion pour la santé ; désespéré, il affirme son aspiration à l'espoir ; déshonoré, il affirme sacrifier à l'idéal de l'honneur ; pessimiste, il affirme son amour déçu de l'optimisme ; or la richesse, l'amour, la jeunesse, la santé, l'espoir, l'optimisme, voilà de faux biens après lesquels il faut cesser de courir puisque, en regard du néant qui nous attend, tout cela compte pour rien...

Le suicidé affirme, non pas que la vie est mauvaise en soi, mais qu'il aurait voulu vivre une autre vie, or vivre une autre vie est encore une illusion, car on ne peut pas ne pas vivre la vie qu'on mène. Il renonce à la vie, certes, mais pas au vouloir-vivre, or c'est à lui qu'il faut renoncer... de son vivant, dans sa vie. Le philosophe authentique, lui, pratique à rebours : il renonce au vouloir-vivre, mais pas à la vie. Schopenhauer propose donc *théoriquement* de mourir de son vivant même si, *pratiquement*, il n'en a rien fait...

Par ailleurs, le suicide ne saurait être défendu, car il nie l'individu, certes, or c'est l'espèce qu'il faut nier. L'être qui choisit la mort volontaire commet un acte inutile et absurde, vain et insensé. Malgré son geste, les choses continuent comme avant : la misère, la souffrance, l'ennui, la négativité ne s'en trouvent pas amoindris pour autant. Le pire persiste. La vie continue à osciller entre la souffrance et l'ennui et ce, à cause de l'éternel retour des choses, et pour l'éternité si l'on n'y fait rien. Le vouloir reste indemne, intact, pur. La chose en soi ne perd aucune force, car, avec le suicide, on s'attaque à des phénomènes, dès lors on donne un coup d'épée dans l'eau.

42

Contre les contre, mais pas pour. Dans les *Parerga*, Schopenhauer perd en véhémence sur la question du suicide. Les pages qu'il consacre au sujet dans un texte explicitement intitulé *Sur le suicide* atténuent la charge, même si l'idée reste la même. (Des universitaires, en lecteurs pressés, ont écrit que Schopenhauer avait condamné le suicide dans *Le Monde* et justifié dans les *Parerga*, ce qui est inexact.) Schopenhauer reprend sa critique du suicide comme geste qui passe à côté de la négation du vouloir-vivre en produisant son exact inverse, son affirmation. Il va même jusqu'à renvoyer explicitement au paragraphe du *Monde* dans lequel il développe cette thèse.

Schopenhauer analyse le suicide et constate que tous les monothéistes l'interdisent. L'Eglise catholique refuse même la sépulture et l'enterrement religieux aux auteurs d'un pareil geste. Pour quelles raisons ? Aucun texte de la Bible ne justifie cette condamnation. Dès lors, les chrétiens devront trouver de véritables raisons à proposer pour asseoir leur théorie, et non se contenter d'insulter les suicidés en les traitant de lâches, de fous, de malades, de criminels, ce qu'ils ne sont pas. Le philosophe ne défend donc pas le suicide, mais il interdit qu'on puisse transformer leur acte en geste de criminel ou de lâche… Il oppose donc une critique fausse, celle des monothéistes, à une critique vraie, la sienne.

Le christianisme interdit le suicide pour une raison qu'il (se) dissimule : en supprimant son existence, le suicidé clame à la face de Dieu l'imperfection de sa création, il dit que sa créature est mal faite, donc que le monde est mauvais, ce qu'un croyant ne peut accepter puisqu'un créateur parfait ne peut accoucher d'une créature imparfaite. Dieu vit que tout cela était bon, dit la Genèse ; le suicidé lui rétorque : non, tout cela n'est pas bon… Et cet affront ne saurait être toléré par un chrétien. La religion enseigne un optimisme obligatoire, le suicide dénonce cet optimisme.

Mais les mauvaises raisons (religieuses) d'être contre le suicide n'en font pas un geste défendable, car il existe de bonnes raisons (philosophiques) d'être contre : celles qui montrent à l'œuvre le mécanisme de cette ruse de la raison du vouloir, qui fait croire qu'on nie là où explicitement on affirme. Schopenhauer persiste et signe : le suicide est toujours une mauvaise solution.

Alors : que faire dans ce monde saturé de négativité si on ne peut choisir de le quitter avec une simplicité romaine ? Schopenhauer donne la solution : « Le vouloir-vivre ne peut être supprimé que par la connaissance », écrit-il dans *Le Monde comme volonté et comme représentation*. Que la volonté devienne consciente d'elle-même (c'est le travail de toute philosophie théorique) et qu'elle cherche ensuite à se supprimer (le travail de la philosophie pratique). Voilà donc la clé de l'ontologie blanche, ou la clé de *la philosophie optimiste du penseur pessimiste*. Et, accessoirement, les raisons pour lesquelles Schopenhauer, si désespérant dans ses discours, a vécu toute sa vie une existence où le bonheur, le plaisir, la joie avaient leur place au quotidien. On n'écrit pas non plus par hasard et sans raisons un livre intitulé *L'Art d'être heureux* quand on a signé les pages les plus noires de l'histoire de la philosophie…

43

L'optimisme d'un pessimiste. La plupart du temps, les philosophes pessimistes meurent dans leur lit. Rares sont ceux qui, à la façon d'Otto Weininger ou de Michelstaedter, choisissent la mort volontaire. Une belle phrase de Cioran permet peut-être de résoudre cette énigme. Mettant en relation la tristesse et... les représentations, pour le dire dans un mot de Schopenhauer, l'auteur des *Syllogismes de l'amertume* écrit en effet quelque part : « Je ne pense pas toujours, donc je ne suis pas toujours triste. »

Dans une lettre à Christine de Suède, Descartes avait, lui aussi, mis en perspective les conclusions mélancoliques et les méditations qui les précèdent. La solution ne consiste pas à faire l'éloge de la fin de toute pensée, mais de savoir que le désespoir procède souvent de pures déductions intellectuelles qui n'affectent pas pour autant le comportement ou la sagesse pratique. D'une part je pense (en tragique), d'autre part je suis (heureux)... Le pessimiste de raison se double d'un optimiste de l'action. Désespéré sur le papier, le penseur se révèle dans sa vie quotidienne un homme vivant hors d'atteinte de toute mélancolie.

Voilà probablement une hypothèse pour expliquer comment le philosophe le plus théoriquement venimeux à l'endroit de la vie a pu vivre pratiquement sans jamais songer une seconde à attenter à l'intégrité de sa personne – et se payant même le luxe de critiquer le suicide... Et comment, aussi, il a pu rédiger des livres spécifiquement consacrés à donner des recettes pour le bonheur... Schopenhauer optimiste, voilà une idée qui mérite démonstration.

Le Monde comme volonté et comme représentation affirme lui aussi que toute conscience est conscience de la douleur. De sorte que le pire peut devenir une représentation susceptible d'être combattue à l'aide… d'autres représentations. Puis une force *métaphysique* négative à laquelle on peut s'opposer par une force *empirique* positive. Disons-le autrement : une représentation chasse l'autre. D'où l'intérêt d'évincer la négativité afin de générer une positivité. De la conjuration du malheur surgira un état négatif qu'on nommera tout simplement le bonheur.

Le jeu, malin dans l'ensemble, qui oppose le métaphysique et l'empirique, permet au philosophe d'écrire une chose et d'en pratiquer une autre. Autrement dit, de justifier qu'il ne parvienne pas à mener au plus haut point une vie philosophique. Ainsi, l'homme qui théorise la nécessité de la pitié frappe à coups de canne une femme qui se trouve dans le couloir, au moment où le théoricien connu pour son éloge de la chasteté afin d'éteindre cosmologiquement le vouloir-vivre attend son rendez-vous galant avec une jeune fille facile… Le penseur du végétarisme mange de la viande. Le thuriféraire du sage indien inaccessible aux insultes arrose copieusement de fiel les philosophes qui lui font de l'ombre. Le moraliste qui démontre à longueur de pages dans *Aphorismes sur la sagesse dans la vie* que ce qui importe c'est « ce que l'on est » et pas « ce que l'on a », écrit des lettres à son banquier pour qu'il lui effectue les meilleurs placements afin que son capital génère la rente la plus avantageuse. Disons-le en un mot : Schopenhauer vivait une vie assez peu schopenhauérienne et, somme toute, assez hédoniste…

44

La ficelle métaphysique. Schopenhauer écrit une chose dans des livres et sa vie en enseigne une autre. La leçon existentielle de ce trajet d'un romantique vaut autant que le discours. Les livres éclairent la vie, qui éclaire les livres. A ce jeu de lumières croisées, on découvre un autre monde, plus subtil : celui du corps-à-corps d'un homme avec son existence, celui du face-à-face d'un philosophe avec sa doctrine. Les donneurs de leçons parlent de contradictions dans la vie d'un homme ; j'y vois bien plutôt le mouvement d'un être, les sinuosités dialectiques d'une tentative de mettre en actes ses pensées ou de penser ses actes.

Là où les écarts peuvent se montrer flagrants, les distances trop grandes entre l'idéal et la pratique, il reste à trouver une grosse ficelle métaphysique à même de justifier l'ensemble. Et cette opposition entre le nouménal et le phénoménal, merci Kant, sauve Schopenhauer de l'ornière dans laquelle il menace de s'engluer. Loin d'être dupe de lui-même, Schopenhauer ouvre les *Aphorismes sur la sagesse dans la vie* avec cette précaution fort utile : « Les idées métaphysiques exprimées dans *Le Monde comme volonté et comme représentation* restent justes – la vie heureuse est impossible –, ce qui n'empêche tout de même pas qu'on se place sur un autre plan, qui n'invalide pas le précédent mais permet d'affirmer autre chose sur le terrain empirique : la vie heureuse est possible. »

Reste à affiner la ficelle en précisant qu'on nommera bonheur, non pas un état positif, toujours impossible, mais un état négatif, cette fois-ci envisageable : le bonheur devient alors l'absence de souffrance. Position pragmatique. Où l'on se remémorera la phrase de jeunesse qui lui faisait écrire que Kant était à la philosophie théorique ce qu'Epicure était à la philosophie pratique. Kantien dans l'analyse métaphysique, Schopenhauer devient épicurien dans la pratique philosophique…

45

La vie comme une œuvre. Comment Schopenhauer a-t-il vécu sa vie, sachant qu'il pensait ce que l'on sait ? Le kantien décortique les relations entre le monde, la volonté et la représentation ; l'épicurien pratique la sagesse dans la vie. Les moments heureux dans la vie de Schopenhauer sont probablement ceux de son enfance. La forte charge autobiographique qui se trouve derrière chaque idée du philosophe agit également dans les rares brefs passages où il présente l'enfance – et plus précisément le premier quart de la vie… – comme un moment heureux, parce que nous sommes plus portés sur la connaissance que sur la volonté.

La physiologie témoigne : chez un enfant, le système nerveux en général, et le cerveau en particulier, se trouvent très en avance sur le développement du système génital. Les enfants sont donc naturellement sages, curieux, dociles et intelligents. La théorie les intéresse plus que les passions. Voilà donc les raisons qui font de l'enfance « le temps de l'innocence et du bonheur, le paradis de la vie, l'Eden perdu, vers lequel, durant tout le reste de notre vie, nous tournons les yeux avec regret ». La puberté amorce un mouvement inverse, l'adolescence sonne la fin de cette période heureuse...

Une période qui correspond à la formation essentielle de l'être. Et l'on se souviendra que Schopenhauer a été initié à la musique, qu'il pratique la flûte traversière depuis son plus jeune âge, qu'avec ses parents il a fréquenté les théâtres, les salles de concert et les opéras, qu'il a vu de superbes monuments en Europe, des musées magnifiques, des œuvres d'art de qualité, des peintures en quantité. N'oublions pas non plus qu'il notait les auberges où sa famille et lui se reposaient pendant leur voyage en Europe, qu'il a toujours aimé manger. Ni qu'il a consigné dans son *Journal de voyage* de grandes et belles émotions à la vue du spectacle sublime donné par la nature.

L'adulte, le jeune adulte, dont les facultés de connaître ont été supplantées par les facultés génésiques, travaille à la confection de son maître ouvrage, *Le Monde comme volonté et comme représentation*. Le monstre paraît, il a trente ans. Mais l'enfant, épargné par le Vouloir et tout entier dans la jouissance de la connaissance, indique la voie : pour se libérer du Vouloir, il faut compter sur la Connaissance. Réjouissons-nous, il existe donc des consolations pour vivre le plus possible abrité des flammes de l'enfer éternel du Vouloir.

La philosophie théorique est donc l'art de découvrir les lois du pire ; en revanche, la philosophie pratique est l'art de ces consolations. La détestation des professeurs de philosophie, des universitaires, des barbouilleurs de revues, des journalistes qui se frottent de philosophie, se double d'un éloge du sage authentique dont les leçons n'ont pas pris une ride. L'antithèse du docte coiffé du bonnet et revêtu de la toge de son école, genre Hegel, c'est saint Jean rentrant du désert avec ses guenilles puantes, nourri de sauterelles pendant des années, mais rempli de sa sagesse intérieure. S'il lui venait l'étrange idée d'enseigner dans une conférence les vérités qu'il a découvertes, les philosophes salariés lui interdiraient l'accès à l'estrade… Schopenhauer se veut le saint Jean de Francfort…

Contre la philosophie des professeurs, Schopenhauer enseigne une philosophie existentielle, une sagesse thérapeutique, un art de la consolation, des techniques pour une pragmatique. « L'homme doit être son œuvre propre », écrit dans *Le Monde* celui qui, par ailleurs, enseigne théoriquement le fatalisme absolu, la théorie des motifs, nie qu'on puisse changer de caractère ou de tempérament et assure que la Volonté gouverne tout sans aucune place pour le libre arbitre. Théoriquement déterminé, empiriquement libre : voilà le grand écart auquel nous contraint le magicien avec ses ficelles métaphysiques… Fatalité de la chose en soi sur le terrain métaphysique et liberté du phénomène sur celui de la sagesse pratique.

46

Du bonheur négatif. Cette technique empirique oblige à apprivoiser les terreurs, les craintes, notamment celles de la mort. Sur ces questions, Schopenhauer se sent proche des stoïciens, mais il réactive la totalité des sagesses antiques, notamment les techniques de consolation épicuriennes. On trouve également, comme toujours chez lui, une combinaison avec des recettes hindouistes et bouddhistes, l'ensemble contribuant à une éthique de la sérénité à même de contribuer au bonheur.

Car, rappelons-le, le bonheur est possible d'un point de vue empirique chez Schopenhauer, il est l'état dans lequel nous nous trouvons quand nous ne souffrons pas, quand nous évitons ou avons évité une souffrance. La quête positive du bonheur est vouée à l'échec. Vouloir être heureux est le plus sûr moyen de ne pas l'être. L'absence de trouble, voilà l'état qui définit le bonheur. Il n'existe pas de manière positive, ou à l'état pur, ce que prétend le métaphysicien, mais l'empiriste affirme, lui, qu'on le trouve à l'état impur via le « ne pas » – ne pas avoir mal, ne pas subir de douleur, ne pas souffrir. Ce qui, convenons-en, relève de la stricte définition épicurienne de l'ataraxie, autrement dit, de la félicité que définit l'absence de troubles…

Ne pas avoir peur de la mort, ne pas souffrir à l'idée qu'on doit mourir un jour, ne pas succomber au désespoir face au néant qui nous attend, ne pas gâcher sa vie présente avec la crainte du futur inévitable, ne pas plus la pourrir avec le souvenir d'un passé enfui et de gens aimés qui ne sont plus, voilà qui permettrait un bonheur négatif. Qu'on n'envisage pas l'impossible bonheur de ne jamais mourir, mais celui d'apprivoiser la mort et de vivre avec, en l'ayant intégrée comme une nécessité dont la nature ne doit pas nous inquiéter. Car la mort n'est pas un mal, voilà une idée que Schopenhauer emprunte à Epicure. Mais pour quelles raisons ?

47

Apprendre à mourir. Avant d'examiner le rapport de Schopenhauer à la théorie de la mort chez Epicure, constatons qu'il emprunte au Tétrapharmakon qui enseigne : la mort n'est pas un mal ; le bonheur est possible ; les dieux ne sont pas à craindre ; la souffrance est supportable. Vieilles recettes philosophiques qui valaient au temps d'Epicure et vaudront tant qu'il y aura des hommes. Dans un monde sans Dieu où le bonheur se définit par l'absence de trouble, la mort s'apprivoise, donc la plus grande raison de souffrir disparaît. Voilà le viatique schopenhauérien.

On retrouve le détail de l'analyse épicurienne sous la plume de Schopenhauer qui la rapporte explicitement et manifeste son plein accord : la mort ne nous concerne pas, car si elle est là, nous n'y sommes plus, si nous sommes là, elle n'y est pas encore. C'est donc sur une idée, une représentation, qu'il faut travailler pour apprivoiser la mort. Sa réalité pose moins de problèmes que l'idée qu'on s'en fait. A la manière des stoïciens, travaillons sur ce sur quoi nous avons du pouvoir – la représentation de la mort – et laissons de côté ce sur quoi nous n'en avons aucun – son inéluctabilité. La mort nous fait moins souffrir que la peur de la mort.

Schopenhauer développe une théorie consolatrice du temps : il est circulaire d'un point de vue métaphysique, et parallèlement n'est qu'un point d'une façon empirique. Circulaire parce qu'il existe un éternel retour des choses : le vouloir revient, indéfiniment, éternellement, il est, était et restera la chose en soi, ses manifestations phénoménales surgiront puis disparaî-

tront, mais nous n'avons rien de neuf à attendre sous
le soleil. Il y a des chiens particuliers, les caniches par
exemple, que le philosophe affectionnait ; ils naissent,
ils meurent, mais le caniche en tant que tel est éternel.

De même pour les hommes : les individus passent,
l'espèce dure, la volonté qui constitue chacun dure également. Seul se décompose le phénomène, l'essence qui
nous constitue reste intacte. Voilà donc un genre
d'« immortalité dans le temps ». La naissance n'est pas
le début de notre existence, pas plus que la mort, ces
deux temps marquant juste un accident : le devenir-
matière de la chose en soi. D'où un genre d'éternité :
l'indestructibilité de notre être en soi offre donc une
première consolation.

En même temps, la seule modalité du temps est le
présent : il n'existe qu'un éternel présent. Le passé et
le futur sont des illusions. D'où l'intérêt de savoir
habiter pleinement l'instant présent, de ne pas le
gâcher, car il ne reviendra pas, de ne pas le vivre
comme si nous ne devions jamais mourir et comme si
notre temps n'était pas compté. Dès lors, en regard de
cette vérité d'importance, la mort ne sera qu'un
mauvais moment dans un instant présent où, n'étant
pas encore l'instant présent, elle relève d'un futur à
laisser là où il se trouve, à savoir dans le registre des
choses en puissance et non en acte. Voilà donc une
deuxième consolation.

Troisième consolation : avant que nous ne deve-
nions cette incarnation, ce phénomène prenant forme
individuelle, nous n'étions pas. Or ce néant d'où nous
provenons ne nous effraie pas, nous n'avons ni crainte
ni peur à l'idée qu'un jour, avant d'être, nous ne fûmes
rien. Dès lors que nous comprenons que le néant d'où

nous venons est très exactement semblable au néant vers lequel nous allons, pourquoi aurions-nous peur de retrouver ce que nous avons connu et qui n'était aucunement douloureux ? Le non-être d'avant la vie n'a pas plus de raisons d'être terrorisant que le non-être d'après la vie. D'autant plus que la douleur n'est pas affaire de néant, mais d'être !

Quatrième consolation : si l'on meurt de manière violente, on ne s'en apercevra pas. Nulle douleur, nulle souffrance. En revanche, si l'on meurt de vieillesse, l'extinction naturelle du vouloir-vivre consubstantielle au processus de vieillissement rend le passage vers le néant moins difficile. La vieillesse est un genre d'euthanasie naturelle douce du vouloir-vivre. La nature a bien fait les choses en préparant l'extinction des feux par un amoindrissement progressif de l'incandescence.

48

La consolation du sublime. Puisqu'il n'y a que Vouloir, les dieux ne sont pas à craindre. Première certitude. La mort n'est pas à craindre, donc, deuxième certitude sur la voie de la sérénité. La souffrance est supportable, troisième certitude. Le bonheur est atteignable, quatrième certitude. Mais comment ? Schopenhauer propose trois options qui constituent l'*ontologie blanche* – sinon son optimisme… – au cœur même de son œuvre majeure, *Le Monde comme volonté et comme représentation* : la contemplation esthétique ; l'éthique de la pitié ; la métaphysique de la négation du vouloir-vivre. Le but ? Parvenir à l'éradication du

Vouloir, faire disparaître cette volonté, lui dire un grand Non – là où Nietzsche dira un grand Oui… Voici donc trois façons d'arrêter le perpétuel mouvement de balancier entre la souffrance et l'ennui.

Première façon : la contemplation d'un paysage sublime, d'une belle chose, d'un moment esthétique heureux, voilà ce qui suspend la tyrannie du Vouloir. Schopenhauer énonce une idée qui fera beaucoup pour sa réputation dans son siècle : les beaux-arts travaillent à résoudre le problème de l'existence. Nietzsche et Wagner s'engouffrent dans cette brèche, et nombre d'artistes avec eux, des musiciens notamment, car Schopenhauer est le premier philosophe à donner un rôle majeur à la musique.

La musique est indépendante du monde phénoménal, qu'elle ignore totalement. L'univers pourrait ne plus exister, elle existerait encore, c'est dire… On évitera dès lors de reprendre en chœur cette idée fausse que, chez Schopenhauer, la musique est l'image du monde : car elle est à elle seule un monde, une copie de la volonté. Nul besoin, comme Descartes ou Leibniz, d'aller chercher des sciences, de l'acoustique à l'arithmétique en passant par les mathématiques, pour tâcher d'expliquer ce qu'elle est : aucun concept ne parviendra à rendre compte de sa spécificité. Seules, des métaphores en permettront une approche, et encore… La musique est un monde en soi. Le monde des mondes. Quasiment la matrice de tous les mondes sans que pour autant aucun n'en découle…

D'où les correspondances établies entre les sons graves et la matière organique, ou la masse planétaire ; les sons aigus : les végétaux et les animaux ; les intervalles de la gamme : les degrés de la volonté objectivée ou les espèces dans la nature ; la mélodie chantée : la vie et les désirs les plus conscients de l'homme ; la mélodie jouée : la tristesse, l'ennui, la douleur ; le rythme : le bonheur et le malheur. Même chose avec les voix : la basse : le minéral ; le ténor : le végétal ; l'alto : l'animal ; le soprano : l'homme.

La musique montre les mouvements les plus cachés de notre être, les plus intimes, mais débarrassés du phénomène. Elle offre une représentation pure, indépendante de toute incarnation. La musique ravit l'individu qui l'écoute car l'auditeur s'absorbant dans la chose en soi qu'il contemple, dès lors, se détache totalement du phénomène. Autrement dit : il devient musique et oublie son corps.

Même mécanisme en face d'un paysage sublime, une montagne aux sommets perdus dans les nuages, un torrent charriant des blocs de glace, un ciel rougeoyant au crépuscule – les sujets du peintre Caspar David Friedrich. On se souviendra que la consolation musicale et la consolation de la contemplation d'un paysage sublime ramènent Schopenhauer au moment où il effectue un tour de l'Europe avec ses parents, assiste presque chaque soir à des concerts, à des opéras, visite des musées, tombe en arrêt devant des toiles de maîtres ou expérimente le sublime d'un paysage magnifique.

Le romantisme parcourt à nouveau la catégorie du sublime analysée jadis par Longin. Est sublime tout spectacle qui, par sa grandeur, sa magnificence, sa puissance, contraint l'individu à se sentir beaucoup plus petit que lui. Devant le sublime, chaque être éprouve le rétrécissement de soi, le rapetissement de sa subjectivité en même temps que l'augmentation de ce qui procure ce sentiment : immensité du Mont-Blanc, petitesse de celui qui le regarde et jouissance éprouvée par ce petit homme dont l'intérieur devient immensément grand. Cette opération annihile le Vouloir et manifeste le triomphe de la Connaissance. A la manière de l'enfant ou du génie, apparentés en cela, l'individu qui expérimente le sublime devient pur sujet de connaissance et cesse d'être tyrannisé par la chose en soi.

49

Une éthique de la pitié. Deuxième consolation : la morale de la pitié. Le fatalisme qui découle de l'ontologie noire de Schopenhauer pourrait nous désespérer totalement : puisqu'il n'existe pas de libre arbitre, ni de possibilité de choisir, et que chacun se trouve dans une incapacité radicale de préférer ceci à cela, alors, personne n'est responsable et encore moins coupable d'être ce qu'il est. Métaphysiquement, rien ne distingue le bourreau de sa victime, le bon du méchant, le salaud du héros, le prédateur de sa proie. Tous sont sur un même bateau, viennent du néant, voguent vers lui à vive allure, sans aucune possibilité d'intervenir sur le courant de ces rapides qui mènent à l'abîme.

Donc, il n'y a aucune raison de désespérer du délinquant ou de célébrer le sauveteur d'un noyé, les motifs ont mené le bal, rien de ce que nous nommons altruisme, philanthropie, bonté, générosité n'est entré en ligne de compte : chacun a obéi au vouloir qui l'a fait être ceci au lieu de cela. A quoi on ajoutera que, s'il n'y a pas de raisons de désespérer, il en existe une de nous réjouir : la communauté de destin nous mène à pratiquer une éthique de la pitié que Schopenhauer nomme également « tendresse pure ».

D'où les pleurs qui signalent cette compassion prise à la douleur et aux souffrances d'autrui. Schopenhauer n'aime pas l'altruisme, la philanthropie, il nie partout la possibilité d'un pur sentiment désintéressé, mais, sans craindre la contradiction, il célèbre la pitié comme une vertu cardinale, un genre de justice spontanée à même de permettre le franchissement d'une marche dans la direction de la négation du vouloir-vivre. Elle est, nous dit-il, « le fondement de la morale », car, avec elle, j'expérimente l'unité indivise de tout ce qui est.

La pitié n'a pas besoin d'une éducation préalable pour exister : elle se trouve en tout être naturellement et n'est jamais affaire de culture, ou de religion. Elle est un sentiment spontané, immédiat de la nature qui existe universellement en tous lieux et en tous temps et ce de toute éternité. Exact inverse de l'envie, elle libère une compassion à l'endroit de toute humanité souffrante. Dont celle des animaux.

50

Philosophie du caniche. Plus que les couturières gênantes dans son entrée d'immeuble, Schopenhauer a aimé les caniches au point, on le sait, de réaliser le moulage du « visage » de l'un d'eux en même temps qu'il rossait la « vieille salope ». Schopenhauer avait la pitié sélective... Lui qui avait la dent dure pour les humains en général, ou les professeurs de philosophie en particulier – Hegel, Fichte et Schelling nommément… – n'a jamais pu être pris en défaut de pitié pratique… à l'endroit des animaux. Le paragraphe de son testament concernant son chien en témoigne.

Sérieusement, Schopenhauer avoue préférer, et de loin, la queue d'un chien qui remue pour dire son bonheur, aux courbettes, politesses et salutations des hommes. Le chien est expressif et honnête ; on ne peut en dire autant des humains. Cet animal en particulier, et plus que tout autre, pratique la tendre amitié et le dévouement dont la plupart des hommes sont incapables. Sa transparence est totale, absolue. Le philosophe donne dans l'habituel lieu commun qui veut qu'un amoureux des animaux double souvent sa passion pour la gent canine – ou autre… – d'une dommageable détestation des humains. Il écrit : « S'il n'y avait pas de chiens, je n'aimerais pas à vivre. »

Plus sérieusement, plus philosophiquement aussi, Schopenhauer attaque les « fables juives », autrement dit chrétiennes, qui font des animaux une partie inférieure de la création et des hommes le couronnement de l'œuvre de Dieu. Cette vision des choses suppose qu'existent une infériorité des animaux, une supériorité des hommes, et une possibilité pour les seconds d'exploiter les premiers pour les manger, s'en vêtir, les faire travailler ou, dans les laboratoires, les faire souffrir.

Or toute la thèse du *Monde comme volonté et comme représentation* est qu'il n'existe pas une différence de nature entre les éléments du monde, mais une différence de degrés : la Volonté habite de la même manière un cristal de roche et un poète, un âne et un professeur de philosophie, une abeille et un crétin, un coquelicot et un génie, une montagne et une mère de famille. La chose en soi, une, effectue des variations, certes, mais l'unité compte plus que les variations. L'animal et l'homme se séparent peu. Schopenhauer ne croit pas que les uns soient dépourvus d'âme et les autres dotés d'un esprit immatériel, éternel, à même de rendre possible la liaison avec le divin. En tant qu'ils partagent une même communauté de destin par leur liaison avec le Vouloir, l'homme et la bête méritent une pareille pitié, une semblable compassion.

51

La négation du vouloir-vivre. Troisième degré et dernier affranchissement possible : la négation du vouloir-vivre par la continence et la chasteté. Voilà le remède des remèdes. Car le renoncement à la sexualité conduit bien vite à l'extinction totale de l'espèce, seule façon de résoudre définitivement le problème de l'éternelle oscillation entre la souffrance et l'ennui. Avec cette solution radicale, au sens étymologique – car elle prend les choses à la racine –, le balancier ralentit, s'arrête et s'immobilise définitivement. Et là, là…

Le nirvana : plus de douleur, de souffrances, de misères, d'ennui ; plus de peine, plus de mal ; plus de désespoir, plus de mélancolie ; plus de jalousie, d'envie, d'hypocrisie ; plus de tyrannie du vouloir, plus de sexualité ; plus de désir, plus de plaisir ; plus de crainte, plus de peur, plus d'angoisse ; plus de terreur face à la mort ; plus d'appétit, plus de convoitise… Mais : quiétude, paix, sérénité, joie, bonheur, calme. Le néant change de camp : il n'est plus à venir, il est. Le non-être est. Mais, inconvénient majeur : il n'y a même plus d'être pour rendre possible la représentation du néant même. De sorte que le néant se trouve néantisé et que ce rien, personne ne peut même le dire. Bonheur visible dans le sourire du Bouddha, puis, plus de sourire, plus de Bouddha. Rien.

52

Moi nouménal, Moi empirique. Kierkegaard consent à ce que l'œuvre de Hegel constitue un immense et magnifique château, mais, ironique, il avoue préférer une humble chaumière habitable, la sienne, autrement dit son œuvre, à un édifice imposant mais inhabitable… On pourrait imaginer que Schopenhauer a eu cette même idée en regardant sa forteresse métaphysique et en la trouvant bien grande pour un tout petit humain. L'excellence de son architecture métaphysique ne l'a pas convaincu d'y vivre, aussi a-t-il creusé les fondations d'un autre bâtiment, cette fois-ci moins imposant et plus viable. Une construction empirique…

Dans *Le Monde comme volonté et comme représentation*, il se dit déjà soucieux de « la pratique de la vie ». Mais sa fascination pour l'idéal du sage stoïcien ou, mieux, du sage hindouiste ou bouddhiste, ne va pas jusqu'à en générer chez lui, dans sa vie quotidienne, une imitation en bonne et due forme. Au passage, il prend soin de signaler que ce stoïcien censé traverser toutes les embûches de la vie indemne et intact ressemble tout de même à un mannequin inerte… Et Schopenhauer fut tout sauf un mannequin inerte. Je crois par ailleurs qu'il n'envia jamais l'état de ce pantin…

On l'a vu, la biographie du philosophe peine à montrer une cohérence entre sa doctrine et sa pratique, sa théorie et ses actions, ses livres et sa vie. Le penseur de la pitié nécessaire à cause de la communauté de destin sous l'empire de la Volonté se fâche et rompt, frappe une femme, se met en colère, insulte, vitupère les journalistes, accable d'insultes les professeurs de philosophie à l'Université, roue symboliquement Hegel de coups, agresse gratuitement les gens dans les cafés, aide des soldats à ajuster le tir sur les ouvriers insurgés, rien qui montre un grand goût pour la compassion. Le philosophe qui théorise la fatalité du caractère et l'inéluctabilité du tempérament a passé des années de sa vie à guerroyer contre celui de sa mère. Le théoricien de la chasteté à même d'en finir avec le problème de la Volonté fut un temps, certes malgré lui, père de famille et fréquentait plus souvent qu'à son tour les bordels de Francfort. Il fut également amoureux fou d'une jeune comédienne qui accoucha dix mois après son départ en Italie, mais fut magnanime avec elle et lui laissa une place sur son testament. Prévoyant cependant, ou bien lucide sur son propre compte, il s'étonnait qu'on puisse demander à l'homme qui fait l'éloge d'une vertu de la posséder. Ce serait tout de même la moindre des choses… La proposition d'un idéal de sagesse n'oblige pas à la pratiquer. A essayer peut-être, alors, tout de même ?

Le Moi nouménal n'est pas le Moi empirique. La pratique de l'esthétique comme libération, la musique comme consolation ; on peut imaginer qu'il fut à la hauteur. La pitié, on s'en souvient, n'a pas été sa vertu cardinale ou sa pratique quotidienne – exception faite des chiens ; la négation du vouloir-vivre par la chasteté semble avoir été la proposition la moins tentée de toutes. Faites ce que je dis, mais ne faites pas ce que je fais, dirait la sagesse populaire...

53

Un bonheur empirique. Certes, les *Aphorismes sur la sagesse dans la vie* proposent un idéal moins inatteignable, autrement dit, une chaumière plus facilement habitable, mais les règles de vie semblent accessibles à l'homme du commun beaucoup plus qu'au saint visé par le discours métaphysique. Mieux vaut un homme réellement sage qu'un saint inexistant, voilà ce que l'on pourrait croire en lisant cette partie des *Parerga et Paralipomena*.

La sagesse, quand elle n'est pas aspiration à la sainteté, à l'héroïsme ou au génie, consiste à se rendre la vie la plus agréable possible. Dans la page d'ouverture aux *Aphorismes*, Schopenhauer écrit : « Cette étude pourrait s'appeler également l'eudémonologie ; ce serait donc un traité de la vie heureuse. » On se frotte les yeux et l'on peine à y croire : le philosophe de la négation du vouloir-vivre propose, à défaut de réussir dans le projet fabuleux d'éteindre la Volonté du cosmos, d'allumer une petite lumière qui permette, malgré la catastrophe, de vivre tout de même et le plus heureux possible ! Un traité du bonheur signé Schopenhauer ? Oui...

Le philosophe s'explique : d'un point de vue métaphysique, sa pensée interdit qu'on puisse être heureux, car elle conclut au règne généralisé de la tyrannie d'une volonté brutale qui contraint à la souffrance ou à

l'ennui. Mais, mais, et il y a un mais : son eudémonologie ne l'interdit pas, car elle se place sur un autre
terrain, celui de l'empirique. Dès lors, en nous appro-
chant de la fin de ce trajet dans l'œuvre du philosophe,
il faut conclure à la nécessité d'une lecture intégrale
et non de prélèvements.

Le prélèvement fait de Schopenhauer un philosophe
pessimiste, sans autre forme de procès. La lecture intégrale montre que le *pessimisme de raison* se double
d'un *optimisme de l'action* et que l'un et l'autre fonctionnent en avers et revers d'une même médaille. Ce
moment oublié, négligé, rarement mis en évidence,
justifie que le philosophe n'ait pas été homme à se
suicider, que le pessimisme ne l'ait pas conduit sur les
bords du Styx et que, somme toute, il ait vécu une vie
philosophique eudémoniste valant qu'on y regarde
théoriquement d'un peu plus près.

Schopenhauer vécut en effet une vie d'homme libre,
sans femme, sans enfants, sans famille, sans pension
alimentaire, sans patron, sans supérieur hiérarchique,
sans métier, avec pour seul souci de gérer son capital,
d'obtenir des rentes qui lui laissaient le loisir – l'*otium*
des Anciens – d'écrire ses livres et de travailler à son
œuvre. Une vie philosophique, romantique et toute de
caprice à être. La souveraineté acquise sur soi, l'indépendance à l'endroit du monde permettent alors de
mépriser « ce que l'on a », « ce que l'on représente »
pour se polariser sur « ce que l'on est ». Positions clairement antiques, les sagesses cynique et cyrénaïque,
épicurienne et stoïcienne formulées dans l'Allemagne
de la révolution industrielle.

54

Une vieille maîtresse. La sagesse pratique, et plus particulièrement son orientation eudémoniste, sont une vieille maîtresse dans la vie du philosophe. Il n'a pas attendu son âge mûr, ou la soixantaine passée, pour y consacrer du temps, des lectures et de l'énergie. Car dès les années trente, il a alors la quarantaine, il remplit des cahiers dans lesquels il consigne des aphorismes, des textes, des citations, des adages, des maximes, des règles de vie issues de lectures, de traductions ou de réflexions concernant cette question pratique : comment vivre heureux dans un monde où rien ne nous y invite ? Le titre de ces cahiers ? *L'Art d'être heureux…* Bon an mal an, il formule une sagesse qui ressemble à celle des musiciens jouant sur le pont du *Titanic…*

Schopenhauer a appris l'espagnol pour lire Baltasar Gracián. A une époque où il traduit, l'*Oráculo manual* fait partie de son projet. L'ouvrage du jésuite se compose de cinquante propositions, celui de Schopenhauer aussi… Plusieurs règles de l'Espagnol se retrouvent formulées, à peine changées, sous la plume de l'Allemand… On y retrouve aussi des allusions, des citations, des emprunts, des renvois. Le livre est sans méthode, sans règles de composition, fabriqué au jour le jour, sur le principe du hasard des associations libres. Plus tard, *L'Art d'être heureux* se retrouve partiellement recyclé dans les *Aphorismes sur la sagesse dans la vie*, eux-mêmes partie des *Parerga et Paralipomena* qui donneront au philosophe le bonheur et la joie tardive de la célébrité…

55

De l'art d'être heureux. Dans le texte publié sous le titre *L'Art d'être heureux,* Schopenhauer se propose d'éviter deux écueils : le premier, le renoncement à soi, qui est celui du sage stoïcien ; le second, ce qu'il nomme le « machiavélisme » – qu'on pourrait aussi nommer le cynisme – qui est renoncement à autrui. Autrement dit, ni renonçant, ni cynique, mais sage dans la perspective d'une juste mesure. Pas d'excès dans l'idéal ascétique, ni dans le comportement sans foi ni loi. Ni la mort au monde, ni la mort de l'autre. La perspective cesse de coïncider avec l'ascèse du sage indien, elle s'installe confortablement dans la sagesse pratique de la mesure.

Le métaphysicien, on s'en souvient, clame haut et fort le fatalisme, le déterminisme et la négation du libre arbitre ; le pragmatique parle de l'« éducation de soi-même ». Le philosophe ne s'embarrasse pas de la contradiction qui travaille son corpus. Deux philosophies existent sous la plume d'un même penseur, avec l'artifice d'un changement de registre – une fois l'ontologie, une autre la sagesse pratique. Mais le mode d'emploi précis et détaillé de cette construction de soi manque à l'appel.

Dans cette partie pratique de son œuvre, Schopenhauer retrouve les bonnes vieilles recettes de la philosophie antique, notamment les prescriptions épicuriennes. Souvenons-nous une fois de plus que Schopenhauer se place sous les auspices de la chose en soi kantienne pour la métaphysique, en même temps que sous la loi de la sagesse eudémoniste épicurienne. Dès lors, les points de jonction entre le penseur antique et le philosophe romantique offrent plus d'une occasion de parler d'un *épicurisme schopenhauérien.*

56

L'épicurisme schopenhauérien. Le philosophe allemand emprunte clairement au penseur grec sa théorie de la classification des désirs en désirs naturels et nécessaires, naturels et non nécessaires, non naturels et non nécessaires. Puis il conclut que le philosophe se contentera de satisfaire les premiers et de mépriser les autres. Sur ce strict plan, le moderne se pose en disciple de l'ancien et ne cherche pas à le cacher. Si la chose se trouve justement formulée chez un prédécesseur, pourquoi prétendre mieux faire ?

Les désirs naturels et nécessaires définissent les envies qui causent des souffrances en cas d'insatisfaction. Ainsi la soif, la faim, rien d'autre. Les désirs naturels et non nécessaires recouvrent la sexualité par exemple. Nul besoin de lui accorder ce qu'elle demande. On sait même que le fin du fin de l'ontologie du métaphysicien consiste à ne surtout plus lui donner ce qu'elle exige, stade suprême de la négation du vouloir. Enfin, viennent les désirs ni naturels ni nécessaires : le luxe, l'abondance, le faste par exemple. Ces deux dernières modalités du désir causent des souffrances car elles supposent une difficulté pour obtenir ce à quoi on aspire et une égale souffrance à conserver ce qu'on aurait obtenu. De plus, ces désirs sont sans fin. Or, le désir ne tient jamais ses promesses, et il est souffrance en tant que tel. Nul besoin, donc, de les nourrir... Le bonheur empirique se définissant par l'absence de souffrance, comment ne pas reconnaître dans le *bonheur négatif* de Schopenhauer l'*ataraxie* d'Epicure ?

57

L'hédonisme des philistins. Le terme « philistin » a connu un succès considérable dans le milieu du XIXe siècle. Nietzsche l'utilisera lui aussi avec une réelle gourmandise pour fustiger le plaisir grossier et vulgaire des bourgeois de son temps. Qu'est-ce qu'un philistin ? Une créature spécifique de l'époque, engluée dans la consistance épaisse de la réalité dont il ne peut se défaire, une réalité qui n'existe d'ailleurs pas car il en ignore la nature philosophique – la sous-tension du Vouloir. Le philistin ignore les besoins intellectuels et ne sait pas même qu'existent des jouis-sances à réfléchir, méditer, penser.

Le fin mot de l'hédonisme philistin ? Le champagne et les huîtres... Car seules l'intéressent les jouissances grossières, épaisses, vulgaires. Dans la classification épicurienne, le philistin obéit à tous ses désirs et sacri-fie à tous les plaisirs, pourvu qu'ils ne concernent que la matérialité la plus basse de son être. Sa fascination pour l'inutile est légendaire : le théâtre, les jeux de cartes ou de hasard, les courses de chevaux, les bals, la société de ses pairs réunis en cénacle, les sorties mondaines, les collections d'aventures amoureuses, les vins, la table, les voyages, etc. Sec, morne, triste, le philistin ignore l'émotion et se réfugie dans la vanité ou le snobisme. Voilà pour son rapport au monde.

Son rapport à autrui est intéressé : parce qu'il est

obsédé par la richesse, le rang social, le pouvoir, l'influence, le philistin n'entretient avec autrui que des relations qui lui permettront d'augmenter sa surface sociale, sa zone d'influence mondaine, sa richesse, sa puissance et sa visibilité. Dans ce cas de figure, il voue aux gémonies les artistes, les créateurs, gens inutiles et autres passionnés d'absolu. Baudelaire écrivant sur le dandysme rapporte dans ses *Fusées* que le bourgeois demandera bientôt du poète rôti à son dîner. Le bourgeois, voilà l'autre nom du philistin.

Dans ce portrait, on découvrira sans difficulté les échos de sa jeunesse dépensière, de son temps consumé dans les futilités mondaines, et, également, certains détails relevant de la biographie de sa mère et de la faune des habitués de son salon… Rappelons pour mémoire que *Le Livre des snobs* de Thackeray date de 1846-1848 et que *Le Peintre de la vie moderne* de Baudelaire, qui oppose le Dandy au Bourgeois, date de 1863.

58

L'eudémonisme philosophique. L'emprunt aux sagesses antiques suppose un souci affiché de construction de soi, de sculpture de soi, qui implique que chacun s'installe au centre de lui-même, une préoccupation qui anime également Thoreau dans son entreprise existentielle. Etre au centre de soi-même, c'est-à-dire au milieu même du dispositif de vie philosophique qu'on met en place, en cœur de cible d'une visée architectonique de soi. Pas question, donc, d'être à côté de soi, en dehors de soi, autrement dit hors je. Là où les autres investissent en dehors d'eux – richesses, honneurs, pouvoir, argent, luxe… –, le sage véritable installe son campement existentiel en lui-même. D'où cette distinction entre *être*, *avoir* et *paraître*, et la concentration de toute son énergie sur *être* au détriment d'*avoir* et de *paraître*.

Comment répondre à la question : qu'est-ce qu'on est ? On est son tempérament, son caractère, son intelligence, sa santé, sa force, sa beauté. Pour savoir en quoi tout cela consiste, on examinera ce que l'on a été afin de déterminer des lignes de force. D'où l'exercice spirituel pratiqué par les sages antiques : l'examen de conscience, autrement dit, au sens étymologique, la ré-flexion, le retour sur soi.

Avant la récupération de cette pratique par le christianisme, l'examen de conscience est un art de faire des bilans sur ce qu'on a été, ce qu'on a fait, dit, pas fait, pas dit, mal fait, mal dit, bien fait ou dit dans une journée, puis de tirer des conclusions dans la perspective d'actions nouvelles. Moment de bilan utile pour préparer l'avenir, ce temps devient celui de la culpabilité chrétienne là où les philosophes païens en faisaient une propédeutique à une pratique plus adéquate de l'idéal.

Dans cette perspective, Schopenhauer vante les mérites de l'écriture quotidienne d'un journal. Le XIXe siècle adore cette pratique. Schopenhauer n'en écrira qu'un, son *Journal de voyage* quand il était adolescent. Le journal relève des pratiques existentielles, des exercices spirituels utiles pour tenir les comptes de l'examen de conscience : noter les progrès, les stagnations, les efforts, analyser les reculs, penser les relations entre une décision et une réalisation, mesurer la grandeur des écarts, se proposer d'en réduire les amplitudes, détailler l'évolution du chantier de construction de soi, toutes ces opérations fonctionnent à merveille dans les *Pensées pour moi-même* de Marc-Aurèle qui fournit le canevas d'une méthode pour parvenir à construire une « forteresse intérieure ».

L'invitation de Socrate « Connais-toi toi-même » reste d'actualité dans la perspective d'un pareil projet. Car notre capacité au bonheur est relative à ce que nous sommes, de quoi découle ce que nous pouvons : le génie et le crétin ne seront pas affectés de la même manière par une semblable réalité, le premier est plus susceptible de grandes douleurs et de grandes jouissances que le second. Notre intellect doit nous permettre de nous affranchir, autant que faire se peut, de la Volonté et des déterminismes qu'on lui doit.

Et l'on pourrait pointer l'apparition d'une pensée féministe chez ce grand misogyne qu'était Schopenhauer en regardant d'un peu près sa théorie de l'intellect : car le père donne le caractère, contre lequel on ne peut rien, et la mère l'intellect, qui rend possible pourtant, sur le terrain pragmatique, un affranchissement. La femme reproduit l'espèce par le Vouloir qui l'habite puissamment, mais elle rend aussi possible l'antidote, le contrepoison, en fournissant l'intelligence, autrement dit l'instrument d'une libération de l'aliénation qu'elle transmet… Paradoxe et ruse de la raison : la femme est l'avenir de l'homme ! Elle ouvre l'espoir eudémonique !

59

Des recettes eudémonistes. Dans *L'Art d'être heureux* ainsi que dans *Aphorismes sur la sagesse dans la vie*, Schopenhauer donne des recettes pour être heureux – autrement dit : pour ne pas souffrir. D'où, peut-être, le succès public, car les recettes austères du métaphysicien se trouvent dissimulées dans les mille cinq cents pages du *Monde comme volonté et comme représentation*, alors que les deux petits volumes semblent un vade-mecum de sagesse pratique applicable. La rudesse ascétique des trois remèdes ontologiques – pitié, contemplation, négation du vouloir – laissent place à la simplicité du bon sens populaire de la pragmatique du philosophe.

Qu'on en juge : Schopenhauer commence par dire que le plus important, l'essentiel, la chose cardinale, ce qui compte avant tout, c'est… *la santé*, à laquelle on doit neuf dixièmes de nos bonheurs. Il précise que jamais on ne jouit de la santé, alors qu'on souffre de son défaut. Autrement dit : on ne jouit pas d'avoir des dents en bon état, mais on a mal à cause d'une carie. N'attendons pas d'avoir perdu un bien pour en jouir : n'attendons pas la vieillesse, la maladie, la souffrance, les misères, qui nous privent de santé, pour jubiler d'en disposer tant qu'elle est là. Jouir de ne pas souffrir, donc : leçon de bon sens, mais tellement efficace.

D'où, conséquences, un éloge de toute *diététique* à même de préserver cette santé, de l'acquérir ou de l'augmenter : des exercices physiques – de la marche par exemple ; deux heures de plein air par jour ; pas d'abus des travaux intellectuels : pas plus de trois heures ; du repos, de la détente ; des bains froids. On évitera les excès, les débauches en tout ; ni trop ni trop peu, donc, mais une sage mesure en tout. Pas d'émotions violentes et pénibles ; éviter les tracas et les ennuis ; vouloir une vie modeste et tranquille ; vivre loin des importuns, se dispenser de fréquenter les personnes pathogènes ; et tendre au maximum de solitude possible : plus un être supporte de solitude, plus il manifeste sa proximité avec le génie. L'idéal ? La souveraineté totale. Ne dépendre de rien ni de personne.

Puisque le bonheur est affaire de représentation, et que les représentations, on l'a vu, passent par le cerveau, on entretiendra avec le *sommeil* une relation précieuse : ni trop, ni trop peu. L'encéphale, le corps, les ganglions exigent un profond repos. Le sommeil restaure le noyau dur de notre être. Il est doux et agréable car il suspend la tension consubstantielle à tout état de veille et nous plonge dans un état végétatif. Débarrassée de tout souci venu de l'extérieur, la volonté travaille alors intérieurement à la réparation des forces de l'être. Le sommeil guérit.

La quantité de sommeil est donc en relation directe avec la qualité de l'individu : plus il dispose d'un cerveau développé, plus il a besoin de sommeil ; l'enfant dort beaucoup, car il fortifie son être ; le vieillard dort peu, car son être fatigué accumule fatigue sur fatigue or il faut un minimum de force pour dormir ; l'animal dort peu ; le génie beaucoup. Montaigne, Descartes et Kant, nous dit Schopenhauer, étaient de grands « dormards », pour utiliser l'expression du premier. Mais ils savaient ne pas aller au-delà du raisonnable en la matière. La juste mesure, encore et toujours.

60

Une arithmétique des plaisirs. Reprenant une autre vieille recette épicurienne, Schopenhauer invite à sacrifier un plaisir s'il doit être payé d'un déplaisir. Un sage usage du temps montre qu'en agissant d'une certaine manière, on produira tel type de conséquences et que, parfois, un moment de plaisir peut être payé très cher et très longtemps en déplaisirs divers et nombreux. L'hédonisme dispose de deux versants : la recherche de plaisirs positifs, mais Schopenhauer n'y croit pas ; et l'évitement de déplaisirs certains, ce en quoi réside l'éthique de notre philosophe. Mais l'une et l'autre sont deux façons d'escalader une même montagne, celle de l'eudémonisme. Schopenhauer aborde une face sur laquelle se trouve déjà Epicure. Mais Aristippe gravit également le même sommet...

Autre technique épicurienne : habiter pleinement le temps présent. Autrement dit, et selon la célèbre expression d'Horace : *carpe diem*. Ne pas polluer l'instant par le souvenir de mauvaises choses ni par la crainte d'autres mauvaises choses. Ne pas ressasser une douleur passée, car voilà de quoi produire une douleur présente ; ne pas craindre une douleur à venir, car voilà une autre façon de produire pareillement une autre douleur présente. Le métaphysicien insiste pour enseigner l'éternel retour des choses et la seule existence du présent ; le pragmatique ajoute : sachez ne pas le manquer, il ne se représentera pas, chaque seconde est une merveille sans double. Une fois perdue, elle l'est définitivement et ne se représentera jamais. Savoir, donc, jouir du pur présent de l'être des choses et du monde.

61

Renoncer à l'avoir… Enfin, le sage qui se polarisera sur l'être renoncera à l'avoir et au paraître. Quiconque se possède se dispensera de posséder : règle d'or de toute sagesse. Réduisons l'avoir au minimum vital. Désirer un objet, c'est entrer dans la spirale du manque douloureux et du désir ne tenant jamais ses promesses. Travaillons donc sur notre désir : moins on désire, plus on jouit, car moins on souffre. Le pauvre est celui dont les désirs outrepassent ses capacités à les satisfaire. Il existe donc des riches extrêmement pauvres : ceux qui désirent encore et toujours plus.

Conséquemment, on trouve aussi des pauvres considérablement riches : ceux qui, à la manière de Diogène, réduisent leurs désirs au minimum, n'ont besoin de rien, et se contentent de satisfaire les désirs naturels et nécessaires, faciles à contenter. Les malheureux veulent toujours plus et vont au-devant de frustrations. Les heureux désirent toujours moins, ils savent que cette voie conduit à l'ataraxie, l'autre nom du bonheur négatif selon Schopenhauer.

Dans ce cas de figure, l'argent ne doit pas être désiré pour lui-même, mais pour le loisir qu'il permet. Consacrer sa vie à devoir la gagner, c'est passer à côté de sa vie. Le jeune rentier l'a su très tôt, le vieux rentier s'en aperçoit peu de temps avant de quitter ce monde : le capital placé pour générer une rente régulière offre au sage la possibilité de s'adonner à la construction de soi, à la vie philosophique qui nécessite méditation, réflexion, solitude, lecture, écriture. Pas trop d'argent donc, mais pas trop peu non plus. Vouloir l'accumuler, tout autant qu'affecter de n'en pas vouloir, sont deux façons d'en être esclave. Là encore, Schopenhauer invite à la mesure : avoir assez d'argent pour ne pas avoir à souffrir d'en manquer.

Concluant son chapitre sur « ce que l'on a », il invite à éviter femmes et enfants. L'ontologie noire coïncide pour une fois avec l'éthique blanche : éviter de fonder une famille, voilà un plan considérable pour éviter nombre d'occasions de souffrances, de malheurs, de misères, donc autant d'occasions de jouir d'un réel, véritable, pur et parfait bonheur négatif...

62

... et au paraître. Le sage se moquera totalement de ce qu'on pourra bien penser de lui. D'où des analyses qui condamnent le duel, pour le ridicule qu'il suppose d'honneur, de dettes d'honneur, de réparation d'honneur, etc. Les différentes modalités de l'honneur – bourgeois, mondain, national, sexuel, chevaleresque – ou de gloire, vanité ou orgueil, voilà autant d'occasions de se perdre dans le labyrinthe des choses inutiles par lesquelles on cesse d'être au centre de soi-même, perdu dans les marges de soi, victime d'illusions coûteuses en matière de bonheur. Visons le détachement le plus grand de ces deux illusions qui génèrent tant d'anxiétés, de chagrins, de vexations, de colères, d'inquiétudes, de troubles, de peurs et autres souffrances qui interdisent le bonheur simplement parce qu'on craint l'avis des autres.

Toute compagnie mutile. La solitude offre la plus grande garantie de vie philosophique. Un être est d'autant plus sociable qu'il est faible, impuissant, limité, incapable de vivre en sa propre compagnie. Or la fréquentation des autres est la cause d'un très grand nombre de désagréments. Se tenir éloigné du monde, voilà une sage résolution. A défaut d'isolement physique et de vie retranchée dans les bois, on créera sa solitude en compagnie. Autre recette pratique.

Mais comment s'y prendre ? En s'isolant spirituellement quand on se trouvera dans une assemblée, en ne disant pas ce qu'on pense alors que tout le monde émet un avis et critique celui des autres ; puis en n'accordant aucun intérêt à ce que diront les convives autour de la table autour de laquelle on se trouve. Vieilles techniques des singes asiatiques : voir mais ne rien voir ; entendre mais ne pas entendre ; et se taire. Pratiquer la société à la manière du feu de cheminée : ni trop près, on s'y brûle, ni trop loin, car on souffre alors du froid…

Schopenhauer utilise une autre image, mais assez semblable, pour synthétiser sa morale – qui est art de l'autre. Elle est célèbre dans le bestiaire de l'histoire de la philosophie. Un troupeau de porcs-épics en hiver s'est mis en groupe pour éviter la rudesse du froid ; se rapprochant, ils se piquent ; se piquant, ils s'éloignent ; s'éloignant, ils souffrent à nouveau du froid ; frigorifiés, ils se rapprochent à nouveau, et, donc, se piquent encore ; etc. Jusqu'à ce qu'ils trouvent la bonne distance : celle où, pas trop proche, on évite les piquants et où, pas trop éloigné, on ne souffre pas du froid. Là encore, théorie de la juste mesure – ici la bonne distance. Il en va de même avec les humains : trop rapprochés, ils souffrent de promiscuité ; trop éloignés, de solitude. La bonne distance, Schopenhauer la nomme : la politesse. Politesse du désespoir ?

III

Stirner
et « les affamés de la vraie vie »

1

Un roman solipsiste. La plupart du temps, Max Stirner existe dans l'histoire des idées comme un philosophe anarchiste, sinon comme *le* penseur de l'individualisme anarchiste… Un historien des idées spécialiste de la chose anarchiste écrit un ouvrage pour le situer « aux sources de l'existentialisme ». Marx le brocarde violemment sous les traits de « Saint-Max » dans *L'Idéologie allemande*. Source probable, bien que cachée, de Frédéric Nietzsche… A quoi il faut également ajouter Marcel Duchamp, qui fit de Stirner et Nietzsche ses deux maîtres à penser. Picabia l'invita à découvrir *L'Unique et sa propriété* qui fut, avec *Ainsi parlait Zarathoustra,* le viatique que l'auteur du ready-made ne cessa de lire et mit dans ses valises lors de son départ pour les Etats-Unis… La tradition rapporte également que Mussolini aimait citer l'auteur de *L'Unique et sa propriété*… Singulier personnage, donc, que ce Max Stirner.

Johann Kaspar Schmidt, de son vrai nom, se fait

nommer Stirner par ses camarades de collège à cause
de son front (*Stirn*) exagérément grand et fuyant. Un
dessin d'Engels souligne en effet cette particularité : les
petites lunettes cerclées, les cheveux en brosse, la tête
carrée, les favoris descendant bas le long du maxillaire,
la bouche pincée, le petit menton de ce dessin de profil
au trait, voilà tout ce qui reste du physique d'un personnage dont la vie semble un roman solipsiste bien en
phase avec l'enseignement de *L'Unique et sa propriété*.

Stirner est né en Bavière, à Bayreuth, le 25 octobre
1806. La ville n'est pas encore ce que Wagner et la
wagnéromanie vont en faire bien des années plus tard.
Le père du philosophe sculpte les flûtes. Agé de trente-
sept ans, il meurt de phtisie six mois après la naissance
de son fils. Deux ans plus tard, sa mère épouse en
secondes noces un quinquagénaire préparateur en phar-
macie à Kulm, au nord de l'Allemagne. Stirner effectue
ses études primaires dans cet endroit. En 1818, il
retourne à Bayreuth chez son parrain où il va vivre
huit années. A douze ans il a donc perdu son père, et
sa mère le tient à distance. Trajet d'étudiant sans problèmes au collège et au lycée.

Il entre à l'université de Berlin en 1826 et ce pour
deux années. Il suit les cours de Schleiermacher pour
la théologie et de Hegel, alors au sommet de sa gloire.
Les cours d'histoire de la philosophie qu'il donne à ce
moment-là seront publiés sous le titre *Leçons sur l'histoire de la philosophie* – ils contribueront à constituer
l'historiographie dominante jusqu'à aujourd'hui. A
l'époque où Stirner suit ses leçons à Berlin, Hegel a
publié la *Phénoménologie de l'esprit* (1806-1807), la
Science de la logique (1812-1816), l'*Encyclopédie*
(1817).

Comme le veut l'usage du temps pour les étudiants qui changent d'université afin de suivre l'enseignement de professeurs particuliers, Stirner s'inscrit un semestre à Erlangen, puis à Königsberg, la ville natale de Kant. A vingt-trois ans, il envisage d'enseigner, mais la maladie mentale de sa mère le contraint à laisser l'Université pour rentrer à Kulm et y rester pendant trois ans pour s'occuper d'elle. De retour à Berlin, il reprend ses études en 1832, âgé de vingt-six ans. Il échoue partiellement à ses examens et l'obtention de ses certificats ne suffit pas à lui ouvrir l'accès à l'enseignement public. Pendant huit heures hebdomadaires, il devient stagiaire de latin en collège sans salaire. En 1837, après s'être vu refuser un poste de professeur, il épouse la fille (ou la nièce) de sa logeuse, une jeune fille inculte avec laquelle, semble-t-il, il ne semble même pas partager de vie sensuelle – assez pourtant pour qu'elle porte un enfant de lui avec lequel elle meurt en couches. Stirner a trente-deux ans, il est orphelin de père, fils d'une mère folle, fraîchement veuf et père d'un enfant mort.

2

Le Cercle des jeunes hégéliens. A l'âge dit du Christ, il enseigne à des jeunes filles dans une institution libre. Pendant cinq années, il assure ses heures à son poste. En même temps, il fréquente le Cercle des jeunes hégéliens de gauche, les « Hommes affranchis ». En 1842, un dessin d'Engels saisit l'ambiance de tripot dans laquelle se réunissent ses membres : au plafond, un éclairage, en haut du dessin un genre d'écureuil comme

une signature surréaliste avant l'heure, au mur une petite
boiserie qui représente une guillotine avec une tête de
mort, un poignard et une hache sur le côté et puis,
foulant des journaux au sol, des moustachus, des barbus,
des dandys qui semblent se jeter des imprécations à la
figure dans une ambiance de bouteilles éclusées, de
verres vides et renversés, de chaises tombées par terre.

Max Stirner fait partie du paysage, cigare à la bouche, pantalon fuseau de muscadin, long front plissé.
La main sur la table, il assiste au spectacle de l'échange
houleux, certes, mais le regard ailleurs ; le dessin
d'Engels illustre presque la théorie de l'association
d'égoïstes qui constitue l'épicentre de *L'Unique et sa
propriété* : intégré dans le groupe des « Hommes
affranchis » par intérêt, s'y prêtant volontiers, mais
sans jamais se donner, consentant au rassemblement
le temps de son intérêt.

Bruno Bauer est là, il est déjà à cette époque l'auteur
de travaux sur les Evangiles synoptiques, dans lesquels
il affirme l'inexistence historique de Jésus. Venu de la
droite hégélienne, d'abord scandalisé par la *Vie de
Jésus* de David Friedrich Strauss, Bruno Bauer entreprend un travail qui le persuade finalement du bien-
fondé des thèses de ce dernier. Dans l'histoire de la
philosophie occidentale, cet ami de Stirner est le premier défenseur de la thèse mythiste selon laquelle Jésus
est une figure allégorique, un personnage conceptuel,
mais sans réalité historique.

La droite hégélienne se réclame de Hegel, bien sûr,
mais sur le mode du prélèvement elle isole ce qui lui
permet de constituer un corpus : elle soutient sa théorie
téléologique de l'Histoire comme réalisation de l'Idée,
de la Raison, du Concept, autrement dit de Dieu ; elle

affirme la vérité de la philosophie de la religion hégélienne, qui présente le christianisme comme la Religion
Absolue ; elle souscrit aux thèses des *Principes de la
philosophie du droit* selon lesquelles l'Etat est « un
être divin-terrestre » ; elle croit que le rôle de la religion consiste à « intégrer l'Etat au plus profond des
âmes individuelles » ; elle pense la monarchie prus-
sienne comme un modèle...

La gauche hégélienne, pour sa part, effectue une lecture qui privilégie les potentialités athées de la philosophie de la religion de Hegel, car l'auteur des *Leçons sur
la philosophie de la religion* a tellement rationalisé le
christianisme qu'il reste, au final de ses analyses, peu
de christianisme et beaucoup de Raison ; elle recourt au
« travail du négatif » dans la dialectique pour justifier la
destruction comme moment nécessaire à l'avènement du
mouvement inévitable, ce qui justifie les options révolutionnaires – Bakounine s'en souviendra ; elle s'appuie
sur la téléologie et la philosophie des fins de l'Histoire
en dissociant la Raison de son autre nom : Dieu.

3

Le philosophe d'un seul livre. En huit mois de
l'année 1842, Stirner a publié vingt-six articles dans
la *Gazette rhénane*, une publication destinée à assurer
la promotion du travail des jeunes hégéliens de gauche.
La revue publiait des recensions utiles pour montrer
au public la vitalité des membres de ce groupe qui
s'amusait, provoquait, affirmait haut et fort son
athéisme, buvait, parlait, débattait, plus qu'il ne pro-
duisait de travaux conséquents. Bruno Bauer, qui avait

été révoqué de l'Université pour ses audaces en matière de théologie, faisait l'objet de toute la sollicitude de Stirner qui avait d'ailleurs publié un excellent compte rendu du livre de son ami intitulé « La trompette du jugement dernier contre Hegel, l'athée et l'antéchrist ».

La même année (1842), Stirner a signé dans la *Gazette rhénane* un court texte intitulé « Le faux principe de notre éducation » dans lequel se trouvent déjà toutes les idées de *L'Unique*. D'abord, il critique *l'éducation humaniste* qui, centrée sur les textes anciens et la Bible, s'appuie sur le passé pour former des personnes aux humanités, sans souci du monde réel ; puis il réprouve également *l'éducation réaliste*, trop préoccupée de fabriquer de bons citoyens, soumis, intégrés au système, et produits en regard des besoins de la société ; enfin, il propose une *éducation personnaliste* qui viserait non pas l'obéissance, la docilité, la soumission, le singe savant ou la tête bien pleine, mais le créateur, l'individu à même d'exercer sa liberté, une personne autonome et libre, un caractère souverain.

L'idéal de cette pédagogie ? « L'accomplissement de soi » – ce sera le leitmotiv de l'unique ouvrage de ce philosophe unique... D'où une méthode dont on se demande si elle a été celle de l'enseignant qu'il fut. Probablement non... Stirner veut entretenir le talent naturel de l'enfant pour l'insubordination. A l'école, on apprend habituellement la docilité, la soumission, l'obéissance. Une pédagogie libertaire en finira avec cette vieille façon de procéder.

Vive l'enfant turbulent, rebelle et désobéissant ! L'éducateur se dispensera de réprimer la fierté ou la franchise des enfants. Nul besoin d'utiliser l'autorité, d'en appeler à la crainte, ou au respect. En revanche, on opposera sa force à la sienne pour lui faire comprendre que le réel est une perpétuelle lutte de « consciences de soi opposées », pour le dire dans le vocabulaire de la *Phénoménologie de l'esprit*. Stirner veut une pédagogie anti-autoritaire, libertaire, qui produise des volontés libres et des unicités. Dans *L'Unique et sa propriété*, il écrira : « Etre libre, telle est la vraie vie. » Son œuvre l'enseignera, sa vie montrera la rudesse et la difficulté d'un pareil projet.

4

Livre unique d'un homme unique. *L'Unique et sa propriété* paraît donc fin 1844 à Leipzig, avec la date de 1845. Stirner l'affirme lui-même au détour d'une phrase dans le livre, l'ouvrage n'obéit à aucune construction préalable, il n'a pas de ligne directrice. Le caprice vaut comme ordre… Stirner a rédigé l'ouvrage morceau par morceau, il a écrit au fil de la plume, probablement en relation avec ses lectures, ses commentaires destinés aux journaux, les discussions enfumées avec les amis des « Hommes affranchis ».

Le philosophe critique et commente, il polémique et bataille. Les enjeux ne paraissent pas toujours très clairs aujourd'hui, car ils obéissaient vraisemblablement à des contextes de controverses intellectuelles dont rien ne subsiste. Stirner avoue que, se relisant, il ajoute du texte au texte, du commentaire au commentaire. Comment, dès lors, ne pas obtenir au final un manuscrit monstrueux qui multiplie les redites et rend impossible toute démonstration suivie ? La forme est donc dépourvue de tout ordre, de toute logique.

On doit ajouter à cela une fantaisie typographique : Stirner dote systématiquement d'une majuscule les adjectifs possessifs Mon, Ma, Mes, les pronoms personnels Je, Moi, Nous, Vous. De sorte que la profusion de majuscules dans le corps du livre sans composition contribue à ralentir la lecture. En effet, l'habitude de leur rareté, convention d'un usage codifié (après un point ou avec les noms propres), fragmente les phrases, parfois longues, interrompt, crée des cadences artificielles, contraint l'intelligence à une inutile gymnastique de l'esprit. Ce caprice typographique détourne l'esprit de la compréhension d'un propos dont l'auteur avoue en plus qu'il ne l'a pas construit...

Parfois même, Stirner met en scène des discours auxquels il s'oppose, et l'on ne sait plus s'il expose une thèse personnelle ou s'il en critique une autre. Les nombreux passages dans lesquels il semble interpeller des adversaires invisibles laissent entrevoir que *L'Unique et sa propriété* est également un théâtre d'ombres dans lequel se faufilent de grands anciens oubliés, comme Feuerbach, abondamment cité, critiqué, commenté, Bauer, lui aussi en bonne place, ou d'obscurs inconnus aujourd'hui disparus.

Les cinq cents pages de cet épais cri de guerre contre tout ce qui entrave l'expansion du Moi n'épargnent rien. La négativité fonctionne à plein régime ; la positivité, plus rare, en est d'autant plus précieuse. Sur le mode de l'inventaire *L'Unique et sa propriété* déclare la guerre à la *religion* : Dieu, le Saint-Esprit, le christianisme, les dogmes, le sacré, le péché, la foi, le Christ, l'idéal ascétique, le renoncement ; il s'attaque à la *politique* : l'empereur, la patrie, l'Etat, le roi, la loi, la légalité, la Révolution française, les droits de l'homme, l'égalité, la censure, le socialisme, le communisme, la bourgeoisie, la police, les soldats, les fonctionnaires, les juges, les pédagogues, les professeurs, le travail, l'esclavage, le peuple, la justice, les constitutions, la propriété, le Parti, la libre concurrence, la hiérarchie, le libéralisme ; il critique la *société* : l'humanité, les parents, la famille, l'éducation, l'argent, les impôts, l'autorité, l'héritage, la communauté ; il détruit la *morale bourgeoise* : l'interdit de l'inceste, la monogamie, l'amour, le serment, la parole donnée, l'amitié, le mariage, la virginité, la chasteté, le renoncement, le respect d'autrui, le sens de l'honneur ; il pulvérise l'*éthique* : le bien, le mal, la vertu, la vérité, la raison, la moralité. Il ne sauve qu'une chose dans ce paysage dévasté : son Moi, son Je, Lui comme Unique autoproclamé centre du monde… Le tout apparaissant au cours du livre dans le plus absolu des désordres…

La parution de l'ouvrage en librairie ne permit pas à Stirner de sortir de la vie ratée qui était la sienne : nulle réputation, pas même due à une hypothétique censure (le gouvernement avait trouvé l'œuvre tellement excessive qu'il avait conclu à son insignifiance) qui lui aurait assuré un certain succès, pas de polémiques, pas de ventes mirifiques, pas d'argent, pas de droits d'auteur, pas de feux de la rampe philosophique, juste deux ou trois commentaires critiques dans des revues. Et puis plus rien…

5

Le roman d'un raté. Stirner est donc sans le sou, sans carrière en vue, sans métier, sans avenir, sans projets, sans diplômes, sans perspectives. Au cercle des « Hommes affranchis », il côtoie une jeune fille qui fume le cigare et se tient bien à table où les chopes de bière ne lui font pas peur. De plus, elle présente l'immense avantage de disposer d'une coquette somme d'argent héritée de sa famille, ce qui fournit un argument de taille au philosophe désargenté, qui l'épouse le 21 octobre 1843. Il a trente-sept ans, elle en a douze de moins que lui.

Le jour du mariage, le pasteur arrive au domicile des protagonistes. Dans l'attente de l'officier chrétien, tous jouent aux cartes, en bras de chemise. Pas de voile de mariée, pas de couronne de fleurs ou de bouquets, pas de bible sur laquelle jurer fidélité et assistance pour la vie, pas d'alliances non plus. Qu'à cela ne tienne, Bruno Bauer qui est témoin sort un porte-monnaie de sa poche, détache deux anneaux de cuivre et les fait bénir par qui de droit. Les mariés se passent alors la bague au doigt…

Bien vite, Bruno Bauer, spécialiste en Evangiles, exégète en Ecritures néotestamentaires, affirmateur de l'inexistence historique de Jésus, ami et témoin de Stirner, passe outre à la morale et emprunte de l'argent à la mariée pour financer la manufacture de porcelaine que son père et son frère viennent de monter. De son côté, le nouveau marié abandonne son poste d'enseignant chez les jeunes filles et se met en tête de créer une crémerie avec l'argent de madame. Il lance sa petite entreprise et fait rapidement faillite. L'ancienne jeune fille du cercle des hégéliens de gauche devenue Mme Stirner se trouve donc ruinée…

L'été 1846, abattu par le manque de succès, déprimé par l'absence d'une notoriété qu'il escomptait avec la publication de *L'Unique et sa propriété,* ruiné, Stirner passe une petite annonce dans un journal pour solliciter un prêt. Personne, évidemment, ne lui répond. Pour gagner un peu d'argent, Stirner traduit le *Dictionnaire d'économie politique* de Jean-Baptiste Say, ce qui ne suffit pas. Il promet une traduction d'Adam Smith qui ne verra pas le jour. En 1852, il signe en deux volumes de compilations maladroites une *Histoire de la réaction* bâclée. Elle n'aura aucun lecteur…

Lassée par les frasques de son mari, Mme Stirner demande le divorce. En 1847, elle part pour Londres, puis l'Australie où elle devient blanchisseuse. Là-bas, elle épouse un ouvrier. Le 25 juin 1856, Stirner meurt d'une « piqûre de mouche empoisonnée », écrit son biographe… Le philosophe de *L'Unique* avait quarante-neuf ans et huit mois. Cette même année, un jeune garçon de douze ans répondant au nom de Frédéric Nietzsche entame l'une des nombreuses versions de son autobiographie. Les deux hommes ont rendez-vous.

Dans les dernières années de sa vie, les créanciers n'avaient cessé de pourchasser le philosophe aux abois. Stirner avait fait deux séjours en prison pour dettes ; à ses geôliers il déclarait chaque fois une nouvelle profession – professeur, écrivain, docteur ès lettres, rentier, autant de métiers rêvés… A son enterrement, il y eut encore Bruno Bauer, le fidèle ami des bons et des mauvais jours. Et deux ou trois anonymes.

Grâce à un petit héritage, l'ancienne Mme Stirner revint en Angleterre en 1870. En 1896, John Henry Mackay effectue des recherches pour une biographie du philosophe. Le livre donnera enfin à Stirner sa place dans l'histoire des idées, entre la découverte de Nietzsche, la reprise individuelle et les attentats anarchistes.

L'ancienne hégélienne de gauche devenue bigote refuse de rencontrer le biographe. Octogénaire, elle fait savoir qu'elle n'a jamais aimé Stirner qui, de toute façon, n'était pas aimable, trop égoïste pour ça, incapable même d'avoir un ami – ce qu'infirme la présence constante de Bruno Bauer auprès du penseur au grand front. La vieille dame ajoutait qu'en plus Stirner avait toujours été sournois…

6

Une machine de guerre antihégélienne. Dans le désordre de la composition et la confusion des thématiques de *L'Unique et sa propriété*, on peut prélever des lignes de force possibles à même d'illustrer une thèse plutôt qu'une autre, à travers laquelle Stirner apparaît comme : le père de l'anarchisme individualiste, le précurseur de l'existentialisme, le maître à penser de qui refuse les maîtres à penser, l'inspirateur inavoué de l'auteur de *Par-delà le bien et le mal*, le lecteur des futuristes italiens, l'âme damnée du Duce, l'ancêtre de l'individualisme révolutionnaire, le cicérone de Marcel Duchamp…

Mais si l'on veut élargir les perspectives et éviter le prélèvement intéressé, on peut aussi inscrire la pensée, l'œuvre et la figure de Stirner dans la logique du combat antihégélien. L'hégélianisme de droite ou l'hégélianisme de gauche entretiennent avec Hegel une parenté lointaine : quoi de commun entre Hegel et Bakounine par exemple, sinon un temps de fascination au moment de la formation intellectuelle, avant dépassement de l'influence et proposition d'une vision du monde radicalement antinomique de celle du Professeur de Berlin ?

L'hégélianisme produit au XIXe siècle un effet magnétique sur la totalité des penseurs, des philosophes ou, plus largement, du monde des idées. Même ses biographes signalent son peu de talent pour la pédagogie, son manque de charisme, l'obscurité de son discours. A cette époque, comme à d'autres, l'enfumage conceptuel pratiqué par tel ou tel philosophe impressionne, tétanise et terrorise : les uns entrent en dévotion, deviennent des disciples, collectionnent scrupuleusement les moindres bribes du maître et se font valets d'un homme et d'une pensée. Pour les distinguer dans le lot, il n'est qu'à guetter le mimétisme langagier : ils sont perroquets des concepts, répétiteurs du gourou et élèvent le psittacisme au rang de religion.

Les autres sourient, rient ouvertement ou, comme Schopenhauer, se fâchent, car ils ne sont pas dupes de l'entreprise de servitude volontaire visible dans ce que je nommerais le *disciplinat*. Heine, l'extralucide Heine (dans *De l'Allemagne* il met en perspective l'idéalisme allemand, la philosophie de Kant, de Fichte et de Hegel, avec une barbarie qu'il annonce européenne…), a lui aussi fait partie des auditeurs de Hegel. Dans son *Histoire de la religion et de la philosophie en Allemagne*, il signale « son visage comique à force d'être sérieux » et conclut que l'obscurité du penseur était délibérée, l'objectif étant de fasciner une génération pour l'amener politiquement à ses idées.

Suivre le cours de Berlin ne suffit pas à faire un hégélien. Il faut aussi pour cela adhérer aux thèses du professeur, les soutenir et les défendre. Ce ne fut jamais le cas de Stirner qui assista aux leçons de Hegel,

mais ne fut jamais un disciple stricto sensu. La biographie de Stirner manque d'informations sur sa réception de l'enseignement de Hegel, et les références faites
au philosophe dans *L'Unique et sa propriété* – douze –
manquent de consistance. Stirner a bien noté, et c'est
l'essentiel, que la pensée de Hegel est luthérienne et
n'est que cela – habillée des concepts et des mots de
l'idéalisme transcendantal.

7

*L'anti-*Principes **de la philosophie du droit.**
L'Unique et sa propriété peut être lu comme un
anti-*Principes de la philosophie du droit* de Hegel. Non
pas que son auteur ait systématiquement entrepris une
critique en règle des thèses de Hegel, ni qu'il ait voulu
faire de son livre une machine de guerre lancée contre
ce seul ouvrage, mais parce que les sujets abordés par
Hegel le sont également par Stirner, on s'en douterait,
comme un antidote, un contrepoison à l'hégélianisme.
En agissant de cette manière, on évitera de transformer
en modalité de l'hégélianisme – l'hégélianisme de gauche professé par les « Hommes affranchis » – cette
critique radicale de l'hégélianisme.

L'idéalisme hégélien est une grosse machine à produire à satiété des triades, des trios, des trilogies, des
trinités et des triptyques. Le désordre du monde, le
chaos du réel, finit par entrer artificiellement, à force
de concepts et de démonstrations, de taxinomies et de
découpages, dans des boîtes systématiques à trois
tiroirs. Posons l'hypothèse que l'angoisse et l'anxiété
confessées par Hegel dans sa correspondance et son

long temps de dépression nerveuse trouvaient dans cet artifice de triangulations une conjuration de la négativité psychique du philosophe : deux points font une ligne, trois constituent un plan et instaurent un équilibre restaurateur (ou instaurateur) de sérénité chez qui en manque. Hegel est un maniaque de l'ordre apollinien ; Stirner un aficionado du désordre dionysien…

Stirner ne part pas en guerre explicitement contre les œuvres de Hegel. Mais il critique l'une des pensées phares de l'hégélianisme selon laquelle « ce qui est rationnel est réel et ce qui est réel est rationnel » – préface aux *Principes de la philosophie du droit*. Précisons que le rationnel définit ce qui est conforme à l'Idée et que celle-ci s'identifie au Concept, à la Raison, à l'Esprit et à Dieu. Tautologie, donc, que d'affirmer que le réel est rationnel puisque Réel, Raison, Idée, Esprit, Dieu, Concept (majuscules obligatoires…) sont plusieurs termes pour exprimer une seule et même chose. Cette série d'identités permet de parler d'Idéalisme Absolu pour caractériser la philosophie de Hegel, qui se contente de ces tautologies habilement psalmodiées.

Pour Stirner, le réel n'est pas rationnel et le rationnel n'est pas réel. Sans s'encombrer d'analyses détaillées ou de ratiocinations pour définir le réel d'une manière alambiquée, il le pense tout simplement comme *l'ensemble de ce qui est*, en dehors de toute spéculation idéaliste et de toute considération métaphysique. Et ce qui est se présente sous la forme d'un immense champ de bataille que se partagent prédateurs et bêtes de proie, mangeurs et mangés, tueurs et tués… Hegel, métaphysicien de l'éther, du fumeux, du vent ; Stirner, cruel révélateur d'une ontologie noire.

Stirner évacue les arrière-mondes, pense de façon

immanente, récuse toute transcendance, ne cherche pas
le sens du monde hors du monde et revendique un
nominalisme radical : les mots n'existent que par faci-
lité pratique, pour l'échange, le langage et la communication, mais tout signifiant doit correspondre à un
signifié réel, dûment constatable. Les idoles à majuscules sont des « idées fixes », autrement dit de ridicules
petites divinités pour philosophes en mal de dieux...
Hegel est religieux tout le temps, même en philosophie
– surtout en philosophie ; Stirner, un athée en tout.

8

Couper les ailes de la chouette. Une autre référence
colle à la peau philosophique de Hegel, celle de « la
Chouette de Minerve (qui) ne prend son vol qu'à la
tombée de la nuit » (toujours la préface des *Principes*),
autrement dit, le philosophe arrive toujours trop tard,
il est *l'homme en retard* et n'a de talent pour annoncer
l'avenir qu'une fois celui-ci accompli... Stirner ne peut
consentir à cette vision des choses car, pour lui, le
philosophe est *l'homme en avance*, celui qui, hors du
mouvement dialectique apollinien auquel il ne croit
pas, se mesure aux combats titanesques dionysiens et
qui, seul contre tous, oppose son Moi à la totalité des
forces empêchant son expansion.

Le philosophe selon Stirner se contente de voir le
monde dans le monde, les objets dans les objets, il voit
tout bêtement les choses comme elles sont et ne cherche pas le divin, le sacré, la transcendance en elles.
On ne peut manifester profession de foi plus radicalement athée, immanente, horizontale. La pensée luthé-

rienne de Hegel réjouit les gens en place, les conservateurs, les prêtres, les bourgeois, les professeurs, elle
vend la vision chrétienne du monde ; la pensée de Stirner déplaît aux mêmes gens en place, car elle propose
une vision du monde radicalement immanente dans
laquelle le philosophe professe moins pour demain qu'il
n'enseigne pour toujours, donc pour aujourd'hui, l'art
de construire une subjectivité autonome, rebelle.

L'oiseau de prédilection de Stirner n'est pas la
Chouette, fût-elle de Minerve, mais l'Aigle auquel
Nietzsche donnera sa place dans le bestiaire philosophique : le vol qui surplombe, l'œil infaillible, les
serres et le bec de l'oiseau de proie, le compagnon de
Zarathoustra… Hegel, prophète de l'Esprit Absolu à
venir ; Stirner, messager de l'intempestif, de l'inactuel,
de l'éternel présent de la puissance de l'Unique.

Les deux hommes se séparent enfin sur la conception
du rôle de la philosophie : Hegel la veut « principale-
ment ou exclusivement au service de l'Etat » (toujours
dans la préface des *Principes*). Il déplore l'existence
d'une pensée au service d'idéaux contradictoires avec
ceux de l'Etat. En bon platonicien, il nomme
« sophistes » ceux qui n'agissent pas comme lui en
courroies de transmission du pouvoir d'Etat, en relais
de la pensée dominante et bourgeoise de l'époque.

En se mettant au service, en devenant valet, cette
philosophie d'Etat vaudra à son maître des gratifica-
tions sous forme de prébendes, d'honneurs, de statuts
dans l'Université, de voies royales pour des carrières.
La biographie de Hegel témoigne – postes, décorations,
honneurs, influence, franc-maçonnerie, chaires presti-
gieuses, direction de journal, fréquentations de puissants… –, il y a des intérêts à prostituer la discipline

en la mettant au service des puissants ; la biographie de Stirner témoigne également : pas de postes universitaires, pas de décorations, pas de fréquentations royales, pas d'amis puissants, pas de direction de journal, pas d'honneurs. Donc pas de chaire pour défendre des idées qu'approuverait l'Etat, pas de disciples confits en dévotion en croyant adorer un autre Dieu alors qu'on s'est contenté de le repeindre avec des couleurs trompeuses, pas d'éditeurs bien en place...

9

La machinerie hégélienne. Stirner n'est pas aussi encyclopédique que Hegel. Le système hégélien comprend en effet un certain nombre d'entrées qui n'intéressent pas l'Unique : la *Science de la logique*, la *Philosophie de la nature*, autrement dit la métaphysique et les sciences, ne l'intéressent pas du tout. La *Philosophie de l'esprit* ne le concerne pas en tant qu'*Esprit subjectif* (Anthropologie, Phénoménologie de l'esprit et Psychologie, le deuxième temps de ce troisième moment du système hégélien), mais en tant qu'*Esprit objectif*, autrement dit le *Droit*, la *Moralité* et la *Morale sociale*. Au point que *L'Unique et sa propriété* semble un commentaire désordonné et critique de cette partie-là du système qui se trouve développée dans les *Principes de la philosophie du droit ou droit naturel et science de l'Etat en abrégé,* un livre paru en 1821.

Le plan de l'ouvrage nous servira de canevas pour examiner le traitement stirnérien de ces questions. Le voici : première partie : le *Droit*. Section I : la *Propriété* ; section II : le *Contrat* ; section III : la négation du droit, l'*Injustice*. Deuxième partie : la *Moralité*. Section I : le *Projet* et la *Faute* ; section II : l'*Intention* et le *Bonheur moral* ; section III : le *Bien* et le *Mal*. Troisième partie : la *Morale sociale*. Section I : la *Famille* ; section II : la *Société civile* – le Travail, la Richesse, le Droit, la Loi, le Tribunal, la Police ; section III : l'*Etat*. L'ordre hégélien, son systématisme, font froid dans le dos. On ne peut faire plus apollinien, géométrique, mathématique, chiffré, architecturé, pendant que de son côté Stirner incarne le dionysisme, l'ivresse, le chant, la danse, le végétal des pampres. La Sphère parménidienne de Hegel contre le Fleuve héraclitéen de Stirner...

10

Stirner, l'antidote à Hegel. Hegel pense l'Individu comme une catégorie à soumettre : au général, à l'universel, à la société, à la famille, à l'Etat, à Dieu. Toute sa pensée vise à faire monter puis converger la totalité du réel vers l'Absolu qui échappe au temps et à l'espace, qui réalise l'Histoire, l'Art, la Religion, la Philosophie, et, ce faisant, les abolit. Dès lors, Hegel annonce la fin de la Philosophie par la réalisation de la Philosophie. Et la Philosophie, par qui est-elle réalisée ? Par Hegel... Comment ? Par la découverte de la vérité proposée par son système. Le Réel, le Rationnel et Hegel enfin confondus...

Pendant ce temps, Stirner prouve le mouvement en marchant. Hegel meurt du choléra en 1831. La vie continue et avec elle la Philosophie – et l'Art, et la Religion et le reste de ce qui devait s'abolir par sa réalisation… La preuve que la philosophie continue après l'annonce de la mort de la philosophie, Stirner la donne avec *L'Unique et sa propriété* – et dans sa vie philosophique qui se joue à l'écart de ce que Hegel présente comme la vérité dans l'existence, la vérité d'une existence : la Foi, le Travail, la Propriété, le Mariage, la Famille, l'Education des enfants, la soumission à la Patrie, à l'Etat. Stirner ne sacrifiait ni théoriquement ni pratiquement à la trilogie Travail, Famille, Patrie dont l'exacerbation produisit la catastrophe national-socialiste dans laquelle Hegel a fonctionné comme une référence philosophique.

Dans des pages effrayantes de prémonition, Heinrich Heine le premier avait annoncé, en regardant attentivement Hegel, ses œuvres et l'hégélianisme, mais également Kant, Fichte et la philosophie allemande, la venue inéluctable de la catastrophe : « On exécutera en Allemagne un drame auprès duquel la Révolution française ne sera qu'une innocente idylle. » Et plus loin : « Et l'heure sonnera. Les peuples se grouperont comme sur le gradin d'un amphithéâtre, autour de l'Allemagne, pour voir de grands et terribles jeux »… Ecrit en 1835 et publié dans *De l'Allemagne*. Dans cette configuration, *L'Unique et sa propriété* pourrait bien apparaître comme un manuel d'antihégélianisme. Un manuel utile et inactuel – parce que toujours d'actualité.

11

Le propriétaire et le philosophe. Hegel célèbre la *propriété* comme tout bon philosophe bourgeois qui met sa pensée au service de l'achèvement libéral et capitaliste de la Révolution française. Avec 1793, le vent du boulet communiste n'est pas passé loin, mais la bourgeoisie, aidée par Robespierre, a finalement confisqué pour elle ce moment de l'Histoire. Les sans-culottes, les prêtres rouges, Jacques Roux et Pierre Dolivier par exemple, Babeuf et les babouvistes, voilà autant de mauvais souvenirs. Les biens de l'Eglise confisqués ont été rachetés par les profiteurs et agio-teurs de la Révolution française, que Napoléon et l'Empire a rassurés, les confirmant dans leurs biens. La féodalité aristocratique laisse place à la féodalité bourgeoise. L'abolition des privilèges débouche sur de nouveaux privilèges.

Certes, il n'y a plus grand-chose à craindre de la menace communiste de 1793, mais pour parer le retour de cette éventualité, la philosophie doit se mettre au service de ses nouveaux maîtres : les bourgeois. Hegel fournit le Concept à cette entreprise idéologique et les *Principes de la philosophie du droit* (un livre qui gêne même les hégéliens par son cynisme radical, au point qu'ils en font un ouvrage de concessions visibles faites au pouvoir pendant que le philosophe camperait sur d'invisibles positions opposées...), un traité à destina-tion du Propriétaire, du Père de Famille, du Mari, du Chrétien, du Monarchiste... Autant dire, un traité aux antipodes des valeurs stirnériennes...

La propriété de *L'Unique et sa propriété* n'a pas grand-chose à voir avec la Propriété comme moment de la vie du droit dans les *Principes* de Hegel. Stirner dit tout dans son titre : il formule ses deux concepts majeurs, *l'Unique* et *sa Propriété*. En même temps, le titre affirme le projet : examiner la nature de la pro-priété de l'Unique. Qu'est-ce que l'Unique ? Sous la plume de Stirner, on ne trouvera pas une définition précise, détaillée, pas d'exercice de philosophie technique, encore moins une dissertation rédigée sur le mode de l'idéalisme transcendantal. L'Unique, c'est l'autre nom du Je d'un Moi qui s'exprime. Il n'y a donc pas un concept d'Unique comme il en existe chez Kierkegaard avec l'Individu, Fichte avec le Moi, Hegel avec la Subjectivité. Stirner tourne le dos à la philosophie qui procède par concepts et se contente d'avancer sur le terrain de la réalité concrète : un Unique se confond avec la réalité de son corps de chair et d'os. Fait-on plus radicalement matérialiste ? Et plus définitivement nominaliste ?

12

La force, c'est le droit. L'unique de Stirner, c'est donc Stirner quand il dit Moi, ou Je. Grand prince, notre philosophe affirme la validité de cette vérité pour tout un chacun. Autrement dit, quand un individu dit Je ou Moi, il manifeste l'unicité de son être et, de cette manière, il s'affirme comme unique. L'humanité se constitue donc d'un unique qui est l'Unique, à savoir celui qui parle, et d'une multiplicité d'uniques – un terme pourtant difficile à mettre au pluriel…

Dans cette configuration particulière, quelle est la propriété de cet Unique ? Réponse : tout. Autrement dit, l'Unique a pour propriété tout ce dont il peut s'emparer, à savoir l'intégralité de ce qu'il est en sa puissance de s'approprier. *L'Unique et sa propriété* se propose donc d'offrir cinq cents pages de variations sur ce seul thème : il n'existe qu'un unique et il dispose d'une propriété sans autre borne que celle d'un autre unique qui aura manifesté une force supérieure et se sera approprié l'objet convoité ou la propriété en jeu.

Stirner a une vision du monde qui se résume à un champ de forces dans lequel bataillent des uniques. Le plus fort gagne, le plus faible perd, le plus fort devient propriétaire, il étend ses propriétés aussi loin que le lui permettent ses forces, pendant que le faible peut compenser sa puissance moindre par un dispositif d'« association d'égoïstes » susceptible de lui permettre de s'approprier ce que ses seules forces lui auraient interdit. Stirner constate qu'il en est ainsi. Il s'installe par-delà le bien et le mal, ne rit ni ne pleure, mais affirme la vérité de cet état de fait. Chaque unique vise l'expansion de sa propriété, de sorte que le réel se réduit à un ensemble de flux d'énergies en lutte pour l'objectivation.

Autrui est ma propriété. Nulle considération morale chez Stirner, qui ne pense l'autre que dans la perspective de l'utilité pour augmenter ses forces : si le tiers me permet, le temps d'un contrat utilitaire, de parvenir à mes fins, alors il est ma propriété. Chacun agit ainsi, tous sont configurés de la même manière. Les moralistes français l'ont dit, La Rochefoucauld entre autres, Helvétius l'a répété, et Stirner – qui ne cite ni l'un ni l'autre – se retrouve sur ces positions : chacun se vit, se pense et s'expérimente comme le centre du monde.

Dès lors, la propriété n'est pas rendue possible par le droit, comme chez Hegel, mais très exactement par son inverse : la force. Ce dont l'unique a la force, voilà sa propriété. Si l'unique a l'intelligence de l'association, alors il augmentera sa force et, par elle, s'emparera de la propriété dont jouit un autre. Ce dont chacun a la force, voilà son droit. Donc : voilà *le* droit. Stirner radicalise le solipsisme et en propose une modalité intersubjective. L'unique dispose du monde, dont les autres, comme de sa propriété tant qu'une autre force ne la lui conteste pas. La force, voilà donc le droit.

13

La propriété n'est pas le vol. Chacun connaît la phrase célèbre de Proudhon : « la propriété c'est le vol ». Elle a beaucoup fait pour sa réputation. Stirner s'empare de cette phrase et récuse qu'elle puisse faire sens. Car pour qu'il y ait vol, il faut une propriété susceptible d'être volée. Et comme la propriété n'existe pas de manière fixe, définitive, garantie par le droit, estampillée par la loi, il n'existe pas ce qui rendrait possible un vol. Dans la logique stirnérienne on ne vole jamais rien, car rien n'appartient à personne durablement : le propre d'une propriété, c'est d'être acquise par la force. Il n'existe donc que des propriétés momentanées, fixées tant qu'une puissance le permet avant qu'une autre la déplace...

Lorsque Proudhon distingue le propriétaire (garanti par le droit) du possesseur (l'usufruitier travaillant avec ce bien et produisant des richesses qui lui appartiennent), il se trompe, affirme Stirner. L'inexistence du droit implique l'inexistence de la propriété, donc l'inexistence du vol. L'affirmation des pleins pouvoirs de la force installe l'hypothétique propriétaire dans une position précaire : car il ne peut revendiquer ce statut que pour autant qu'on ne l'aura pas empêché de le faire en lui prouvant que sa force était insuffisante face à une force plus forte que la sienne.

Stirner invite donc à l'expropriation permanente, à un genre de révolution sans fin. L'unique est démuni parce qu'il ne se sera pas muni ; il sera faible tant qu'il ne montrera pas sa force ; il ne possédera rien tant qu'il ne se sera rien approprié ; il subira tant qu'il n'agira pas ; il sera esclave tant qu'il n'aura pas décidé d'être maître ; il sera pauvre tant qu'il ne voudra pas être riche ; l'unique ne sera rien tant qu'il n'aura pas voulu sa propriété. Dans une formule qui ne laisse aucune place au doute, il écrit : « Qui a la force a le droit. » A la question proudhonienne qui donne le titre de son livre majeur *Qu'est-ce que la propriété ?*, Stirner répond : ce que Je veux.

14

L'association d'égoïstes. Après la *propriété*, Hegel poursuit sa réflexion sur le droit avec le *contrat*. Le contrat suppose le libre arbitre des deux parties contractantes en vue d'un projet commun. Pour l'auteur des *Principes*, on trouve avec ce mécanisme contractuel la possibilité du droit, de la loi, de la société civile, du mariage, de l'Etat ; chez Stirner, le contrat représente l'un des rares moments de positivité dans un ouvrage ravagé par la négativité. *L'Unique et sa propriété* détruit beaucoup et (re)construit peu, mais, parmi les moments cardinaux de la positivité stirnérienne, on trouve cette fameuse « association d'égoïstes ».

La force peut ne pas être assez forte pour permettre à l'unique sa propriété. L'unique s'associera donc à un, deux, trois ou plusieurs uniques, et ce sans limites, afin de viser la réalisation de son objectif. La logique est franchement utilitariste, vraiment utilitaire, et clairement affichée comme telle : l'union ne procède de rien d'autre que du désir d'augmenter ses forces. Ce que je n'ai pas la force de m'approprier en tant qu'unique, je le peux associé à d'autres uniques. Pas question de perdre de son unicité, on ne s'y aliène pas, on ne retranche pas une partie de soi, mais on augmente sa force par addition contractuelle.

Stirner sait que des uniques sont associés par intérêt – ainsi la Famille, l'Eglise, le Parti, l'Université et autres « idées fixes ». Leur association constitue leur force, elle crée donc leur droit. Pour s'opposer à ces cristallisations institutionnelles, l'association d'égoïstes promeut une machine de guerre à même d'augmenter la puissance des uniques. La négligence de cette part majeure de la pensée stirnérienne confine Stirner dans l'autisme, le solipsisme, l'égocentrisme forcené ; sa prise en considération permet d'accéder au noyau politique dur de sa philosophie.

Cette figure moderne de la microrésistance dynamique, plastique, mouvante, fluante, agit en cheval de Troie dans le monde de la bourgeoisie européenne. L'association d'égoïstes propose un contrat démultiplicateur de forces lancées contre d'autres forces en direction desquelles l'unique part en guerre parce qu'elles limitent sa propriété et se nourrissent de sa vitalité. Les grandes citadelles étatiques, les forteresses religieuses imprenables de la civilisation occidentale peuvent chanceler si la force de l'un se trouve associée à celle d'un grand nombre.

15

Salauds de pauvres... L'insurrection, la grève, par exemple, montrent sur le terrain politique ce que peuvent être des associations d'égoïstes. Stirner critique le socialisme et le communisme autant que le libéralisme et le capitalisme. Il exècre l'« Etat-papa » et toutes les formes qui invitent l'unique à se ranger sous la bannière des renonçants à leur propriété. La gauche déplore l'existence des miséreux et rend les riches responsables de la pauvreté des pauvres ? Stirner rend les nécessiteux coupables de leur indigence. S'ils sont pauvres, c'est qu'ils le veulent bien, du moins c'est qu'ils ne veulent pas s'enrichir : il leur suffirait de le décider et de le vouloir pour réaliser immédiatement la révolution dans leur existence.

L'unique refuse l'aumône que lui accorde le bourgeois : il ne revendique rien (ni droit, ni augmentations de salaire, ni amélioration de ses conditions de travail, ni réduction de son temps à l'atelier...), il prend. Un droit donné ne vaut jamais une force agissante et l'obtention de ce qu'elle aura visé. Se faire accorder des droits, voilà une mentalité d'esclave ; les accepter, une posture de laquais ; ne pas les avoir conquis de haute lutte, une faiblesse qui justifie l'état de domestique...

Dans cette perspective d'une logique insurrectionnelle de chaque instant, Stirner n'y va pas par quatre chemins et *L'Unique* invite à « la guerre de tous contre tous », ce qui définit l'état de nature dans le *Léviathan* de Hobbes... Dans cet état de guerre permanent, les riches ne le resteront que si les pauvres ne se sont pas assez associés, si leur nombre est trop peu important ou leur détermination insuffisante. La richesse du riche est une création du pauvre qui ne la lui confisque pas.

16

Un *La Boétie* allemand. Stirner ne cite pas le *Discours de la servitude volontaire* de La Boétie, mais il inscrit au cœur de son dispositif livresque une pensée forte susceptible de produire des effets considérables. L'ami de Montaigne écrit au centre de son texte magnifique : « Soyez résolus de ne plus servir, et vous voilà libres. » Et Stirner : « Si la soumission cessait, c'en serait fini de la domination aussi. » Cette idée sublime prend le contre-pied de l'idée compassionnelle socialiste ou communiste en vertu de laquelle on incrimine la méchanceté du tyran, la terreur du dictateur, mais jamais la faiblesse des tyrannisés, la veulerie ou la lâcheté des assujettis.

Or le dominé n'existe que par sa faute, à cause de son consentement à la domination : il lui suffirait de se rebeller, de s'insurger, de ne pas vouloir s'agenouiller, de manifester sa souveraineté, puis, en cas de force insuffisante, d'associer son égoïsme à celui d'autres égoïstes eux aussi dominés, pour refuser sa puissance au dictateur qui, soudain démis du pouvoir qu'on lui octroyait, deviendrait à son tour un sujet. La force du maître n'est pas en cause mais la faiblesse de l'esclave, ou des esclaves conjurés, si.

Cette invitation à la force généralisée, à la guerre de tous contre tous, à l'opposition dynamométrique de forces (égoïstes) à d'autres forces (destructrices d'égoïsmes), constitue le paysage stirnérien dans lequel le contrat, sous forme d'association d'égoïstes, fournit le combustible de l'incendie de ce qui empêche l'unique d'accéder à sa propriété. Ce contrat est une machine de guerre destinée à enfoncer les lignes ennemies qui veulent la subsomption du particulier sous l'universel – le désir hégélien par excellence...

17

Un rebelle dans la boulangerie. Stirner invite à la négativité, à la destruction, mais sa mécanique n'est pas que belliqueuse. Ainsi, quand la question du pain se fait centrale car la misère des ouvriers ne leur permet pas de manger à leur faim et qu'ils en réclament, Stirner donne sa solution : plutôt que d'incriminer le monopole de la boulangerie, la façon capitaliste de produire du pain, de faire des marges excessives, de le vendre à un prix inabordable, Stirner propose que les démunis prennent leur sort entre leurs mains et créent une boulangerie publique...

La cherté du pain procède du libéralisme. Pour résoudre le problème, le communisme propose la révolution, le socialisme une économie ad hoc. Pour sa part, Stirner invite à la prise en charge de l'affamé par lui-même. Un fâcheux lui rétorquerait qu'un clochard qui n'a pas l'argent pour acheter un morceau de pain ne dispose pas a fortiori de la somme qui lui permettrait d'acquérir la boulangerie ! Stirner répondrait probablement qu'il n'a qu'à s'associer à un autre, puis à d'autres, et s'approprier par la force ainsi construite les moyens nécessaires à l'ouverture de sa boulangerie. Mais pour quelles raisons alors, si la force permet de réunir la somme permettant d'acheter une boutique, renoncerait-on à son usage pour s'emparer d'une somme suffisamment importante pour n'avoir pas même besoin de travailler à la confection du pain ?

A la boulangerie privée, libérale, Stirner oppose donc la boulangerie associative, on pourrait dire coopérative. La maxime pourrait passer inaperçue dans le fouillis des pages de *L'Unique et sa propriété*, mais elle mérite qu'on l'isole : « Ce dont chacun a besoin, il devrait aussi participer à sa confection et à sa production. » Retenons la leçon : contre les logiques compassionnelles déresponsabilisantes de l'assistanat communiste ou socialiste, contre les mêmes logiques, mais chrétiennes, de l'aumône, Stirner veut le contrat associatif démultiplicateur de force et la puissance d'un vouloir d'unique additionné à autant de puissances que nécessaire pour parvenir aux fins posées – de la boulangerie à l'insurrection générale...

18

L'héroïsme du mensonge. Après la *propriété* et le *contrat*, examinons le droit et le non-droit, autrement dit l'*injustice*. Stirner ne sacrifie à aucune idole majuscule. Il pourfend ce qu'il nomme les « idées fixes » et range sous cette catégorie ce qui constitue la religion de l'Occident : Droit, Loi, Egalité, Fraternité, Liberté, Dieu, Propriété, Bien, Mal, Peuple, Parti, Eglise, Religion, Foi, Christ, Humanité, Argent, etc. Et, parmi d'autres cibles, la Justice avec une majuscule...

Puisque la force crée le droit, la justice n'existe pas dans l'absolu, comme une valeur, un idéal. Est juste ce qui est vrai, est vrai ce qui est obtenu par la force. L'injustice ne saurait exister, pas plus que la propriété, car la justice qui permet l'injustice ou le droit qui rend possible la propriété relèvent de la fiction conceptuelle. L'unique s'empare de ce qu'il convoite, voilà le juste. Dès lors, tous les moyens sont bons aux yeux de l'unique pour parvenir à ses fins, à savoir la pleine expression de son moi, sans entraves, sans contraintes. Stirner est à la philosophie ce que Machiavel est à la politique : un pragmatique utilitariste qui pense que la fin (pour l'un, la réalisation de son Moi, pour l'autre, l'éducation du Prince) justifie les moyens. Y compris les plus immoraux selon les catégories de la morale dominante. D'où la justification du mensonge, du parjure, de la trahison, du crime…

Commençons par le mensonge : on connaît la théorie kantienne, elle domine l'idéalisme allemand qui se contente de reformuler l'idéal judéo-chrétien avec le matériel conceptuel de la tribu. Le mensonge disqualifie la source du droit, on ne saurait dissimuler la vérité sciemment sans mettre en péril la totalité de l'édifice éthique. La possibilité d'une communauté morale exige l'interdiction du mensonge.

Stirner pense dans les termes qu'on appelle aujourd'hui conséquentialistes : mentir, ça n'est pas un absolu, mais un acte relatif à une situation. Par exemple, dit notre philosophe, si la police surgit dans une réunion de révolutionnaires qui risquent l'arrestation, la condamnation, puis la prison, pour quelles raisons devraient-ils décliner leur identité ? Soit ils disent la vérité, et ils se retrouvent dans une geôle ; soit ils mentent, et ils conservent leur liberté. Or, pour un unique, rien ne sert d'avoir été héroïque s'il faut payer son geste d'une privation de liberté.

Personne ne doit la vérité systématiquement, par principe, parce qu'elle serait toujours bonne, mais seulement si on décide de la donner à qui on pense pouvoir ou devoir la révéler. Seul mon intérêt doit me guider dans une pareille aventure : si j'ai intérêt à dire le vrai, alors je le dis ; si je n'ai aucun intérêt, alors je le cache, je le travestis, je le dissimule et je mens. Il existe donc un « héroïsme du mensonge » qui suppose qu'on ait le courage de ne pas être l'esclave de la vérité.

Dans le même esprit, Stirner légitime le parjure, le manquement à la parole donnée, ce que d'autres nomment la trahison. Pour quelles raisons, en effet, faudrait-il être le prisonnier d'un engagement pris un jour dans une configuration temporelle particulière, ou d'une opinion manifestée dans un moment précis mais passé, ou d'une parole donnée naguère dans le feu d'une action aujourd'hui éteinte ? Tout engagement lie et toute liaison entrave la liberté de l'unique. « Je ne veux pas être l'esclave de mes maximes » énonce haut et clair l'unique stirnérien. Ou, dit autrement : « Pas question d'être le valet de soi-même. »

19

Justification du crime. Dans l'éloge de la force portée avec arrogance par *L'Unique et sa propriété*, y a-t-il une limite ? Non, aucune, sinon une autre force plus forte que la mienne. La guerre de tous contre tous à laquelle Stirner nous convie suppose donc le crime, le meurtre, la mise à mort. Faut-il empêcher ces nuisances ? Si l'on peut, oui. Par ce qu'il est convenu d'appeler aujourd'hui la légitime défense. Chacun a le droit de mettre en péril mon existence, puisque je dispose moi aussi du même droit. Dès lors, la tentative de crime sur ma personne justifie la réponse, même préventive, sous forme de crime. Je peux tuer celui qui aura voulu me tuer, puisque tel est mon pouvoir, donc, telle est ma force, donc tel est mon droit.

Que souhaiterait-on ? Que face à un unique mettant ma vie en danger j'en appelle au caractère sacré du droit ? Que je porte plainte ? Que je remette mon destin et ma vie entre les mains de la police, de juges, de tribunaux ? L'unique n'a pas à déléguer sa vie ou sa survie à des tiers, encore moins à des institutions qui fonctionnent sur le principe de la négation de l'individu au profit de la machinerie sociale. Le Particulier hégélien doit se soumettre à l'Universel, c'est la loi des institutions ; or la loi de l'Unique est que l'universel doit se soumettre à la force du particulier qui fait la loi, dit le droit en manifestant sa force.

Autrui n'a pas une valeur absolue, parce qu'il serait Autrui. « Sa vie m'importe autant qu'elle a de la valeur pour moi. » Si l'alternative est Lui ou Moi, la solution est tout de suite trouvée, ce ne sera pas Moi… Et la chose se trouve dite sans contorsions : « Pour Moi, c'est Moi-même qui M'autorise à tuer. » Pour Stirner, l'interdit ne vient pas de l'extérieur mais du Moi qui décide qu'il ne s'autorise pas à faire ceci ou cela. Si je veux tuer, je peux tuer.

La réussite justifie le geste. S'il rate, l'unique n'a que ce qu'il mérite, il n'aura pas été assez fort, dès lors, qu'on le punisse ; s'il réussit, autrement dit si sa force a été supérieure à toute autre force – celle de la

victime, celle de la police –, alors il mérite l'impunité,
car la force fait le droit, la quantité de force fait la loi.
Si l'on court le risque et que l'on perd, mort au faible ;
si on l'a couru et que l'on gagne, vive le fort ! Stirner
ne connaît pas d'autre justice que celle du fait accompli. On est donc aux antipodes d'un Hegel pour qui le
droit suppose de « ne pas porter atteinte à la personnalité ni à ce qui en découle »...

20

Une ontologie noire. Après avoir abordé le *droit
abstrait* qui constitue le premier temps des *Principes
de la philosophie du droit* vus par Stirner (propriété,
contrat, injustice), envisageons le deuxième temps,
celui de la *moralité* (le projet et la faute, l'intention et
le bonheur moral, le Bien et la conscience), avant de
finir avec la *vie éthique*, troisième temps des *Principes*
(la famille, la société civile et l'Etat). Le sujet est
donc : comment peut-on être moral ? La réponse de
Stirner à cette question est : tout ce qui a lieu se déroule
par-delà le bien et le mal... Nietzsche saura s'en souvenir, de ça et de beaucoup d'autres choses d'ailleurs.

Premier temps : *le projet et la faute.* Stirner n'est
pas métaphysicien, il pense le monde en termes
d'immanence pure. Ce monde-là est le seul. Il ne
s'embarrasse pas d'en faire la démonstration. S'il parle
de l'Unique, il le définit en deux mots comme l'être
de chair et d'os que chacun est. Mais si la métaphysique (comme l'étymologie en témoigne) est la physique
d'après la physique, autrement dit la discipline des
arrière-mondes, concluons clairement à l'inexistence

d'une métaphysique dans la pensée de Stirner qui ne considère le réel qu'en termes de physique, en l'occurrence de physique des forces. Le dynamomètre semble l'instrument de sa vision du monde...

A défaut de métaphysique transcendante, Stirner propose une ontologie immanente, et le moins qu'on puisse dire est qu'il s'agit d'une ontologie noire. Noire parce qu'elle dit le réel tel qu'il est, annonçant les descriptions tragiques d'un Nietzsche racontant les métamorphoses de la volonté de puissance. Nulle fioriture, nul enjolivement, nulle complaisance, Stirner sait que « chacun se préfère toujours aux autres », une vérité cruelle, mais juste, qui se trouve déjà exprimée dans les *Maximes* de La Rochefoucauld sans que le moraliste ait jamais songé à faire de ses découvertes de psychologie radicale les principes d'une vision du monde...

Lisons Stirner : « Un chien voit un os en la possession d'un autre chien et ne reste à l'écart que s'il se sent trop faible. » Première vérité de cette ontologie noire. Deuxième vérité : « Vaincre ou être vaincu – pas d'autre alternative. » Troisième vérité : à la question « qui suis-je ? » Stirner répond : « Un abîme d'instincts sans règles ni lois, de convoitises, de désirs et de passions, un chaos sans lumière ni étoile pour guide. » Autrement dit : l'humanité se sépare en forts et en faibles ; la vie est une jungle ; l'être, un chaos de forces aveugles...

Comment, dans cette configuration de forces par-delà le bien et le mal, envisager la possibilité d'un projet et d'une faute ? Il n'y a pas de projet, juste des enjeux de forces aveugles, brutales, sans conscience pour les guider, sans intelligence pour les conduire,

une géographie parcourue par ce que Nietzsche nommera plus tard la « volonté de puissance ». Comment
dès lors pourrait-il y avoir faute ? Les instincts guident
l'homme comme le chien – Schopenhauer le disait lui
aussi, Darwin également…

Stirner décrit le monde et donne une recette existentielle pour y vivre malgré tout : il faut y consentir – ce
qui, dans les termes nietzschéens, définira l'homme tragique, autrement dit le surhomme, et supposera l'*amor
fati*. Sachant ce que l'on sait, on jouera le jeu : « le tigre
qui m'attaque en a le droit et moi qui l'abat, aussi ».
Fort ou faible, maître ou esclave, seigneur ou serviteur,
souverain ou laquais, prince ou domestique, unique ou
rien, chacun a le choix et n'est ce qu'il est que par l'effet
de son consentement. Vouloir la force, la maîtrise, la
seigneurie de soi, la souveraineté, voilà le projet. Se
contenter de servir, de suivre, d'obéir, voilà la faute…

21

Présence d'un mot absent. Deuxième temps de la
dialectique hégélienne des *Principes de la philosophie
du droit* : *l'intention et le bonheur.* On chercherait en
vain le mot « bonheur » sinon celui de « plaisir » chez
Stirner. Probablement parce que les théories de *L'Unique et sa propriété* visent toutes une jubilation non
dite, une satisfaction sous-entendue, une inévitable
jouissance. Car la force de l'unique est une modalité
de la volonté de jouissance contenue dans l'affirmation
de sa puissance : unicité, singularité, liberté, force,
autonomie, satisfaction de ne pas être un esclave, plaisir à se sentir maître, voilà autant de variations sur le

thème hédoniste. On retrouve donc partout dans l'œuvre la présence de ce mot absent : plaisir. Plaisir de chien devant son os, plaisir de tigre en présence de sa proie, plaisir d'unique face à sa force victorieuse...

Sa théorie de la force légitimant le droit trouve son impératif hédoniste dans ces formules : « Jouis et tu as le droit à la jouissance. » Et quelques lignes plus loin : « Si vous prenez la jouissance, elle est votre droit. » La jouissance n'a pas à être donnée par un Etat (communiste), un régime économique (libéral), ou en vertu d'une charité (chrétienne), elle se prend. Dans la logique stirnérienne, ce qui est donné ne vaut rien ; seul importe ce qui est pris. On lira donc sous le titre *L'Unique et sa propriété* une modalité possible de : l'unique et sa jouissance. Le bonheur n'est pas une affaire de politiciens, de religieux, mais d'égoïstes. Ce que l'unique veut, voilà le bonheur, même si celui-ci doit se payer du malheur d'un autre. Il ne tient qu'au malheureux de faire le nécessaire pour ne pas l'être, ou d'avoir fait ce qui l'aurait empêché de l'être.

Dans sa volonté d'identifier le bonheur, le plaisir, la joie, l'hédonisme, à la jouissance de l'expansion d'une force, à la jubilation dans l'affirmation de l'unicité de l'unique, Stirner tourne le dos aux logiques communautaires et communautaristes : le christianisme de Luther, le communisme de Weitling, l'anarchisme de Proudhon, mais également l'anthropothéisme de Feuerbach. Le tout relevant d'une même logique compassionnelle qui associe les disciples du Christ et ceux de Babeuf.

Car Feuerbach déconstruit la religion et le christianisme, il met au jour les processus d'aliénation et d'hypostase qui conduisent à la fabrication de Dieu, il démonte la fiction chrétienne, déplie ses mythes, mais pour appeler à une nouvelle religion… Ainsi, dans ses *Thèses provisoires pour la réforme de la philosophie*, Feuerbach propose l'anthropothéisme, qui suppose que l'Homme, avec une majuscule, remplace Dieu pour une nouvelle religion qui serait pure immanence – sensualisme, matérialisme, hédonisme…

Or, Stirner ne croit pas plus en l'Homme qu'en Dieu. L'un et l'autre sont des « idées fixes », des concepts creux et vides… D'où un perpétuel combat contre Feuerbach et ses thèses dans *L'Unique et sa propriété*. Le bonheur n'est pas une affaire de religion nouvelle ; en revanche, le plaisir s'obtient par la négation de tout ce qui entrave l'unicité de l'unique, puis par l'affirmation de tout ce qui en permet la réalisation. Dans la perspective négatrice, l'Homme feuerbachien vaut le Dieu chrétien et la religion du Christ, celle de l'auteur de *L'Essence de la religion*. Le problème n'est pas de remplacer une religion hypothétiquement fausse par une autre prétendument vraie, mais d'en finir avec toutes les religions : celles qui honorent les dieux, ou Dieu, tout autant que celles qui vénèrent l'homme ou les hommes.

22

Jouir, c'est jouir de soi. La jouissance stirnérienne n'a pas de cadeau à attendre de qui ou quoi que ce soit. Elle est prise de guerre. Chacun s'appartient et ne doit rien à personne. D'où des pages en faveur du suicide ou du duel, qui illustrent deux façons de montrer comment l'unique est sa propriété et quel type de jouissance il y a à faire de soi ce que l'on veut. Ne perdons pas de vue que l'impératif catégorique anti-hégélien de l'unique est : « Je fais ce que Je veux »...

Stirner raconte une histoire qui vaut allégorie de sa pensée. Il rapporte qu'une veuve d'officier fuyant les combats avec son enfant se fit faucher par des éclats d'artillerie de l'armée adverse. Arrêtée dans sa fuite, elle étrangle son enfant, puis se laisse mourir auprès du petit cadavre. Jouir, c'est jouir de soi, échapper au vouloir de l'autre, lui interdire une quelconque parcelle d'empire sur mon destin, mon corps, ma vie, ma jouissance, ma force, Moi.

Dès lors, l'individu qui se suicide affirme que son corps est à lui, et non à sa famille, à la société, à l'Etat, à la patrie, à la nation. Dans les *Principes de la philosophie du droit,* Hegel interdit ce geste sous prétexte que « je ne suis pas le propriétaire de ma vie ». La même logique interdit le duel : personne, chez Hegel, ne dispose du droit de se supprimer, car ce droit appartient à l'Etat qui peut exiger le sacrifice des sujets. A l'inverse, Stirner dénie à l'Etat un quelconque droit sur l'unique, auquel il accorde la possibilité de se supprimer si tel est son bon plaisir.

Stirner donne le mode d'emploi de la vie : « Comment profite-t-on de la vie ? En l'usant, comme on utilise la lampe en la faisant brûler. On utilise la vie et, par suite, soi-même – le vivant – *en la consommant et en se consommant.* Jouir de la vie, c'est en user. » Jouir de détruire le vieux monde, jouir d'abolir les idées fixes, jouir de brûler les idoles, jouir de mettre le feu aux dieux et aux maîtres, jouir d'en finir avec les religions et les religieux, la morale et les moralisateurs, jouir par-delà le bien et le mal, jouir d'être au-delà de tout droit, de toute loi, de la justice, en un mot : jouir d'être unique.

23

En quoi nous sommes encore pieux. Troisième temps du deuxième moment hégélien : *le Bien et le Mal*. On comprend combien et comment la pensée de Stirner inaugure, bien avant Nietzsche, une inscription au-delà du bien et du mal. Stirner propose une pensée radicalement postchrétienne. L'offre sotériologique de Schopenhauer, même mâtinée de bouddhisme et d'orientalisme hindouiste, reste chrétienne : la pitié de Bouddha, l'extinction du vouloir-vivre, la jouissance du non-être nirvanique, voilà des solutions qu'un chrétien ne récuserait pas. Schopenhauer lui-même dit combien le premier christianisme est... schopenhauérien. Avec Stirner, et ce pour la première fois dans l'histoire de la philosophie, le postchristianisme cesse d'être chrétien.

Stirner énonce une idée forte – Nietzsche la recyclera... – en affirmant que même les athées sont encore chrétiens. Même ceux qui se croient débarrassés de Dieu, de la religion, du christianisme sont encore pieux... « Nos athées sont des gens pieux », écrit-il. De fait, les moralistes sans Dieu qui critiquent l'inceste ou la polygamie, le mensonge ou le crime par exemple, au nom de quelles valeurs le font-ils, sinon des valeurs judéo-chrétiennes qu'ils ont conservées ? On se croit sans Dieu parce qu'on l'a nié, mais on reste croyant en souscrivant aux balivernes enseignées sous son nom et son autorité.

Qu'est-ce qui interdit en effet que deux membres d'une même famille aient des relations sexuelles ? La morale ? L'idée qu'on se fait de la famille ? Mais au nom de quoi interdire ce qui réjouirait l'Unique ? Même chose avec la possibilité d'avoir plusieurs femmes : quel principe intangible l'empêche, sinon les lois juridiques qui décalquent sur le terrain laïque ce que les chrétiens enseignent depuis plus de mille ans.

La solution ? En finir réellement avec le christianisme pourvoyeur d'un Bien absolu et d'un Mal absolu alors que ces deux valeurs sont subjectives, relatives et dépendent du projet de l'unique. Stirner propose son plan postchrétien dans une phrase merveilleuse et efficace : « Digère l'hostie et tu seras délivré. » Autrement dit : ne perds pas ton temps (comme Feuerbach…) à décomposer le christianisme, à déconstruire la religion, à déplier les mythes, à te pencher sur la Bible pour la décortiquer (comme l'ami Bauer…) et en montrer l'infinie bêtise, mais affirme, veux, sois, montre ta force, déploie ta puissance.

Dès 1844, *L'Unique et sa propriété* annonce un changement d'épistémé dans l'Occident chrétien. Stirner écrit en effet : « Nous sommes au seuil d'une nouvelle époque » – autrement dit celle de la jouissance de l'unique au-delà du bien et du mal. On l'a déjà dit : la force fait la loi ; le juste et le bien se confondent à ce qui m'est utile ; le bien et le mal n'existent pas dans l'absolu, mais relativement à mon pur projet d'affirmation ; le crime, le mensonge, la trahison, le meurtre, l'inceste, la polygamie ne signifient rien en soi, mais relativement à mon désir de jouir du monde.

24

Un postchristianisme déchristianisé. Objectif :
digérer l'hostie… Là où Hegel écrit : « Le christianisme est la religion de la liberté », Stirner rétorque :
le christianisme est « le régime féodal embrassant tout,
autrement dit, la gueuserie parfaite ». La religion du
Christ a culpabilisé les hommes et infecté leur rapport
au monde à cause du péché originel. Elle a empêché
la jouissance de soi, l'unicité et sa jubilation dans
l'expression de sa force, elle a mis les désirs, les instincts et les pulsions plus bas que tout, alors qu'ils sont
la vérité de chacun. *L'Unique et sa propriété* propose
un évangile de la force qui dépasse en les détruisant
les évangiles chrétiens de la faiblesse, de l'amour du
prochain, de la compassion, de la joue tendue…

Dans un élan parent des pensées cathares, sinon des
gnostiques des premiers siècles de notre ère et des
Frères et Sœurs du Libre-Esprit du Moyen Age, Stirner
affirme : « Nous sommes tous parfaits et il n'existe pas
sur toute la terre un seul homme qui soit pécheur. » Le
péché est une création des hommes. Dieu n'existant
pas, l'histoire racontée dans la Genèse est une fable,
un mythe auquel il ne faut accorder aucun crédit. La
Bible n'a aucune valeur, elle n'est pas un texte sacré
ou saint, tout juste un livre de fictions comme il en
existe tant. D'où cette invitation : « Ne traite pas les
hommes de pécheurs, ils ne le sont pas : c'est toi seul
qui crées les péchés. »

L'Unique et sa propriété s'adresse aux « affamés de
la vraie vie » qu'est potentiellement tout un chacun
pourvu qu'il n'ait pas été endommagé par le christianisme. Ceux-là se meuvent dans le monde réel, un,

matériel et immanent. Le dualisme chrétien, la séparation de l'âme et du corps, la survie de l'esprit, l'immortalité de l'âme, la chair porteuse du péché, l'idéal ascétique qui commande la haine de soi, voilà autant de perversions à laisser derrière soi car elles justifient l'holocauste des unicités depuis des siècles. Pour affirmer la force de l'unique et réaliser cette nouvelle époque entrevue par Stirner, il faut en finir avec la morale moralisatrice et s'installer enfin au-delà du bien et du mal, dans le champ ouvert du combat titanesque des forces uniques.

25

L'unique, la femme. Récapitulons les moments de la dialectique hégélienne du droit : premier temps, le *droit abstrait* – la propriété, le contrat, l'injustice ; deuxième temps : la *moralité* – le projet et la faute, l'intention et le bonheur moral, le Bien et la conscience ; troisième temps : la *vie éthique* ou *morale sociale* – la famille, la société civile et l'Etat. Et continuons à mesurer combien Stirner détruit l'édifice hégélien et propose une sortie de cette philosophie. En un sens, la fin de la philosophie annoncée par Hegel n'est pas fausse, car cette philosophie-là, servante de l'idéal judéo-chrétien, a fait son temps, elle s'achève.

Pour autant, l'abolition de *cette* philosophie n'est pas l'abolition de *la* philosophie. *L'Unique et sa propriété* le montre : la mort de la philosophie chrétienne coïncide avec la naissance de la philosophie postchrétienne, en l'occurrence une *philosophie de la force*. Le *vouloir-vivre* schopenhauérien, la *volonté de puissance*

nietzschéenne, la *force de la matière* büchnérienne,
l'*inconscient psychique* de Hartmann, la *libido* freudienne, mais aussi l'*élan vital* bergsonien découlent en
droite ligne de cette pensée postchrétienne.

Retour à Stirner. Hegel fait de la *famille* et du
mariage les premiers temps de la morale sociale. Les
Principes de la philosophie du droit enseignent : le
mariage est « l'amour éthique conforme au droit, un
amour dans lequel disparaissent tous les éléments passagers, tous les caprices, tout ce qui est purement subjectif ». Par le renoncement à soi, le mariage crée la
liberté. Paradoxalement, de la même manière que chez
Hegel le travail rend libre, le mariage rend libre...

Hegel, qui, carrière et femme officielle obligent,
cacha toute sa vie son enfant naturel et sa pension
alimentaire, écrit que le mariage doit être indissoluble ;
la passion ne doit pas le troubler ; la législation doit
rendre le divorce difficile. A quoi le Professeur de
Berlin ajoute des considérations sur la passivité naturelle de la femme et le naturel actif de l'homme. L'une
est subjectivité, un défaut hégélien, l'autre, objectivité ; la femme a pour vocation naturelle la famille,
pendant que l'homme trouve sa destination dans le
travail et l'Etat. On comprend que, ici comme ailleurs,
le national-socialisme ait pu faire ses choux gras des
Principes de la philosophie du droit...

Jamais dans toute son œuvre Stirner ne parle
d'hommes ou de femmes, qu'il ne distingue et ne spé-
cifie jamais. Rien ne permet de sexualiser l'unique. A
aucun moment l'unique ne peut être entendu comme
l'apanage de l'homme, au sens hormonal du terme.
L'unique désigne donc tout aussi bien la femme (que
Stirner n'assigne ni à la cuisine, ni à la vaisselle, ni au

ménage, ni à l'enfantement, ni à la maternité, mais à...
l'unicité !) que l'homme... On chercherait en vain un
seul propos misogyne, phallocrate ou malvenu à
l'endroit des femmes dans la totalité des lignes écrites
et signées de son nom.

Rappelons le peu de sérieux que Stirner mit à son
mariage. L'homme est à la hauteur du penseur, qui
écrit : « La sainteté du mariage est une idée fixe », autrement dit, dans le vocabulaire stirnérien, une obsession
dommageable avec laquelle on entrave l'expansion de
l'unicité de l'unique. Comment, en effet, sachant ce que
nous savons, un unique pourrait-il jouer de sa force et
s'approprier le monde si d'aventure il était marié à
l'église et chargé de famille ? Que serait un unique,
époux ou épouse, père ou mère, sinon un fragment de
lui-même, un morceau de subjectivité, un être mutilé ?

26

Inceste, polygamie, adultère. Le philosophe qui justifie l'inceste et la polygamie, du moins qui ne voit pas
au nom de quoi on pourrait les interdire, fait, on s'en
doute, la critique de ceux qui stigmatisent l'adultère.
La fidélité ? La monogamie ? Pour quelles raisons en
faire des vertus dans l'absolu ? Stirner veut la liberté,
ici comme ailleurs ; il n'entend pas une fois de plus se
retrouver prisonnier de paroles dites un jour, de propos
tenus dans des circonstances qui ne sont plus. Le penseur qui refuse d'accorder un intérêt à la parole donnée,
à la promesse, à l'engagement, ne peut que rire des
moralisateurs qui condamnent le libre usage de son
corps.

Même si, dans le fouillis de son livre, Stirner ne rapproche pas l'association d'égoïstes de la question de l'intersubjectivité amoureuse et/ou sexuelle, mettons les deux choses en perspective : l'amour ou la relation sexuelle ne doivent pas obéir à un engagement devant Dieu ou l'Etat, et ce pour la vie, mais à un contrat utilitariste dans lequel l'un et l'autre associent et conjuguent leurs volontés de jouissance, sans autre souci que d'en obtenir du plaisir de manière intéressée.

Cet amour libre, au sens étymologique, dure tant que les deux partenaires y trouvent leur compte. Les juristes parlent dans ce cas de contrat synallagmatique. L'un des deux ne veut plus ? Alors le contrat disparaît de fait. Et les deux recouvrent leur liberté. Dans la logique amoureuse ou sexuelle selon Max Stirner, on se prête sans jamais se donner. Se donner, ce serait prendre le risque de se perdre, et ce durablement, sinon définitivement. Ce qu'aucun unique ne peut décemment risquer. Qu'on se rappelle le leitmotiv du philosophe : « Je fais ce que Je veux »…

27

L'arbitraire du bon plaisir. Deuxième moment hégélien du troisième temps des *Principes de la philosophie du droit*, la *société civile*. Il s'agit, pour Hegel, de réaliser dans cette étape dialectique « le dur travail contre la subjectivité de la conduite, contre l'immédiateté du désir, aussi bien que contre la vanité subjective du sentiment et l'arbitraire du bon plaisir ». Autrement dit : de déclarer la guerre au désir, au plaisir, à l'individu, comme déjà la *Phénoménologie de l'esprit* l'avait fait. Stirner inverse la perspective hégélienne et se bat *pour* la subjectivité de la conduite, *pour* l'immédiateté du désir, *pour* la vanité subjective du sentiment et *pour* l'arbitraire du bon plaisir...

Chez Hegel, la société civile comprend trois moments : le système des besoins et l'exigence du travail ; l'administration de la justice et la protection de la propriété ; la police et la corporation pour protéger les intérêts particuliers en tant qu'ils constituent un intérêt commun. Pour Stirner, le travail, la justice, la propriété, la police et la corporation constituent autant d'entraves à la libre expansion de l'unicité de l'unique et, en tant que telles, méritent le sabordage...

Ainsi le travail. On se trouve tétanisé devant l'affirmation hégélienne que « le travail rend libre » quand on sait que ce slogan figurait à l'entrée du camp d'Auschwitz... Certes, on aurait tort de faire a posteriori de Hegel un penseur nazi, ce qui n'aurait pas grand sens, mais les *Principes de la philosophie du droit* fournissent nombre d'idées utiles pour constituer l'idéologie national-socialiste – car, si Nietzsche haïssait l'Etat, Kant et Hegel fournissent des armes autrement plus dangereuses au Reich allemand...

La subsomption du particulier sous l'universel ; le destin de l'individu réalisé par le collectif ; la célébration de la famille comme premier moment de la vie éthique, culminant dans la religion de l'Etat ; la nécessité de confiner chacun dans sa classe sociale ; le droit donné à l'Etat de disposer de la vie de ses sujets en cas de besoin ; la défense de la guerre, l'éloge du soldat ; l'assignation de la femme à son destin d'épouse et de mère ; la dialectique du grand homme et son corrélat, la ruse de la raison ; la liaison entre religion chrétienne, Esprit Absolu et Etat germain ; et puis cette idée que le travail rend libre, voilà un lourd passif…

28

Le travail rend libre. Dans le paragraphe 194 des *Principes de la philosophie du droit* où Hegel explique que le travail rend libre, il légitime l'existence des classes séparées, distinctes, en vertu de l'inégalité des talents : comme il existe des gens doués et d'autres qui ne le sont pas, Hegel trouve normal que les talents inégaux soient inégalement récompensés. Les voies du Seigneur, Dieu d'amour et de fraternité, sont impénétrables ! Qui plus est quand elles croulent sous l'arsenal hégélien de la dialectique de l'Esprit dans son autorévélation… La division du travail, excellente du point de vue de la productivité économique, procède de la nécessaire répartition des travailleurs en fonction de leurs capacités.

Chacun doit se trouver dans une classe et y rester. La « classe substantielle ou immédiate », qui travaille dans les champs, la « classe industrielle, réfléchissante ou formelle », qui transforme les produits de la nature, et la « classe universelle », chargée des intérêts généraux de la société et, pour ce fait, dispensée d'un travail direct, définissent une trifonctionnalité dans laquelle chacun prend sa place et y reste pour le bien de l'Etat. Le travail assigne à chacun un rôle nécessaire dans la société civile.

Stirner se moque de cette vision des choses qui célèbre le Travailleur comme une figure de la Liberté hégélienne, là où il voit l'activité laborieuse comme un empêchement à la manifestation de la puissance et de la liberté de l'unique. De la même façon que la famille, le mariage, la paternité ou la maternité constituent des entraves à la propriété de l'unique, à son appropriation du monde, à l'expansion et à la réalisation de sa force, le travail fait l'objet d'une condamnation radicale.

Travailler, c'est ne plus s'appartenir et se vendre pour un salaire de misère qui permet à peine la survie. L'aliénation du travailleur suppose le renoncement à sa force. Nul besoin de se rendre à l'usine, à la manufacture, à l'atelier pour faire le sacrifice de son temps, de sa force, de son énergie, de sa liberté, de son autonomie, de son indépendance, le tout payé par une poignée ridicule de billets sans valeur. L'unique récuse le salariat et renvoie plutôt à l'appropriation de ce qui est nécessaire pour vivre. Ce que les bourgeois appellent « vol », plutôt que la destruction du Moi dans la prostitution de son Unicité, voilà la solution : le travail ne rend pas libre, il aliène ; en revanche, le vol, lui, rend libre, puisqu'il prouve la liberté par son exercice même…

29

Se créer liberté. Ce qui rend libre ne vient jamais de l'extérieur mais du vouloir propre. Voilà ce qui a rendu possible la lecture de *L'Unique et sa propriété* comme un livre aux sources de l'existentialisme. On se souvient de l'ontologie noire de Stirner : pas de sens donné a priori ; un socle tragique : des instincts, du chaos, de l'insensé, la loi de la jungle, la répartition en bêtes de proie et victimes ; une liberté métaphysique totale ; une force capable de tout ; et cette phrase qui pourrait être écrite par un philosophe existentialiste : « Tel que tu es à chaque instant tu es ta création. »

Stirner part donc en guerre contre tout ce qui entrave cette libre affirmation de soi, qui est libre création de soi. D'où son combat contre les « curés », terme qui recouvre plus que le simple prêtre. Lisons-le : « Les curés – c'est-à-dire les théologiens, les philosophes, les hommes d'Etat, les philistins, les libéraux, les maîtres d'école, les laquais, les parents, les enfants, les époux », ce qui, convenons-en, finit par faire du monde !

Ce que nous sommes, nous en sommes responsables : miséreux ou riche, esclave ou maître, serviteur ou seigneur, soumis ou souverain, démuni ou propriétaire, chômeur ou boulanger, affamé ou repu, agenouillé ou debout, remplaçable ou unique… La thématique existentialiste se trouve là tout entière, moins ses formules phénoménologiques.

L'éloge de la puissance et de la force de l'unique vaut le postulat de la liberté radicale ; l'ontologie noire équivaut à la facticité et à l'absurdité dans laquelle se trouve l'être ; l'invitation pour l'unique à vouloir sa propriété ressemble à la proposition du choix ; la théorie sartrienne du « salaud » renvoie à la condamnation stirnérienne de la victime qui n'a pas fait le nécessaire pour ne pas l'être et revendique la compassion, etc.

30

« *Je fais ce que Je veux.* » Hegel défend *l'Etat* qui culmine dans son système : troisième moment du troisième temps, on arrive au sommet de l'édifice de l'idéalisme. Les passages abondent dans les *Principes* où son auteur fait l'éloge de la peine de mort, célèbre le beau métier de soldat et légitime son travail de mort, vante les mérites du guerrier, explique les bonnes raisons d'être de la police qui est la puissance protectrice de l'universel. L'ordre social doit régner. L'Etat permet la réalisation de l'Idée, de la Raison, du Concept. Hegel écrit : « L'individu ne peut avoir lui-même de vérité, une existence objective et une vie éthique que s'il est membre de l'Etat. » Stirner croit à l'inverse que l'Etat est l'ennemi de l'Unique, que l'individu n'a pas sa vérité dans la soumission aux principes de l'universel, mais dans l'obéissance à son unicité, à la vérité de sa force, à la légitimité de sa puissance.

A Hegel qui écrit : « Si l'Etat exige le sacrifice de la vie, l'individu doit y consentir », Stirner répond : « Je fais ce que Je veux. » A Hegel qui interdit le suicide en affirmant : « Je ne suis pas propriétaire de ma vie », Stirner rétorque : « Je fais ce que Je veux. » A Hegel qui enseigne qu'il faut « agir conformément au droit », Stirner écrit : « Je fais ce que Je veux. » A Hegel qui décide que : « Je dois conformer mon comportement à celui des autres », Stirner persiste : « Je fais ce que Je veux. » A Hegel pérorant qu'il faut « vénérer l'Etat comme un Etre-Divin-Terrestre », Stirner, pouffant, insiste : « Je fais ce que Je veux. » Comme un enfant buté, arrêté sur son idée, n'écoutant rien d'autre que la force de son Je solipsiste.

Car, suite et fin existentialiste, *L'Unique et sa propriété* met au fronton de son architecture baroque cette phrase définitive pour tout Je, tout Moi : « Je dois être ma propre œuvre. » Stirner récuse « l'Etat-papa »,

l'autre nom de l'Etat « Etre-Divin-Terrestre »... Cet
Etat qui s'occuperait de la vie de chacun, du bonheur,
de la liberté, de la fraternité ; l'Etat qui déciderait du
bien et du mal, du juste et de l'injuste, du légal et de
l'illégal, du bon et du mauvais, du beau et du laid ;
l'Etat qui ferait la loi, dirait le droit ; l'Etat disant la
norme familiale, sexuelle, éthique, morale, religieuse ;
l'Etat chrétien, l'Etat prussien, l'Etat monarchique
appelé de ses vœux par Hegel, voilà le plus à craindre
pour l'unique, menacé de toute part par cette machine
à broyer les os de l'individu et à se nourrir de sa moelle,
de sa chair, de son sang, de sa vie, de son énergie, de
son unicité...

La théorie hégélienne de l'Etat n'est pas qu'une
construction pure assise sur une production de concepts
destinée à parfaire un système achevé. Elle s'incarne.
En l'occurrence dans un homme. Le despotisme, selon
Hegel, c'est la loi d'un seul ; pour Stirner, le despotisme serait bien plutôt la tyrannie de tous. Les *Principes* enseignent que la volonté générale doit faire la
loi ; *L'Unique* dit l'inverse : seule la volonté particulière décide de ce qui doit être. Dès lors, selon le père
de l'Esprit Absolu, un homme doit concentrer en lui
l'universel de façon à lui donner un corps, une parole,
un verbe ; en revanche, pour le théoricien du Je, nul
individu ne concentre en lui plus que lui – c'est déjà
tellement d'être soi et de savoir l'être...

Stirner vomit l'Etat sous toutes ses formes. Il conchie
tout autant celui des socialistes que des libéraux, des
communistes que des capitalistes, des chrétiens que des
athées, des républicains que des monarchistes, il aime
aussi peu celui de Louis XIV que celui de Robespierre.
Voilà pour quelles raisons son œuvre est une longue

critique de la Révolution française, des Droits de l'homme, de la devise de la République qui constitue une nouvelle religion, donc une menace, avec de nouvelles « idées fixes » qui se nourrissent elles aussi de la substance du Moi, de la matière du Je. La révolution ? Une menace pour l'unique...

31

La révolte contre la révolution. Voilà pour quelles raisons *L'Unique et sa propriété* reste un bréviaire pour la seule révolte : un cri contre tout ce qui entrave, enchaîne, contraint, limite, restreint, soumet, assujettit, asservit, opprime, réduit... Voilà pourquoi, à l'issue de toutes les Révolutions, Stirner se retrouverait en prison, dans les fers, enfermé dans une geôle avec tous les irrécupérables qui empêchent les bêtes de proie de circonscrire l'énergie et la force des individus. Robespierre l'aurait envoyé à l'échafaud ; les bolcheviks ne l'ont pas aimé ; les nazis ne pouvaient pas le récupérer ; les fascismes non plus ; les Etats dits démocratiques laissent faire, mais savent qu'il dit vrai. Stirner pense, avec raison, que les révolutionnaires d'aujourd'hui sont les conservateurs, puis les réactionnaires de demain.

En revanche, le révolté du jour le sera demain puis après-demain : il est la permanence de la pulsion de vie, de la force, de l'énergie, du mouvement, de la dynamique, quand le révolutionnaire, créateur de nouvelles idoles pour de nouvelles religions, s'appuie sur la pulsion de mort, la violence militaire et policière, la brutalité institutionnelle, la société close. La révolte de l'unique n'exclut pas la somme des révoltes. Stirner le solipsiste dépasse son solipsisme en écrivant : « S'il y a derrière toi quelques millions d'autres pour Te protéger, Vous avez une force imposante et remporterez facilement la victoire. »

Ainsi l'égoïsme n'exclut pas l'action collective. La révolte n'est pas destinée à demeurer ministère du Verbe ou de la Parole. L'action, pourvu qu'elle soit démultipliée par l'association, peut mener à la victoire des Uniques et à la destruction de toutes les machines de guerre communautaires, collectives, collectivistes, étatiques. Stirner offre avec cette machine de guerre qu'est l'« association d'égoïstes » une véritable occasion antifasciste, une alternative à la politique marxienne d'appropriation de l'appareil d'Etat par l'avant-garde éclairée du prolétariat. Cette forme mobile, dynamique, reconstructible, fluide, cet appareil de guérilla, représente sans conteste l'apport le plus important de *L'Unique et sa propriété*. Les résistances moléculaires de Foucault, Deleuze et Guattari trouvent ici leur généalogie.

CONCLUSION

Vers Nietzsche

1

De la cristallisation. A l'époque où Stendhal théorise l'« égotisme », il formule également une idée intéressante, très connue elle aussi, la « cristallisation ».
En 1822, ce fils des Idéologues – dont Destutt de
Tracy, auteur d'un livre intitulé *De l'amour* – écrit en
effet un ouvrage sous le même titre qui raconte comment un rameau effeuillé par l'hiver, tombant dans les
mines de sel de Salzbourg, se retrouve quelques mois
plus tard recouvert de cristaux brillants : « Les plus
petites branches, celles qui ne sont pas plus grosses
que la taille d'une mésange, sont garnies d'une infinité
de diamants mobiles et éblouissants ; on ne peut plus
reconnaître le rameau primitif. »

Dans ce court passage, il s'agit bien évidemment
pour Stendhal de proposer une théorie de l'état amoureux, mais, extrapolons la cristallisation au domaine
de l'historiographie de la philosophie, et voyons comment elle permet parfois de rendre compte des pro-

cessus de formation de pensées, de réflexions, de création de concepts, sinon de « personnages conceptuels », chez un philosophe qui, lui aussi, propose parfois une « infinité de diamants mobiles et éblouissants » dans lesquels on ne reconnaît plus le rameau primitif.

Dans les mêmes eaux du siècle, le physicien Auguste Bravais (1811-1863) contribue à la création d'une science nouvelle, la cristallographie. Elle s'occupe des lois qui constatent la récurrence de la formation des cristaux, la permanence de leur structure, la constance de leur agencement atomique, leur étonnant tropisme angulaire. Les réseaux et les lois de Bravais formulent les découvertes scientifiques sur ce terrain de la minéralogie. Schopenhauer lui-même apparaît comme l'un des rares philosophes qui donnent une place aux pierres dans leur vision du monde, et les met en relation avec son ontologie noire de la tyrannie du Vouloir aveugle.

2

Les rameaux primitifs. Le XIXᵉ siècle se trouve donc parcouru par deux lignes de force constitutives de ce que j'ai nommé d'une part l'*eudémonisme social*, d'autre part les *radicalités existentielles*. Chacune de ces lignes produit plus loin de nouvelles pousses : la première dans les formes politiques communautaires prises par le XXᵉ siècle, pour le meilleur et pour le pire, la seconde dans la construction de subjectivités post-chrétiennes. L'une illustre le fameux adage : « changer l'ordre du monde », l'autre : « se changer ».

Les trois radicalités existentielles que sont Thoreau, le transcendantaliste épicurien, Schopenhauer, l'inventeur d'une ontologie noire tragique, et Stirner, le penseur de l'unicité incandescente, convergent vers une force qui a nom Frédéric Nietzsche : sa naissance le 15 octobre 1844 ne lui permet pas d'avoir eu de relations directes avec les grands anciens. Thoreau, philosophe américain, n'est cité nulle part par Nietzsche, *Walden* paraît quand il a dix ans, et son auteur meurt huit ans plus tard ; Emerson, qu'il cite et aime, vivra jusqu'en 1882, les deux hommes auraient donc pu échanger, voire se rencontrer. Nietzsche déplore de n'avoir pas découvert Schopenhauer plus tôt, car la mort de l'ancien datait seulement de cinq années avant sa lecture de l'œuvre majeure… Stirner pour sa part écrit *L'Unique et sa propriété* l'année de naissance de l'auteur du *Gai Savoir*. Ces rencontres ne furent donc que de papier, mais le transcendantalisme, la pensée de Schopenhauer et celle de Stirner agissent en rameaux constitutifs du branchage de « diamants mobiles et éblouissants » de Nietzsche.

Bien sûr, il existera également des rencontres du vivant de Nietzsche qui contribueront à la construction de sa pensée : ainsi Jean-Marie Guyau (1854-1888), une comète dans le ciel philosophique français, mort à trente-trois ans, l'auteur de l'*Esquisse d'une morale sans obligation ni sanction* en 1885 et de *L'Irréligion de l'avenir* en 1886, deux ouvrages lus et scupuleusement annotés par le philosophe allemand. Les deux hommes vivront au même moment à Nice et à Menton mais ne se rencontreront jamais. Et puis Lou Salomé (1861-1894) et Paul Rée (1849-1901), avec lesquels Nietzsche souhaitait créer un « cloître pour esprits libres », autant de rencontres généalogiques de sa pensée.

3

Le rhizome transcendantaliste. Nietzsche semble n'avoir pas lu Thoreau qu'il ne cite jamais. En revanche, il connaît bien le transcendantalisme, et la pensée d'Emerson nourrit sa réflexion depuis le plus jeune âge jusqu'aux derniers textes. Dès 1862, au lycée de Pforta donc, il a dix-huit ans et découvre les *Essais* traduits en 1858. Dans cet ensemble de textes on trouve *La Conduite de la vie*, d'Emerson, et les pages tombent à pic chez le jeune homme qui connaît des périodes de mélancolie, de doute, de désespoir, de haine de soi et des autres, de cynisme et d'euphorie mystique. Les premières migraines violentes qui l'accompagneront toute sa vie commencent à lui ravager la santé. Son exemplaire disparaît avec une valise d'objets personnels sur le quai d'une gare. Il en rachète un et l'annote régulièrement pendant des années. En 1876, il acquiert le second volume des *Essais*. Son intérêt sera moindre.

Pourtant, lorsqu'il fait paraître la première édition du *Gai Savoir* (1882), une exergue d'Emerson ouvrira ce livre majeur : « Pour le poète et pour le sage, toutes choses sont objets de joie et sont bénies, toutes les expériences, utiles ; chaque jour est sain, chaque homme, divin. » Eloge de la vie, de la santé, de la joie, du poète et du sage, de l'expérience, de la sainteté de chaque jour, de la divinité de tout humain : le programme transcendantaliste, du moins sur ce sujet, coïncide absolument avec le dessein nietzschéen du moment.

A Nice, il lit *La Confiance en soi*, qui célèbre la subjectivité ; la démarche individuelle appelée à devenir une leçon universelle – Emerson et Nietzsche partagent une passion pour Montaigne... ; la spontanéité toujours bonne conseillère ; la jubilation à être ; le consentement à ce que la nature fait de nous ; l'adhésion joyeuse au monde qui ne peut être mauvais ; le mépris militant pour toute forme de conformisme ; la récusation de tout sacré en dehors de soi ; la définition du bien comme ce qui permet la réalisation de notre nature et du mal comme ce qui l'entrave ; le mépris de la philanthropie et de la charité ; la préférence de l'amour de soi à celui d'autrui ; l'indifférence proclamée à l'endroit du jugement des autres ; le goût affiché pour la solitude, même au milieu des foules ; les railleries à l'endroit des institutions ; le souci de l'élite, du meilleur et de l'aristocratie de l'esprit ; la posture romantique de celui qui, parce qu'il dira la vérité, sera incompris, sali, traîné dans la boue ; le rôle architectonique du grand homme pour un peuple, une nation, un pays, une civilisation ; l'invitation à mépriser la tradition ; des phrases telles : « je ne souhaite pas expier mais vivre » ; et autres rasades d'alcool fort pour un homme sujet à de fréquentes dépressions...

A l'automne 1881, il écrit dans des notes qui deviendront des *Fragments posthumes* : « Emerson. Jamais livre ne m'a donné à ce point le sentiment d'être chez moi, dans ma propre demeure. Je ne peux pas en faire l'éloge, il m'est trop proche. » En 1883, il rédige *Ainsi parlait Zarathoustra*, dans lequel se trouvent nombre d'images empruntées à l'auteur de *La Nature*. L'année suivante, 1884, il se fait traduire l'*Autobiographie* du philosophe américain. Plus tard, en 1888, dans le *Crépuscule des idoles*, il lui rend hommage et fait d'Emer-

son un intempestif, autrement dit un homme qui
deviendra jeune dans l'avenir.

4

L'amitié, les grands hommes. Nietzsche aime également les passages consacrés par Emerson à l'amitié.
Le philosophe allemand en fait une vertu de haute
volée, une valeur romaine, virile, une ascèse philosophique, un signe des caractères forts ; le penseur américain place lui aussi ce sentiment au-dessus de
l'amour, parmi les choses les plus solides ; elle permet
la sincérité cordiale, au sens étymologique : celle des
cœurs ; elle ne supporte pas la dissimulation, les
arrière-pensées ; elle porte au plus haut point la possibilité de la consolation dans les moments les plus
douloureux d'une existence ; elle exige des natures
rares et précieuses ; elle souligne même ces vertus-là ;
elle ne vit pas au-delà de deux et nécessite l'exclusi-
vité. Sa vie durant, Nietzsche l'errant, le solitaire et le
malade, ne cessera d'aspirer à cette amitié vécue
comme une œuvre d'art. Mais souvent, il la verra
quand elle n'y sera pas (Richard Wagner) ; et il ne la
verra pas quand elle y sera (Peter Gast)…

L'amitié pensée à ce registre d'exigence suppose
des grands hommes, des individualités d'exception.
Nietzsche appréciera particulièrement la théorie
qu'Emerson en donne. Un livre du philosophe de Boston paraîtra en 1895 dans une traduction française
d'Izoulet et Roz intitulée *Les Hommes représentatifs*
et sous-titré *Les Surhumains*. On y lit des portraits de
Platon, Swedenborg, Montaigne, Shakespeare, Napo-

léon, Goethe, en accélérateurs des progrès dans l'Histoire et comme des modèles à suivre pour devenir soimême une figure qui se dépassera – généalogie du surhumain…

Qu'est-ce qui définit le grand homme ? Son magnétisme ; sa capacité à voir plus haut et plus loin que l'homme du commun ; sa pensée plus vive, plus rapide ; son talent pour rendre intelligible ce qui, sinon, reste confus ; son art de répondre à des questions que personne ne se posait, et la conviction qu'il emporte alors que l'interrogation méritait d'être posée ; son génie pour inventer ; sa destination à l'excellence dans un domaine particulier du monde – une science en particulier, l'un des beaux-arts, un moment dans l'histoire politique d'un temps. Dans l'esprit, toujours, de la cristallisation, Emerson écrit : « Il faut qu'un aimant soit fait homme. »

A la question : « A quoi servent les grands hommes ? » le philosophe américain répond : à indiquer le chemin, à montrer la voie, à permettre l'imitation, sur l'ancien principe pratiqué par les philosophes antiques, puis par les chrétiens qui le récupèrent, de la conduite réglée sur le modèle – Epicure pour les épicuriens, Jésus-Christ pour les chrétiens. La Nature produit des figures d'exception qui, par leur office, magnifient la nature plus à même de créer de nouvelles individualités : elle sécrète la force qui active le progrès, lui permettant d'accoucher de meilleures réalisations encore. Le grand homme exprime la Nature qui l'a construit, puis l'engrosse à nouveau de ferments destinés à de plus grandes et plus belles parturitions à venir. Le grand homme sert à préparer la venue d'autres grands hommes qui ont pour tâche d'accomplir les progrès dans la Nature.

5

Philosophes et fonctionnaires de la philosophie. Et puis Nietzsche ne pouvait pas ne pas aimer chez Emerson la définition du philosophe et la conception de la philosophie. Les transcendantalistes pensent non pas pour le pur et simple plaisir de produire des concepts, d'écrire des livres ou de fabriquer des légendes systématiques, mais dans le but de proposer de nouvelles possibilités d'existence à leurs lecteurs. Dans le groupe de Concord, la pensée se pratique entre gens de bonne volonté, avec un public de non-spécialistes, loin des chaires universitaires et dans la plus totale indépendance vis-à-vis des professeurs de philosophie, qui se contentent de dépecer la pensée des autres, de vivre comme des charognards sur l'œuvre d'autrui et d'empocher tous les mois un salaire payé par l'Etat pour leurs bons et loyaux services. Un transcendantaliste enseigne la vie philosophique, il propose une existence construite selon les principes d'une réflexion menée en amont.

Pendant qu'à l'Université Hegel, et Victor Cousin, sa pâle formule française, pratiquent pour l'un et font pratiquer pour l'autre l'histoire de la philosophie idéaliste et spiritualiste, puis travestissent les données du bon sens religieux (chrétien) et politique (conservateur) sous couvert de concepts fumeux, de rhétoriques absconses et de dialectiques hermétiques, Emerson et ses amis, dont Thoreau, mettent au point une sagesse à vivre, une pensée existentielle, une théorie à pratiquer, une réflexion à incarner, une philosophie à matérialiser. Nietzsche l'écrira plus tard dans sa troisième Considération inactuelle consacrée à Schopenhauer : « J'estime un philosophe dans la mesure où il peut donner un exemple. »

Emerson n'a jamais été titulaire d'une chaire de professeur de philosophie à l'université de Boston ou de New York ; il a toujours vécu dans sa petite ville de Concord ; il a animé autour de lui un cénacle philosophique transcendantaliste avec une revue, des complices, des disciples plus ou moins orthodoxes. Thoreau témoigne d'ailleurs qu'on pouvait être associé à l'aventure sans avoir pieds et poings liés ; il a enseigné, sur le mode antique, la possibilité d'une vie philosophique. Pour le jeune Nietzsche, perdu, sans points de repère fixes, à la recherche de lui-même et d'un sens à donner à son existence, les livres d'Emerson fonctionnent comme une boussole intellectuelle et existentielle.

6

Une deuxième cristallisation. Autant les références à Emerson parsèment l'œuvre complète de Nietzsche, des premiers temps jusqu'aux derniers textes, autant on chercherait en vain le nom même de Max Stirner dans l'œuvre complète de Nietzsche – dans laquelle j'intègre l'abondante correspondance. Et pourtant : se peut-il qu'un livre comme *L'Unique et sa propriété*, écrit l'année de naissance de l'auteur d'*Ainsi parlait Zarathoustra*, ait été ignoré de lui, alors que leurs thématiques semblent parfois si proches ? Quels points de passage entre l'Unique et le Surhomme ? Quelles liaisons secrètes, discrètes, entre le désir de l'un de fabriquer un monde postchrétien et celui de l'autre qui envisage une « transvaluation des valeurs » chrétiennes ?

L'historiographie habituelle enseigne : Nietzsche a aimé l'*Histoire du matérialisme* de Lange, or celle-ci comporte une dizaine de lignes sur Stirner, donc Nietzsche connaissait *L'Unique et sa propriété*… Outre que cette démonstration n'en est pas une, si l'on va voir de ses propres yeux ce que Lange écrit de Stirner dans ce volumineux travail dont, malgré ses indéniables qualités par ailleurs, le format contraint bien souvent à la superficialité, on y découvre un raccourci qui rend mal compte du travail du héraut de l'Unique.

Dix-sept lignes en tout et pour tout ; une seule phrase pour résumer le livre ; une déploration que l'ouvrage ne soit pas complété par un autre qui aurait été positif ; rien sur la positivité contenue dans les cinq cents pages – dont l'idée essentielle d'« association d'égoïstes » ; une mise en perspective totalement fautive entre la « volonté » comme force chez Stirner et le « vouloir » comme essence ontologique du réel chez Schopenhauer ; un aveu que Stirner n'a rien à voir avec le matérialisme, ce qui invalide la présence de cette poignée de mauvaises lignes dans une histoire de ce courant philosophique ; puis, qui plus est, un constat qu'il n'a eu aucune influence sur des penseurs matérialistes ; plus une conclusion sibylline totalement hors de propos ; voilà qui ne permettait pas à Nietzsche d'en savoir beaucoup plus sur Stirner que s'il n'avait rien lu de lui !

Les histoires de la philosophie et les encyclopédies se contentent de ressasser cette idée fausse que, malgré son silence sur le nom même de l'auteur de *L'Unique*, Nietzsche connaissait probablement Stirner par le livre de Lange : ce qu'une lecture de moins de dix minutes permet de tenir définitivement pour une hypothèse nulle et non avenue. D'autres se demandent si la mention faite de Stirner par Hartmann dans *Philosophie de l'inconscient*, un livre lu par Nietzsche, a pu être une autre occasion de rencontre. Ou une discussion avec Wagner, qui aurait tenu de son ami Bakounine une connaissance de *L'Unique*. Mais tout ceci relève de supputations.

En revanche, une lecture des *Souvenirs sur Nietzsche* de son ami Franz Overbeck permet de résoudre le problème : en 1874, Nietzsche a invité son élève préféré, Baumgartner, à emprunter l'ouvrage à la bibliothèque, ce qu'il a fait. La sœur de Nietzsche prétend que son frère ignorait tout de *L'Unique et sa propriété* et de son auteur : elle travaillait à sculpter la statue de son frère pour en faire un génie méconnu, antisémite, prénazi et tirant son excellence de lui seul sans jamais devoir quoi que ce soit à qui que ce soit. Or Nietzsche a été fortement frappé par Stirner et, comme toujours chez lui en cas de sidération, il gardait ses émotions, ses sensations, ses avis par-devers lui avant d'en faire un jour le miel d'un aphorisme, d'une page d'écriture, d'une idée, sublimés par son talent.

Overbeck ne se souvient pas d'un jour où Nietzsche ait recommandé la lecture de Stirner, mais son épouse se rappelait quant à elle la « timidité manifeste » que le philosophe mit dans cet avis donné sur l'auteur de *L'Unique*. De sorte qu'Overbeck conclut de cette information que l'impression faite par Stirner sur Nietzsche fut « forte et tout à fait singulière ». Ce que prouve son inhibition en pareil cas – une inhibition déjà constatée par son ami sur d'autres sujets très sensibles dans l'économie de la pensée de Nietzsche.

Qu'Elisabeth Forster se rassure, Nietzsche n'a rien d'un plagiaire ou d'un voleur. S'il a retenu quelque chose de Stirner et de sa possible lecture de *L'Unique et sa propriété,* ce ne sont pas des idées travesties, dissimulées, cachées, transfigurées habilement comme le ferait un receleur cachant son larcin, mais un esprit, un souffle, une force à l'œuvre, un tempérament, un caractère, tout autant que l'esprit d'une époque – post-hégélien, athée, déconstructionniste, radical, individualiste, amoral, subjectif, autrement dit, *le style et le ton des radicalités existentielles* de ce siècle. Une mise en perspective des idées de l'un et de l'autre ne conclut à rien de bien sérieux. Parfois l'influence ne se fait pas sur le fond d'idées mais sur la forme d'une expression, sur le souffle radical d'un livre et l'envie d'un monde postchrétien, d'une nouvelle époque à laquelle Stirner aspirait clairement. Rhizome actif par impulsion d'énergie…

7

La sidération par le Père. Troisième cristallisation : Schopenhauer. La plus visible : Emerson apparaît en pointes fines, régulièrement dispersées sur le trajet du philosophe depuis l'origine de sa pensée jusqu'à ses derniers moments ; Stirner agit en ombre chinoise évaporée dès qu'on approche la main ; Schopenhauer,

quant à lui, ouvre le bal du philosophe dans une toni-
truante entrée en fanfare, wagnérienne si j'osais l'insulte
– mais à l'époque, ça n'en est pas une... L'auteur du
Monde comme volonté et comme représentation fonctionne en effet comme le point fort *moderne* d'une analyse appuyée sur les tragiques grecs pour transformer
Wagner en sauveur de l'Allemagne à venir, via la création annoncée d'une civilisation phare pour l'Europe,
donc pour l'humanité – voir *La Naissance de la tragédie*
(1872), puis la troisième Considération inactuelle
(1874) intitulée *Schopenhauer éducateur*.

Nietzsche découvre l'ouvrage majeur du philosophe
dans la vitrine d'une librairie, fin octobre 1865. Il entre,
feuillette, tombe sous le charme, achète le livre, rentre
dans sa chambre et lit sans discontinuer dans une furie
extatique, en s'accordant quatre heures de sommeil par
nuit pendant onze jours. Pour éviter d'exploser men-
talement sous le coup des violences intellectuelles
infligées par cette apparition, il compose... un Kyrie !
A ses interlocuteurs, il parle alors de la découverte...
d'un père. Enfin il trouve avec ce livre un sol pour
asseoir son être. Voilà enfin une vision du monde sans
Dieu, cohérente, qui laisse à l'art une place majeure
dans les dispositifs de saluts possibles.

Dans un passage autobiographique, Nietzsche écrit
qu'il était alors dans un état de désespoir, qu'« [il flot-
tait] alors à la dérive, après quelques expériences malheureuses, quelques douloureuses déconvenues, seul,
sans principes, sans espoir, sans un seul souvenir ami-
cal. Je n'avais qu'un seul but, du matin jusqu'au soir :
me tailler une existence à mes propres mesures ».
L'électrochoc le conduisit à une résolution socratique,
il sentit alors dans sa vie une impression puissante :

« L'impérieux besoin m'envahit de me connaître, de me disséquer moi-même. »

Ce que Nietzsche aime dans Schopenhauer est moins l'idéal ascétique du renoncement bouddhiste, si proche de la formule chrétienne, que la construction romantique de soi dans un univers chaotique où le vouloir, une puissance aveugle, fait la loi. Malgré le chaos, ou, justement, contre lui, se vouloir une force, une puissance, une énergie construite comme un fragment de la nature conscient de lui-même et jouissant de cet état de béatitude, voilà le projet nietzschéen.

Le philosophe, aux antipodes alors du professeur de philosophie, et de Hegel son parangon du moment, propose une formule qui donne chez Nietzsche « le philosophe artiste » et « l'invention de nouvelles possibilités d'existence ». Contre « ceux qui ne sont qu'à moitié ou aux trois quarts philosophes », entendez les universitaires, Nietzsche découvre un philosophe qui invite à mener « une vie philosophique ». Il n'aura de cesse de préciser les modalités de cette *vie philosophique*.

8

Radicelles, racines, rhizomes. *Schopenhauer éducateur* s'ouvre sur des accents stirnériens : « chaque homme est un miracle qui n'a lieu qu'une seule fois » ; ou bien : « l'homme qui ne veut pas appartenir à la masse n'a qu'à cesser d'en prendre à son aise avec lui-même ; qu'il suive sa conscience qui lui crie "Sois toi-même" ! Tu n'es rien de tout ce que tu fais maintenant, rien de ce que tu penses ou tu désires » ; ailleurs, il invite à « assumer envers nous-mêmes la responsabilité de notre existence ». Le même texte se poursuit avec des accents schopenhauériens contre les professeurs de philosophie et pour les philosophes qui proposent des formules existentielles ; il se conclut sur une citation explicite d'Emerson qui célèbre l'arrivée du philosophe digne de ce nom comme épiphanie de la force, bonne nouvelle de la nature, danger annoncé pour la culture, la civilisation, l'époque.

Contre les professeurs de philosophie à l'Université – qui n'ont jamais gêné rien ni personne et pour cause, appointés, ils font en sorte que leurs employeurs en aient pour leur argent –, Nietzsche écrit : « Ils ne font pas peur, ils ne soulèvent rien hors de ses gonds, et dans tous leurs faits et gestes on pourrait dire ce que disait Diogène, écoutant les éloges donnés à un philosophe (Platon en l'occurrence…) : "Qu'a-t-il donc à montrer de si grand ? Il s'adonne depuis longtemps à la philosophie et il n'a encore *fait de peine* à personne." Oui, c'est bien cela qu'il faudrait écrire sur la tombe de la philosophie universitaire : "Elle n'a fait de peine à personne." » Pour sa part, Nietzsche prépare *quelque chose de grand à montrer* qui s'appellera le *Surhomme*…

BIBLIOGRAPHIE

Thoreau, l'homme des bois. Commençons par les lacunes : dix-sept volumes du *Journal* jamais traduits… Aucune biographie digne de ce nom. Pas de traduction récente de *Walden*, ce qui signifie des traductions imprécises, surannées et à revoir… En lieu et place de ce travail manquant, une même réédition des mêmes morceaux choisis du *Journal 1837-1861* sous le titre *Un philosophe dans les bois*, avec une préface de Roger Asselineau, Vent d'Ouest, 1967, et une préface de Kenneth White pour Denoël en 2001 ; idem pour une édition avec une citation qui semble un titre : « *C'est dans les bois que j'aimerais trouver l'homme* » pour Terrail en 2005, sans préface mais avec le luxe d'une mise en page contemporaine – un peu prétentieux, plutôt inutile pour un livre qui existe déjà ailleurs…

A défaut de biographie, un genre de vie romancée écrite sur un mode hyperlyrique par le biographe traducteur de Walt Whitman, Léon Bazalgette, *Henry Thoreau sauvage,* Rieder, 1924. Un texte synthétique pour la vie et l'œuvre par Micheline Flak, *Thoreau ou la sagesse au service de l'action*, Seghers, 1973. Epuisé… Petit livre utile de Michel Granger : *Henry David Thoreau. Paradoxes d'excentrique*, Belin, 1999. Gros livre inutile, Gilles Farcet, *Henry Thoreau. L'éveillé du Nouveau Monde*, Sang de la Terre, 1986, avec une préface de l'inévitable Kenneth White.

Les textes : *Walden ou la vie dans les bois*, traduction et introduction substantielle par G. Landré-Augier. Un ensemble publié sous le titre *Désobéir* qui regroupe : *Résistance au gouvernement civil, Marcher, La Vie sans principes, Histoire naturelle du Massachusetts*, quelques poèmes et des lettres, 10/18, 1994. *Les Forêts du Maine*, éd. Rue d'Ulm, une édition de François Specq, 2004, *Cap Cod*, présentation, traduction et notes de Pierre-Yves Pétillon, Imprimerie Nationale, 2000. Pour le Thoreau critique de la société de consommation : *Le Paradis à (re)conquérir*, Mille et Une Nuits, traduit, annoté et postfacé par Thierry Gillybœuf, 2005, et un texte de jeunesse, *L'Esprit commercial des temps modernes*, Le Grand Souffle, 2007, traduction de Didier Bazy avec Sophie Fueyo – l'enfance d'un libertaire…

Les textes politiques se trouvent dans *De l'esclavage en Amérique*, de Frederick Douglass et Henry David Thoreau, notamment *L'Esclavage dans le Massachusetts*, éd. Rue d'Ulm, traduction et annotation de François Specq, 2006. Pour entrer plus dans le détail des textes politiques de Thoreau, lire les pages superbes consacrées à l'affaire John Brown : *Plaidoyer en faveur du capitaine John Brown, Le Martyre de John Brown* et *Les Derniers Jours de John Brown*, dans l'excellent ouvrage qui rassemble l'essentiel de Thoreau dans un volume intitulé *Essais*, avec une introduction de Michel Granger et une traduction de Nicole Mallet pour les éditions Le Mot et le Reste, 2007. Indispensable.

Sans entrer dans le détail de l'œuvre et la pensée d'Emerson, on lira *La Confiance en soi*, un petit volume dans lequel se trouve aussi *La Nature*, traduction de Monique Bégot, postface de Stéphane Michaud, Rivages Poche, Payot, 2000. *Autobiographie* d'après le journal intime, Armand Colin, 1914 et 1918, traduction, introduction et notes de Régis Michaud. Et *L'Intellectuel américain* dans *Essais*, Michel Houdiard éditeur, 2000. Dans une ancienne biographie du philosophe on trouvera des informations concernant Thoreau, *Ralph Waldo Emerson. Sa vie et son œuvre*, Armand Colin, 1929. Même chose dans la thèse de Maurice Gonnaud, *Individu et Société dans l'œuvre de Ralph Waldo Emerson. Essai de biographie spirituelle,* Didier, 1964. Plus précisément, sur le rapport entre les deux hommes : *Emerson et Thoreau*, d'Andrée Bruel, Les Belles Lettres, 1929. Pour en savoir plus sur « Une romantique d'outre-mer : Margaret Fuller Ossoli », mais également sur « Henry David Thoreau », voir *Autour d'Emerson*, Régis Michaud, Bossard, 1924.

Un numéro du cahier de L'Herne a été consacré à Thoreau. Il a été coordonné par Michel Granger. Michel Granger s'est fait connaître par sa thèse *Henry D. Thoreau. Narcisse à Walden,* Presses Universitaires de Lyon, 1991, qui montre très exactement l'étendue de la catastrophe de toute psychanalyse sauvage... Dans ce numéro, on trouve des textes de Thoreau, mais déjà publiés ailleurs... Un joli texte très court de Pierre Hadot qui reprend une belle phrase de Thoreau pour en faire un titre : *« Il y a de nos jours des professeurs de philosophie, mais pas de philosophes... »* et qui inscrit le solitaire dans la lignée des penseurs existentiels de la philosophie antique et inscrit son travail, son écriture et sa démarche dans la tradition des « exercices spirituels ».

*

Schopenhauer entre deux néants. Biographie utile, bien que factuelle et sans proposition analytique, de Rüdiger Safranski, *Schopenhauer et les années folles de la philosophie*, traduit de l'allemand par Hans Hildenbrand avec la collaboration de Pierre Héber-Suffrin, PUF, 1987. Bonne synthèse sur la vie et l'œuvre avec une bonne iconographie chez Didier Raymond, *Schopenhauer*, Seuil, 1979. On doit à ce même auteur une préface à un recueil de textes paru sous le titre *Insultes* pour montrer combien, d'*amour* à *vivisection* en passant par *judaïsme*, *hégéleries*, Schopenhauer est un penseur acariâtre, râleur, méchant, vindicatif. Anecdotique. Même remarques pour un livre composé sur le même principe par Franco Volpi pour le Seuil sous le titre *L'Art de l'insulte*, 2002.

On évitera les gloses universitaires (de Clément Rosset, qui change d'avis de livre en livre et ce sur trois années seulement, à Alexis Philonenko, qui illustre la tradition du lecteur chevronné de l'idéalisme allemand, en passant par celles du journaliste Roger-Pol Droit, « auteur » de collectifs publiés sous son nom) pour préférer le contact direct avec l'œuvre.

En matière de textes techniques, on pourra laisser de côté les *Textes sur la vue et les couleurs,* traduction de Maurice Elie pour les éditions Vrin, 1986, pour préférer la thèse *De la quadruple racine du principe de raison suffisante*, traduit par J. Gibelin, 1983, Vrin, ou *Le Fondement de la morale*, traduit par Auguste Bourdeau, Aubier Montaigne, 1978. Mais on lira attentivement *De la volonté dans la nature,* PUF, 1969, traduit par Edouard Sans, un grand livre d'ontologie vitaliste et de métaphysique immanente qui n'a pas pris une ride philosophique.

Le *Journal de voyage* de Schopenhauer est un texte fondateur, contrairement à ce qu'on pourrait imaginer : on y trouve les racines des consolations vécues à cette époque, théorisées ensuite et pratiquées le restant de son existence. Traduction et préface de Didier Raymond, Mercure de France, 1989. A mettre en perspective avec le *Journal d'une solitaire* écrit par sa sœur Adèle Schopenhauer, PUF, 1989, traduction Denis Mesnard. Un certain nombre de chapitres des *Parerga et Paralipomena* ont été édités à part : sur les femmes, sur le néant de l'existence, ou encore les *Aphorismes sur la sagesse dans la vie*, PUF, 1964. On préférera l'édition intégrale traduite par Jean-Pierre Jackson pour Coda, 2005.

L'œuvre majeure est, bien sûr, *Le Monde comme volonté et comme représentation*, PUF, 1978. Cette traduction date de 1966, elle est due à Auguste Burdeau. La nouvelle édition date de 1978, on la doit à Richard Roos qui a revu et corrigé la précédente. Pas de notes, pas d'appareil critique, pas de commentaire... Une honte dans l'édition philosophique, mais ce volume reste indispensable. Un excellent choix de textes a été réalisé jadis par André Dez sous le titre *Le Vouloir-vivre et la Sagesse* pour les PUF en 1956. Réédition dans l'état en 1983, avec une couverture moderne cachant l'ancienneté du travail.

Et puis, cet ouvrage étonnant qui montre l'optimisme du philosophe et nous livre une autre vision du penseur de

Francfort que celle du solitaire désespéré et désespérant : *L'Art d'être heureux,* un texte édité en langue française pour la première fois en 2001 pour le Seuil. Edition de Franco Volpi (mieux inspiré que pour sa collection d'insultes...), traduite par Jean-Louis Schlegel. Un bréviaire d'épicurisme qui prouve que la théorie conduit à l'abîme mais que, faute de se suicider, il reste la sagesse du Jardin d'Epicure, réactualisée pour le siècle de la révolution industrielle et de la poussée des insurrections socialistes.

*

Stirner le solipsiste. *L'Unique et sa propriété* est disponible dans deux traductions : celle de Robert L. Reclaire, Stock, 1899 qui, au dire du second traducteur, Pierre Gallissaire, mais c'est de bonne guerre, est moins précise, moins exacte que la sienne éditée dans *Œuvres complètes. L'Unique et sa propriété et autres écrits*, L'Age d'Homme, 1972. Un excellent et très utile *Stirner ou l'expérience du néant*, d'Henri Arvon, Seghers, 1973, qu'on complétera avec *Aux sources de l'existentialisme : Max Stirner*, PUF, 1954. On lira également l'introduction que donne cet historien de l'anarchisme dans : Max Stirner, *Le Faux Principe de notre éducation*, suivi de *L'Anticritique*, Aubier Montaigne, 1974.

Victor Basch a publié chez Alcan en 1928 un ouvrage bien fait : *L'Individualisme anarchiste.* Travail universitaire, Basch enseignait à la Sorbonne, et donne toute l'information philosophique dont on pouvait alors disposer sur cet auteur. Plus récent, le *Max Stirner ou la première confrontation entre Karl Marx et la pensée antiautoritaire*, qui rassemble études, documents, textes, sous la responsabilité de Diederik Dettmeijer, L'Age d'Homme, 1979. Une intéressante contribution de Daniel Guérin, « Stirner, père de l'anarchisme ? Son apport et ses lacunes ». Enfin, et ce sera tout pour cette bibliographie stirnérienne vraiment trop maigre, Pierre Vandrepote, *Max Stirner chez les Indiens*, Le Rocher, 1994.

LA CONSTELLATION HÉDONISTE	LA CONSTELLATION IDÉALISTE

1778 : naissance de George Brummell.

22 février 1788 : naissance d'Arthur Schopenhauer.

1799 : coup d'Etat de Bonaparte.

1802 : Hegel, Foi et Savoir.

25 mai 1803 : naissance d'Emerson.

1804 : Napoléon empereur.

1804 : mort de Kant.

1804 : naissance de Feuerbach.

1804 : Schelling, Système de l'idéalisme transcendantal.

1806 : bataille d'Iéna.

25 octobre 1806 : naissance de Stirner (Johann Kaspar Schmidt de son vrai nom).

1806 : Fichte, Initiation à la vie bienheureuse.
1807 : Hegel, Phénoménologie de l'esprit.
1807-1809 : Fichte, Discours à la nation allemande.

LA CONSTELLATION HÉDONISTE	*LA CONSTELLATION IDÉALISTE*

12 février 1809 : naissance de Darwin.

1809 : Schelling, Recherches philosophiques sur la liberté humaine.

1809 : bataille de Wagram.

1812 : Hegel, La Science de la logique.

1812 : Napoléon, campagne de Russie.

1813 : naissance de Kierkegaard.

1813 : Goya, Les Désastres de la guerre.

1814 : mort de Fichte.

Vers 1814 : Schopenhauer commence la rédaction de *L'Art d'être heureux*. Il y travaillera jusqu'à sa mort…

1815 : Bataille de Waterloo. Les Cent-Jours.

12 juillet 1817 : naissance de Thoreau.

1817 : Hegel, Encyclopédie.

1818 : naissance de Marx.

1819 : Schopenhauer, *Le Monde comme volonté et comme représentation* (1re édition).

1821 : naissance de Baudelaire.

LA CONSTELLATION HÉDONISTE	*LA CONSTELLATION IDÉALISTE*

	1821 : Hegel, Principes de la philosophie du droit. *1831 : mort de Hegel.* *1832 : Hegel,* Leçons sur l'histoire de la philosophie.
1836 : Schopenhauer, *De la volonté dans la nature.* 1836 : Emerson, *Nature.* 1837 : Thoreau commence son journal. 1837 : Emerson, *L'Intellectuel américain.*	
1840 : Schopenhauer, *Le Fondement de la morale.*	
	1840 : mort de Brummell.
1841 : Emerson, *Essais* (1re série) et *Le Transcendantalisme.*	
	1843 : Kierkegaard, Ou bien… ou bien… *1844 : Kierkegaard,* Le Concept de l'angoisse.
	15 octobre 1844 : naissance de Nietzsche.
1842 : Stirner, *Le Faux Principe de notre éducation.*	
1844 : Stirner, *L'Unique et sa propriété.* 1844 : Emerson, *Essais* (2e série).	
4 juillet 1845 : Thoreau s'installe à Walden.	
1845 : Feuerbach, *L'Essence de la religion.* 1845 : Stirner, *L'Anticritique.*	

LA CONSTELLATION HÉDONISTE	*LA CONSTELLATION IDÉALISTE*

1845 : Barbey d'Aurevilly, Du dandysme et de George Brummell.

1846 : Feuerbach, *Contre le dualisme du corps et de l'âme.*

1846 : Kierkegaard, Post-scriptum.

1846 : arrestation de Thoreau pour non-paiement de ses impôts.

Septembre 1847 : fin de l'expérience de Walden pour Thoreau.

1847 : Schopenhauer, *De la quadruple racine du principe de raison suffisante.*

1848 : Marx, Manifeste du Parti communiste.

1848 : Kierkegaard, Discours chrétiens.
1849 : Kierkegaard, Traité du désespoir.

1849 : Thoreau, *De la désobéissance civile* et *Une semaine sur les rivières Concord et Merrimack.*

1850 : Feuerbach, *La Révolution et les Sciences naturelles.*

1850 : Emerson, *Les Hommes représentatifs.*

1851 : Schopenhauer, *Parerga et Paralipomena*, qui contiennent *Aphorismes sur la sagesse dans la vie.*

1854 : Thoreau, *Walden.*

6 mai 1856 : naissance de Freud.

LA CONSTELLATION HÉDONISTE	*LA CONSTELLATION IDÉALISTE*

25 juin 1856 : mort de Stirner.

1857 : Feuerbach, *Théogonie.*
1858 : Nietzsche (14 ans) rédige
    ses premiers essais
    d'*Autobiographie.*

1859 : Schopenhauer, *Le Monde
    comme volonté et comme
    représentation* (dernière
    édition).

1859 : Discours de Thoreau en
    faveur de John Brown.

1859 : Darwin, L'Origine des espèces.

1860 : Emerson, *La Conduite de la
    vie.*

**21 septembre 1860 : mort de
    Schopenhauer.**

6 mai 1862 : mort de Thoreau.

1863 : Baudelaire, Le Peintre de la vie moderne.

1871 : Commune de Paris.

1872 : Nietzsche, *La Naissance de
    la tragédie.*

INDEX

Du même auteur :

A CÔTÉ DU DÉSIR D'ÉTERNITÉ, *Fragments d'Egypte*, Mollat, 1998. Le Livre de Poche, 2006.

ANTIMANUEL DE PHILOSOPHIE, *Leçons socratiques et alternatives*, Bréal, 2001.

ARCHÉOLOGIE DU PRÉSENT, *Manifeste pour l'art contemporain*, Grasset-Adam Biro, 2003.

ARS MORIENDI, *Cent petits tableaux sur les avantages et les inconvénients de la mort*, Folle Avoine, 1994.

L'ART DE JOUIR, *Pour un matérialisme hédoniste*, Grasset, 1991. Le Livre de Poche, 1994.

CÉLÉBRATION DU GÉNIE COLÉRIQUE, *Tombeau de Pierre Bourdieu*, Galilée, 2002.

LE CHIFFRE DE LA PEINTURE, *Valerio Adami*, Galilée, 2008.

LA COMMUNAUTÉ PHILOSOPHIQUE, *Manifeste pour l'Université populaire*, Galilée, 2004.

LE CRÉPUSCULE D'UNE IDOLE : L'AFFABULATION FREUDIENNE, Grasset, 2010.

CYNISMES, *Portrait du philosophe en chien*, Grasset, 1990. Le Livre de Poche, 2004.

EPIPHANIE DE LA SÉPARATION, *La peinture de Gilles Aillaud*, Galilée, 2004.

ESTHÉTIQUE DU PÔLE NORD, *Stèles hyperboréennes*, Grasset, 2002. Le Livre de Poche, 2004.

FÉERIES ANATOMIQUES. *Généalogie du corps faustien*, Grasset, 2003. Le Livre de Poche, 2004.

FIXER LES VERTIGES, *Les photographies de Willy Ronis*, Galilée, 2007.

LES FORMES DU TEMPS, *Théorie du sauternes*, Mollat, 1996. Le Livre de Poche, 2009.

LES ICÔNES PAÏENNES, *Variations sur Ernest Pignon-Ernest*, Galilée, 2003.

L'INNOCENCE DU DEVENIR, *Une vie de Nietzsche*, Galilée, 2008.

L'Invention du plaisir, *Fragments cyrénaïques*, Le Livre de Poche, 2002.

Métaphysique des ruines, *La peinture de Monsu Desiderio*, Mollat, 1995.

L'Œil nomade, *La peinture de Jacques Pasquier*, Folle Avoine, 1993.

Physiologie de Georges Palante, *Portrait d'un nietzschéen de gauche*, Grasset, 2002. Le Livre de Poche, 2004.

Politique du rebelle, *Traité de résistance et d'insoumission*, Grasset, 1997. Le Livre de Poche, 1999.

Prêter n'est pas voler, Mille et une nuits, 2000.

La Puissance d'exister, *Manifeste hédoniste*, Grasset, 2006. Le Livre de Poche, 2008.

La Raison gourmande, *Philosophie du goût*, Grasset, 1995. Le Livre de Poche, 1997.

La Sagesse tragique, *Du bon usage de Nietzsche*, Le Livre de Poche, 2006.

La Sculpture de soi, *La morale esthétique*, Grasset, 1993 (Prix Médicis de l'essai). Le Livre de Poche, 1996.

Le Songe d'Eichmann, Galilée, 2008.

Le Souci des plaisirs, *Construction d'une érotique solaire*, Flammarion, 2008.

Splendeur de la catastrophe, *La peinture de Vladimir Vélikovic*, Galilée, 2002.

Suite à la communauté philosophique, Galilée, 2006.

Théorie du corps amoureux, *Pour une érotique solaire*, Grasset, 2000. Le Livre de Poche, 2001.

Théorie du voyage, *Poétique de la géographie*, Le Livre de Poche, 2006.

Traces de feux furieux. *La philosophie féroce*, t. 2, Galilée, 2006.

Traité d'athéologie. *Physique de la métaphysique*, Grasset, 2005. Le Livre de Poche, 2006.

Le Ventre des philosophes, *Critique de la raison diététique*, Grasset, 1989. Le Livre de Poche, 1990.

Journal hédoniste :

I. Le Désir d'être un volcan, Grasset, 1996. Le Livre de Poche, 1998.

II. Les Vertus de la foudre, Grasset, 1998. Le Livre de Poche, 2000.

III. L'Archipel des comètes, Grasset, 2001. Le Livre de Poche, 2002.

IV. La Lueur des orages désirés, Grasset, 2007.

Contre-histoire de la philosophie :

Composition réalisée par PCA - 44400 Rezé

Achevé d'imprimer en septembre 2010, en France sur Presse Offset par
Maury-Imprimeur - 45330 Malesherbes
N° d'imprimeur : 158545
Dépôt légal 1re publication : octobre 2010
LIBRAIRIE GÉNÉRALE FRANÇAISE - 31, rue de Fleurus - 75278 Paris Cedex 06

30/8470/4